Lothar Bölck * Es geht um die Welt

LOTHAR BÖLCK

Es geht um die Welt

Weltreiseerzählungen

mit Zeichnungen von Peter Dunsch (Pedu)

dr. ziethen verlag
Oschersleben

Bibliografische Information der Deutschen Nationalbibliothek:
Die Deutsche Nationalbibliothek verzeichnet diese Publikation
in der Deutschen Nationalbibliografie; detaillierte bibliografische Daten
sind im Internet über http://dnb.d-nb.de abrufbar.

© 2023 dr. ziethen verlag
Friedrichstraße 15a, 39387 Oschersleben
Telefon 03949.4396 Fax 03949.500.100
www.dr-ziethen-verlag.de / e-Mail info@dr-ziethen-verlag.de
2023

Satz und Layout dr. ziethen verlag
Druck Halberstädter Druckhaus GmbH
ISBN 978-3-86289-232-7
Gedruckt auf umweltfreundlich gebleichtem Papier.

Vorwort

Diese Lesereise wird Sie nicht enttäuschen, denn der, der hier schreibt, umrundet die Welt stellvertretend für Sie, für uns, für alle.

Lothar Bölck liebt diese Welt. Sonst hätte sie ihn schon längst fahrenlassen. Er würde für den Erhalt dieser Welt bis an ihr Ende gehen. Und, falls möglich, darüber hinaus. So aber fesselt uns dieser literarische Leichtmatrose mit seinen Weltreiseerzählungen. Seine Ansicht der Welt ist eine kongeniale Mischung aus Mark Twain, Robinson Crusoe und „Zur See", einer legendären Fernsehserie aus anderer Zeit.

Sie müssen nirgendwo mehr hin, denn nach dem Lesen werden Sie schon dort gewesen sein. Geistesblitze, Aphorismen und Wortspiele segeln abwechselnd über Wellen des Geistes, Lothars wohlgemerkt. Bitte begleiten Sie diesen Kabarettisten der Extraklasse auf seiner Weltreise, seiner ersten, wie er selbst schreibt. Da kommt noch was.

Nun aber Leinen los! Seine Seefahrt, die ist lustig! Will heißen, es lohnt sich, zu lesen. Diese unbedingt. Seine Tiefe ist die Höhe, und seine Höhen haben Tiefe. Prädikat: „Besonders helle". Die Welt wird eine andere sein, nach diesem Lesegenuss. Sie werden, dank des liebevoll satirischen Weltverbesserers Lothar Bölck, die Welt mit anderen Augen sehen. Mit seinen natürlich.

Uwe Steimle

Nullter Tag: Nimm' mich mit Kapitän ...

Ein Tagebuch wird es nicht werden, welches ich in den Nächten nach den Tagen oder auch in den Tagen nach den Nächten schreiben werde. Mit müden Augen und wachem Geist. Ich verfasse Erzählungen und erzähle über meine Verfassung.

Meere und Länder, Häuser und Paläste, Stege und Brücken, Buchten und Schluchten beschreibe ich, Flora und Fauna bestaune ich, und immer wieder von Menschen erzähle ich. Von den Menschen, die auf dieser Welt leben wollen, erzähle ich, wohlwissend, dass die Menschheit dabei ist, diese Welt dem Mammon zu opfern. Von der Hoffnung erzähle ich, die bekanntlich zuletzt stirbt und nicht mehr nur grün ist, sondern vielfarbig und bunt sein soll.

Ich erzähle Geschichten über die Welt, um die es geht.

Die Welt ist rund. Voll schöner Ecken.

Bevor ich von dieser Welt gehen muss, reise ich noch einmal um sie herum.

In diesem Buch erzähle ich über meine große Fahrt. In über hundert Tagen um die Welt.

Ein Kreuzfahrtschiff ist mein Reiseuntersatz. Das Schiff fährt uns von Hamburg nach Hamburg, über New York City und Neuseeland, über Sydney und Hawaii, über Bali und Dubai, über San Francisco und Petra.

Die Reise folgt der Schiffsroute.

Es wird Seetage und Landgänge geben. Die Seetage werden gefüllt sein mit Begegnungen und Gesprächen, mit Fern- und mit Heimweh, mit Erholung, Amüsement und Bildung. Und immer wieder mit Gedanken über Spott und die Welt. Die Landgänge werden gefüllt sein mit Schauen und Staunen, großer Geschichte und kleinen Abenteuern, mit Sonne und Regen, Lachen und Weinen. Mit der Erde im Ganzen und im Einzelnen.

Sie ist schön. Die Welt. Sie ist unsere.

Ich nehme Sie sehr gern mit auf diese Reise der Entdeckungen und Erkenntnisse.

Mögen meine Worte der Welt, die ich gesehen haben werde und den Menschen, die mir begegnen werden, gerecht werden.

Die Welt verlangt offene Augen und kritische Blicke.

Fahren Sie mit! Gerade um die Kurven und die Geraden umkurvend, auf Wellen reitend und Wellen schlagend, Lust machend und Laune verbreitend, Liebe gebend und Freude schenkend.

Es geht um die Welt! Kommen Sie an Bord!

„Lothar, ein Herr vom Reisebüro!
Er sagt, du willst die Welt kennenlernen."

Erster Tag: Bevor es rund geht

Der Zug hatte Verfrühung. Zwei Minuten vor der Uhrzeit, die auf dem Fahrplan für die Ankunft vermerkt worden war, fuhr der ICE, der mich mitsamt meinen tonnenschweren zwei Koffern von Berlin-Hauptbahnhof nach Hamburg-Altona beförderte, auf dem Bahnsteig ein. Natürlich verlor der Zugführer, der sich artig, aber gelangweilt brabbelnd bei mir und den anderen Zugreisenden für die Benutzung der Deutschen Bahn als Reiseuntersatz bedankte, keinerlei Worte der Entschuldigung für das verfrühte Einfahren in den Bahnhof. Das fand ich unerhört. Meinen unwirschen Gedanken über diesen Umstand konnte ich jedoch nicht lange Folge leisten, denn für den Ausstieg aus dem Zug wurde es höchste Eisenbahn. Ja, es stand zu befürchten, dass ich mich und meine zwei Reisecontainer bei der Weiterfahrt des ICE aus dem Waggon werfen müsste, weil die Abfahrt des ICE von Hamburg-Altona sich um weitere drei Minuten verfrühte. Mit letzter Kraft, völlig derangiert und transpirierend auf dem Bahnsteig kauernd, sinnierte ich kurz darüber, ob der Lokführer eventuell einen dringenden Termin bei einer Behörde haben oder ob er im Kampf mit seinen Kollegen um die höchstmögliche Verfrühung eines ICE stehen könnte, um all die Verspätungen der Deutschen Bahn Minute für Minute aufholen zu wollen. Nein, das wäre ja ... eine dermaßen, also eine Aufgabe, diese Aufgabe hat einen ganz bestimmten semantischen Vorspann. Herrje, diese Wortfindungsstörungen im zunehmenden Alter verschlimmern sich. Besagte Aufgabe ist eine, die so schwierig ist, dass sie schier nicht zu bewältigen sei?

Um diesen Gedächtnisschwund für bestimmte Wörter ausgleichen zu können, baue ich mir in letzter Zeit sogenannte Eselsbrücken. Keine Ahnung, warum diese Brücken nach diesem Grautier mit vier Buchstaben benannt wurden. Werde mal im Internet stöbern. Mein gestörtes Namensmerkzentrum mit einem Esel zu vergleichen, ist auch eine Beleidigung. Für den Esel. Ein nützliches Haus- und Reittier ist es heute noch in vielen Ländern der Welt. Jedenfalls lautete meine Eselsbrücke, diese schwierige Aufgabe betreffend, wie folgt: Wie nennt man die unterste Extremität einer ehemaligen österreichischen Kaiserin? Sissi Fuß! Natürlich ist die korrekte Rechtschreibung dieses Begriffes eine andere, aber die Phonetik stimmt. Einigermaßen.

Wo war ich jetzt stehen geblieben? Richtig. Auf dem Bahnsteig in Hamburg-Altona. Ich war nicht mehr im, sondern am Zug. Denn nun bestand die nächste Aufgabe darin, mich und meine Gepäckmonster in Richtung „Hotel Atlantic" zu befördern. Zum Glück konnte man besagte Gepäckschränke auf extra dafür unten angebrachten Rollen relativ mühelos auf dem Bahnsteig vorantreiben. Treppen wären ein Hindernis hierfür gewesen. Zu meinem Guten, dachte ich, gibt es einen Fahrstuhl für solcherlei Beschwernis auf dem Bahnsteig. Auf einem Hinweisschild an der Tür des Aufzuges war handgeschrieben zu lesen: „Defeckt". Dies ist kein sich in das Buch eingeschlichener orthografischer Fehler. Nein, genauso stand es auf dem Pappschild geschrieben. Ich kramte einen Kugelschreiber aus meiner Jackentasche und korrigierte diesen Schreibfehler mit einem Federstrich. Trotz der Richtigstellung der Rechtschreibung auf dem Schild, blieb der Fahrstuhl defekt.

Ich packte meine Großraumkoffer fest an ihren Griffen und ließ sie Stufe für Stufe die Treppe hinabpoltern. Vor dem Bahnhof wollte ich nach einem Taxi rufen. Doch eh ich atemlos das Wort „Taxi" hauchen konnte, zerrte ein vierschrötiger Koloss von einem Kerl an meinen Gepäcktürmen. „Moin! Wohin?", fragte dieser Pfundskerl.

„Ins Hotel", antwortete ich, immer noch nach Luft ringend.

„Soll ich Ihnen was verraten?", fragte er. Er nickte mit seinem Kopf. Ich schüttelte meinen. Zwecklos. „Er ist heute nicht da", gab er lauthals zu verstehen. Ich zuckte zusammen und fragend mit den Schultern. „Na, der Udo."

Etwas zu Atem gekommen, fragte ich ihn: „Woher wissen Sie, dass ich ins Hotel 'Atlantic' gefahren werden möchte? Hat Hamburg nur das eine Hotel?"

Er lächelte mild. „Heute wollen scheinbar alle ins Hotel 'Atlantic'. Weiß der Geier, warum? Wo doch der Udo heute nicht da ist."

„Ich möchte nicht zu Udo Lindenberg. Ich möchte mir ab morgen die ganze Welt ansehen", informierte ich ihn bestimmt, aber nicht unfreundlich.

„Da fangen Sie damit zu recht in dieser Stadt hier an. Hamburg ist das Tor zur Welt", strahlte er mich stolz an.

Es war dem glücklichen Umstand zu verdanken, dass die Fahrtstrecke zum „Hotel Atlantic" nur eine kurze war und das Taxi trotz des Klimawandels, den man uns nachhaltig verheißt, keinen Elektroantrieb besaß, sondern ein Dieselmotor leise unter der Haube tuckerte. Denn wäre die Kraft seines

Motors durch Batterien gespeist gewesen, hätten wir wahrscheinlich zwischendurch an einer Ladesäule anhalten müssen. Ich malte mir schon aus, wie sich der Taxidriver mit einem anderen E-Autobesitzer um den Vorrang an der einzigen Ladesäule am Ort prügelte und ich nach dem zu erwartenden Sieg des kraftstrotzenden Taxikutschers über den gegnerischen E-Mobilanten warten musste, bis die Akkus seines Taxis wieder aufgeladen waren. Darauf angesprochen, versicherte mir der wortgewandte Taxichauffeur, dass er einen Auspuff am Heck seines Fahrzeuges hätte, der weniger CO_2 in die Umwelt blies als der weitaus größeren Menge von CO_2, die bei der Erzeugung des Stromes für das Betreiben eines E-Autos anfiel. „Wissen Sie", fragte mich der Taxilenker erwartungsvoll schmunzelnd, „was wir wären, wenn jeder in diesem Lande ein E-Auto fahren würde? Ein Volk ohne Hubraum", beantwortete er seine Frage gleich selbst. Dabei ging sein Schmunzeln in ein Glucksen über. Ich lachte anstandshalber und doch zurückhaltend mit. Mein zaghaftes Lachen ermunterte ihn offenbar, noch einen Gag nachzuschieben. „Und Bankraub lohnt sich auch nicht mehr, wenn das Fluchtauto ein elektrisch betriebenes wäre. Damit käme man nicht weit."

„Es sei denn", fügte ich an, „die Polizei führe auch ein Elektrofahrzeug. Dann stünden höchstwahrscheinlich Bankräuber und Polizeibeamter gemeinsam an der Ladesäule und stritten sich um selbige."

Zum gemeinsamen Lachen über meine witzige Anfügung kam es nicht mehr, denn zwischenzeitlich hielten wir vor dem „Hotel Atlantic". „Da sind wir schon", frohlockte der Taxiführer, verlangte sein Beförderungsgeld, hievte anschließend behände meine Gepäckmonster aus dem Kofferraum, stellte sie mir direkt auf meine Füße und fuhr wortlos mit quietschenden Reifen von dannen. Wahrscheinlich hatte er, so vermutete ich, meine Pointe missverstanden. Oder, so folgerte ich weiter, wollte er diese seinen Kollegen so schnell wie möglich weitererzählen. Auf diese Weise verpasste er noch einen weiteren Gag von mir, den ich ihm im Zusammenhang mit dem Klimawandel und so was hätte erzählen können. In das Reiseerzählungsbuch über meine erste Weltreise gehört die folgende neue Bauernregel eigentlich nicht, aber was gehört sich heutzutage schon noch. Also hier kommt die neue Bauernregel: Wenn der Bauer durchs Flussbett schlendert, hat das Klima sich verändert!

Mit selbigem Spruch versuchte ich einige meiner Tischnachbarn im „Hotel Atlantic" beim abendlichen Galadinner zu belustigen. Es gelang mir nur mäßig, denn eine gelöste Stimmung bei diesem Abendessen kam durch die Vorschrift, dabei angemessene Kleidung zur Schau tragen zu sollen, zu Anfang nicht auf. Alle Anwesenden saßen steif und starr in Roben und Schleppen gehüllt auf ihren Polsterstühlen.

Vor Beginn des Dinners ließ der Reiseveranstalter langatmige Reden halten. Erst sprach der erste Sekretär, dann sprach der zweite Sekretär, und die Vorspeise kam gleich hinterher. Während des Abräumens des Geschirrs, auf der man zuvor die Vorspeise unter diversen Salatblättern versteckt hatte, schwärmte ein aus einer Fernsehserie bekannter Schauspieler etwas stotternd und zusammenhanglos über Weltreisen im Allgemeinen und im Besonderen. Eine Schmunzelpointe zum Abschluss seiner unvorbereitet so hingesagten Schwärmerei, für die er offensichtlich gut honoriert wurde, denn er reiste extra dafür aus München an, hatte er doch noch. Sie lautete: „Obschon ich es im Rücken habe, gehe ich trotzdem gern auf Kreuzfahrten."

In den müden Applaus und seinen ebensolchen Abgang hinein wurde der Hauptgang serviert. Der Übersichtlichkeit der Speise nach hätte man vermuten können, dass es sich um eine zweite Vorspeise handeln könne. Diese Vermutung erübrigte sich, weil nach dem Hauptgang eine Sing- und Tanzgruppe einer am Ort ansässigen „Dance-school" auftrat. Die Erfahrung lehrt, dass die Kulturbeilage immer dem Hauptgang folgt. Diese wurde durch eine weitere kurze Rede angekündigt, wobei der Redner die anschließende Nachspeise gleich mit anpries. Das war ein Abwasch. Den Damen und Herren der Dance-school sah und hörte man an, dass ihre Ausbildung gerade erst begonnen zu haben schien oder aber selbige stagnierte. Einige Töne waren schief und die Tanzschritte asynchron. Zum Glück rannten sich die Damen und Herren nicht über den Haufen, den sie zufällig oder aus choreografischen Gründen am Schluss ihres Vortanzens bildeten. Die Darbietung selbst war kurzweilig. Soll heißen, sie dauerte nicht lange.

Eine Zwei-Mann-Band, bestehend aus einem DJ und einem Saxophonisten, die beide während des ganzen Abends in Musikerkreisen sogenannte Löffelmusik lautgedämpft intonierte, spielte nach dem Dessert zum Tanz auf. Nach Bekanntgabe, dass jetzt getanzt werden dürfe, füllte sich das Parkett in einem Affentempo. Es waren zumeist Tanzpaare, bei denen die beiden Partner dem weiblichen Geschlecht zuzurechnen waren. Ich mutmaßte, dass sie sich den eventuell allein reisenden älteren Herren bestmöglich quietsch-lebendig, rüstig bis gelenkig präsentieren wollten. Nach jeder weiteren Tanz-runde paarten sich dann zunehmend Geschlechter unterschiedlicher Art. Während die um-die-Welt-reisenden Ehepaare sich zeitnah von der Ver-anstaltung verabschiedeten, schmiedeten die neu zusammengefundenen Tanzpärchen Pläne für ihr gemeinsames Tun und Lassen an Bord. Um auf dem weitläufigen Kreuzfahrtschiff nicht gegenseitig verloren zu gehen, wur-den Kabinennummern ausgetauscht.

Nachdem endlich das Völlegefühl vom Abendmahl abgetanzt war und in dem Maße, wie schnell die Wein- und Sektgläser bis zur Neige ausgetrunken waren, leerte sich auch der Saal in Gänze. Man bekundete allseits, sich für die bevorstehenden Reisestrapazen ein letztes Mal ausschlafen zu wollen.

Eine voraussichtlich hundertsechs Tage und Nächte lange Weltreise lag also vor mir. Sie sollte am Morgen des neunten Januars anno 2023 ihren Anfang nehmen. Obwohl der Begriff „Weltreise" es nicht trifft, denn die Welt reist ja nicht, sondern der Mensch und zwar um sie herum. Und das auch nur, sofern er dem gesicherten Wissen anhängt, dass die Erde eine Kugel ist, die man demzufolge umrunden könne. Es soll Querdenker geben, die dieses Wissen anzweifeln, obwohl es eine wissenschaftlich erwiesene Tatsache ist. Ich denke in dieser Hinsicht nicht quer. Ich bin ein Längstdenker. Bevor andere beginnen zu denken, also quer, denke ich schon längst. Ich denke, also bin ich, diesmal im Irrtum? Denn eigentlich ist die Erde gar nicht rund. Sie ist an den Polen abgeflacht. Man könnte die Erde eine Pflaume nennen. Die US-Amerikaner andererseits behaupten, die Erde hätte die Form des Spielballs beim american football, der Nationalsportart in den USA. Daraus leiten die jeweils Regierenden in den USA sehr gern den Anspruch auf ihre Weltherrschaft ab. Eine völlig absurde, aber nicht überraschende Anmaßung.

Dabei kommt mir ein Gedanke in den Sinn. Hätte dieser Columbus damals schon ein Navigationsgerät gehabt, er hätte den Seeweg nach Indien gefunden und niemals Amerika entdeckt. Was wäre das für ein Segen für die Menschheit gewesen. Nein, die Erde gehört nicht irgendeinem Land in dieser Welt, sondern allen Menschen, die auf ihr leben. Genauer, die Menschen wohnen zur Miete auf der Erde. Doch so, wie die Menschen mit der Erde umgehen, wird Gott, der sie bekanntlich erschuf, demnächst Eigenbedarf anmelden. Und wenn die Menschen eines Tages von der Erdoberfläche verschwunden sein werden, was zu befürchten ist, wird Gott erkennen müssen: Die Menschen sind Mietnomaden und haben die Erde vollkommen verwohnt hinterlassen. Der Mond rotiert schon und erblasst. Und schlussendlich wird sich Gott selber vorwerfen müssen, dass er eine gewisse Mitschuld an der dann vermutlich unbewohnbaren Erde trägt. Soll heißen: Gott hat die Welt in sieben Tagen erschaffen. Hätte er sich mehr Zeit dafür gelassen, hätte er heute nicht so viel zu tun mit der Nacharbeit.

Ich bin optimistisch. Diese Welt wieder in Ordnung bringen zu können, wird wohl nicht machbar sein. Aber es ist denkbar. Dagegen steht die Tatsache, dass wir einen Mangel an Fachkräften beklagen müssen. Was wir allerdings haben, ist ein Überschuss an Flachkräften. Und auch deshalb reise ich um die Welt, solange es auf ihr noch rund geht.

Zweiter Tag: Pazi-Fische und Atlan-Tische

Ablegen können wir Menschen. Darin sind wir geübt. Ein Blatt Papier legen wir ab, ebenso eine Prüfung, ein Kleidungsstück oder einen Ehepartner. Je nachdem. Wir legen ab oder lassen ablegen. Schiffe legen auch ab. Vom Kai im Hafen. Falsch. Der Kapitän gibt das Kommando, und der Steuermann steuert das Schiff aus dem Hafen auf das Meer hinaus und wieder in einen Hafen hinein. Schiffe laufen auch nicht von selbst aus. Wenn wir hören, dass ein Öltanker ausgelaufen ist, befürchten wir gleich eine Umweltkatastrophe, denn vermutlich ist das Schiff leck geschlagen. Dabei stach das Schiff nur in See. Ob die See dadurch Verletzungen von sich trug, ist nicht bekannt.

Ein weiterer Sinnspruch der stets Bescheid wissenden Weltreisenden lautet: Wenn ich die See seh, brauch ich kein Meer mehr. Kreuzfahrer brauchen beides. Das Meer und die See. Und den Ozean, der sich ungern Teich nennen lässt. Jetzt geht's über den Großen Teich, hört man trotzdem gelegentlich. Gemeint ist der Atlantische Ozean. Und über seinen nordatlantischen Teil, so lautet der Reiseplan, werden wir zu Beginn unserer Reise schippern.

Zuvor müssen wir aber noch um Großbritannien herum. Nach Southampton hin. Dort beginnt die eigentliche, die hundertste Reise des Reiseveranstalters um die Welt. Eine Jubiläumsreise. Um die Welt ist nicht ganz richtig, denn die Route wird durch die Fahrt durch die zwei wichtigsten, den weltumspannenden Schiffsverkehr erleichternden Kanäle, den Panamakanal und den Suezkanal, abgekürzt.

Vor das Ablegen mit dem Schiff haben die Behörden und die Security jedoch das Einchecken der Weltreisenden gestellt. In der Schlange stehend, die sich vor den wenigen geöffneten Schaltern gebildet hatte, lernten sich, wenn auch zaghaft und zögernd, die Schlangenmenschen untereinander schon einmal etwas kennen. Ich hege den Verdacht, dass nur aus diesem Grunde, sozusagen als Service für die ersten Rendezvous der Weltreisenden untereinander, der Reiseveranstalter oder die Behörden nur wenige Schalter geöffnet hatten. Zumindest versuchten die mutigsten und die einer Kommunikation eher zugetanen Weltreisenden erste Annäherungen. „Wo kommen Sie her?" oder „Wo sind Sie gebürtig?", lauteten die beiden meist gestellten Fragen.

In diese zaghaften Gesprächsannäherungen mischte sich jedoch leiser Unmut bis hin zu lautstarken Bemerkungen über die schleppende Vorwärtsbewegung der Schlange, die manch einer als überflüssiges Schleichen beschrieb. Die Schlange trödelte direkt. Wahrscheinlich kommt daher der Begriff „Weltenbummler". Ich, der ich als vormaliger Bürger der ehemaligen DDR das Schlangestehen gewohnt war, beteiligte mich nicht an den zunehmenden Protesten gegen den Zeitverlust und die Mühsal des Anstehens. Die Angst vor dem Sich-lächerlich-machen-können oder vor der ungewollt erregten Aufmerksamkeit herrschte bei den meisten Wartenden vor. Jedoch, als sich zwei Menschen herausnahmen, nicht ehrfürchtig vor der Schlange zu erstarren und sich nicht hinten anstellen zu wollen, kam verbale Bewegung in die sich schlängelnde, aber oft statische Menschenpolonaise. „Hallo, das Ende der Schlange befindet sich hinten!", artikulierte sich mehrstimmig der Chor, der den Schwanz der Schlange bildenden Ausharrenden.

Als eine Dame an der Schlange in Richtung Kopf derselben entlangeilte, protestierten einige Schlangensegmente heftig. Die Dame meinte dazu vorbeiläufig, dass ihr Gatte schon weiter vorn stünde, und sie sich dort bei ihm einreihen wolle. Eine etwas dickliche Herrin raunzte die vorbeieilende Dame an: „Das kann ja jede behaupten, dass das ihr Gatte sei." Die so angepöbelte Dame konterte sofort: „Wenn Sie mir beweisen könnten, dass es Ihr Gatte ist, wäre ich Ihnen sehr dankbar und ließe Sie vor." Gelächter ertönte aus der Wartegemeinschaft. Die dickliche Herrin ließ die Dame also gewähren. „Scheiße. Das hat schon mal nicht geklappt", murmelte der Herr, zu dem die Dame eilte.

Im Nu war die Stimmung lockerer. Die Fröhlichkeit zog wieder in die Gemüter ein. Schließlich sei man ja im Urlaub und könne gelassen sein, meinten einige. Andere wiederum drückten ihre Hoffnung aus, dass man doch gleich drankäme und den Dampfer besteigen könne. „Ohne uns fährt er nicht ab. Schließlich hat man dafür bezahlt. Und zwar reichlich", beruhigte sich ein Herr selber und einige andere gleich mit.

Plötzlich kam Bewegung in die Schlange, weil ein weiterer Schalter mit einer offiziellen Person besetzt worden war. Die darauf einsetzende Teilung der Schlange verlief in hohem Tempo. Unter dabei zum Einsatz kommenden Handgepäckstücken, die schneeschieberartig auf Rädern rollend eine Schneise durch die Menschenmasse schlugen, vollendete sich die Spaltung. Jetzt gab es zwei Schlangenteile in der Halle. Es existiert der Glaube, dass abgetrennte Teile bei einer Schlange nachwachsen würden. Ich weiß nicht mit Bestimmtheit, ob es die Natur so eingerichtet hat, aber bei dieser Menschenschlange war es der Fall. Sogenannte Tenderbusse transportierten die nachwachsenden Teile durch andauerndes Hin- und Herfahren heran.

Nach knapp einer Stunde endlich winkte mich eine offizielle Person mit einer Handbewegung zu sich. An ihrem Schalter gab ich ihr nach Aufforderung meinen Pass, den sie mir auch prompt abnahm. Die, sagen wir Hostess, schaute abwechselnd in mein Gesicht und wieder in den Pass. Der Vorgang wiederholte sich mehrmals. Ich muss verständnishalber erwähnen, dass ein Sturz langhin mir vor einiger Zeit einen offenen Nasenbeinbruch bescherte, der eine große Narbe auf meinem Nasenrücken hinterlassen hatte. Ich wartete jeden Moment darauf, dass mich diese Hostess mit dem implantierten Lächeln fragen würde, wo ich die Narbe herhätte? Auf meinem Passfoto fände sie selbige nicht. Ich hatte mir gerade zurechtgelegt, zu sagen, dass ich die

Narbe überschminken könne, da eröffnete sie mir, meinen Pass behalten zu müssen.

„Wegen der Narbe?", fragte ich.

„Nein, wegen der Vorschrift", antwortete sie, ohne eine Miene zu verziehen. Konnte sie offensichtlich auch nicht. Ich spekulierte, dass die Muskeln zum Wechseln des Gesichtsausdrucks wahrscheinlich verkümmert waren. „Sie bekommen den Pass dann auf dem Schiff wieder. Schöne Reise." Als Beleg für den Passeinzug bekam ich eine Art Quittung, groß wie eine Visitenkarte, ausgehändigt. „Sie können passieren", wies sich mich an! Ich, witzig sein wollend, raunte ihr zu: „Wie denn passieren? Ohne Pass? Ein Pass heißt Pass, weil man damit passieren könne. Leider habe ich keinen zweiten Pass."

„Brauchen Sie nicht. Der Brenner hat auch nur einen Pass", erwiderte sie überraschend fürwitzig. Sie wandte sich von mir ab und winkte den nächsten Passanten heran. Mein hinter mir schlängelnder Schlangenteilkorpus indes züngelte vor Lachen, und ich war perplex ob der Schlagfertigkeit dieser Hostess. Offensichtlich war sie noch nicht verbeamtet und durfte noch Humor haben.

Nach diesem Sicherheitscheck gelangte ich endlich auf das Schiff. Es war nicht „Mein Schiff", sondern die „Queen Victoria". Das stand am Bug des Schiffes. Geübte Seefahrer wissen, dass der Bug beim Schiff vorn ist und das Heck hinten. Das kann man sich leicht merken, wiederum mit einer Eselsbrücke. Das Wort „Heck" beginnt mit dem Buchstaben „H" wie das Wort „hinten" vorn auch. Das Heck ist demzufolge hinten. Analog dem kann man sich merken, dass Steuerbord die rechte Seite eines Schiffes ist, weil in dem Wort „Steuerbord" der Buchstabe „r" wie rechts drinsteckt. Also das „r" am Ende des Teilwortes „Steuer" und nicht das „r" bei „Bord", denn dieses „r" kommt auch bei „Backbord", was links auf einem Schiff bedeutet, in dem Wort „Bord" vor. Klingt komisch, ist aber so.

Ich ging, einer Gangway folgend, in den Rumpf des Schiffes hinein. Ich kam mir vor wie Jonas, den in diesem Augenblick der Wal verschlingt. Wohin nun, sah ich mich fragend um? Die Nummer meiner mir zugewiesenen Kabine las ich auf meiner Bordkarte, die, je nach Herkunft des Reisenden, eine Plasticard oder eine Plastekarte ist, auf der alles und jedes, was mich und meinen Aufenthalt an Bord betrifft, registriert wurde und bis zum Ende der Reise werden wird. Sie war auf die Nummer 1040 ausgestellt. Zum

Glück stand mein Name unter dieser Zahl, sodass ich doch nicht ganz der Anonymität anheimfiel. Aus der Nummer 1040 schlussfolgerte ich, dass ich die Kabine 40 auf Deck 10 die ganze Reise über bewohnen werde. Oder sollte es die Kabine 10 auf Deck 40 sein? Beides falsch. Die „10 bedeutet Deck 1 und die „40" ist zwar die Kabinennummer, aber nur im Zusammenhang mit der 10 davor. Meine Kabine lag also auf Deck 1 und die Kabinennummer lautete 1040. Logisch wäre eine Kabinennummer 0140. Aber man wird sich mit 1040 schon etwas gedacht haben.

Ich fand meine Kabine sofort, denn vor ihr lauerte schon mein Gepäckballast auf mich. Ich vermutete noch, dass eine kleine, asiatisch ausschauende Bedienstete diese beiden Kolosse dort abgestellt haben musste, weil sie sich bei meinem Eintreffen eilend davon entfernte. Ich konnte mir nicht vorstellen, wie sie den Transport bewältigt haben könnte, sodass ich annahm, die Koffer seien schon ausgepackt worden. Oder aber man hatte mich bestohlen. Wenig später stellte ich fest, dass dem nicht so war. Wie hatte diese zierliche Person meine Gepäckkolosse also bis vor meine Kabinentür transportieren können, fragte ich mich? Mit einem Gabelstapler? Oder half ihr ein netter Kollege dabei? In dem Moment schleppte diese zierliche Asiatin zwei weitere riesengroße Koffer herbei. Hoffentlich hebt sie sich keinen Bruch, dachte ich, aber tröstete mich mit dem Gedanken, dass dieses fast zart zu nennende Persönchen durch die Kenntnis irgendeiner asiatischen Kampfkunst derart muskulär gestählt sei, dass sie den Umgang mit schwergewichtigen Gegnern gewohnt war.

Übrigens ist Deck Eins das unterste der von den Reisegästen bewohnten Decks. Das Schiff, ein britisches, ist traditionell in Unter-, Mittel und Oberklasse eingeteilt. Das Deck Eins ist aber nicht die erste Klasse, wie man vielleicht annehmen könnte. Nein, Deck Eins ist das unterste Deck, welches sich kurz über und bei Wellengang unter der Wasseroberfläche befindet, prophezeite mir ein Vielkreuzschiffsfahrender. Aha, wie auf der „Titanic", dachte ich. Meine Kabine ist also für die Unterklasse bestimmt. Ich bin quasi der Leonardo DiCaprio des Unterdecks. Wir waren viele Leonardos auf Deck Eins und … wie hieß die Schauspielerin, die vorn am Bug singend mit Leonardo DiCaprio und der Titanic im gleichnamigen Hollywoodschinken unterging? Der Name fällt mir noch ein. Ich bemühe hier keine Eselsbrücke, weil es diesmal eine Beleidigung für diese Schauspielerin wäre, die ich als sehr schön in Erinnerung habe.

Meine Kabine hat aufgrund der wechselnden Wellenhöhe des Meeres nur ein Fenster, das man nicht öffnen kann, weil ja sonst das Meer über den Fenstersims eindringen könnte. Andernfalls würden, und man verzeihe mir die Wortspielerei, aus den Ozeanen wahlweise Atlan-Tische und Pazi-Fische in meine Kabine gespült werden. *Eine Seefahrt, die ist lustig, eine Seefahrt, die ist froh* ... pfiff ich beim Betreten der Kabine.

Die Größe meiner mir zugewiesenen Kabine genügte mir. Ich bin ein Alleinreisender. Warum? Ich hätte ja meine Lebensabschnittgefährliche mitnehmen können, hörte ich oft sagen. Natürlich hätte ich. Aber hätte, hätte Ehekette. Nein, zu meiner Entschuldigung muss ich anfügen, dass ich mir anlässlich meines dreißigsten Geburtstages fest in die Hand versprochen hatte, meinen sechzigsten Geburtstag an den Pyramiden und den siebzigsten auf einer Weltreise an Bord eines Kreuzfahrtschiffes allein ohne Begleitperson zu verbringen. Dazu muss man wissen, dass ich meinen dreißigsten Geburtstag in der ehemaligen DDR feierte, in der ich seinerzeit lebte. Die Leute „von uns drüben", also die aus dem westlichen Teil des heutigen „Deutschlands" vermuteten zu Recht, dass wir ehemaligen DDR-Bürger mittels der Mauer dort eingesperrt waren. Richtig und doch falsch. Sagen wir so: Wir waren in der ehemaligen DDR wohnhaft. Von dort aus ins westliche Ausland reisen zu dürfen, war legal und ohne Beziehungen letztendlich nur Reisekadern und Rentner möglich. Nach Erreichen des Rentenalters durfte man überallhin auf der Welt verreisen, und zwar wohin das Herz begehrte, sofern man im Besitz der nötigen ausländischen Devisen war. Ich vermutete damals argwöhnisch, dass die „ehemalige DDR" auf diese Weise die alten Leute loswerden wollte, was bei den Rentnern ohne Westverwandtschaft aus Mangel an D-Marks nicht gelang. Ich wollte mir bis zum Reisebeginn, der mit dem Einsetzen des Rentneralters möglich war, die nötigen Devisen in den dreißig Jahren bis zum Erreichen desselben irgendwie zusammentauschen oder na ja erarbeiten. Dies gelang mir erstmalig, als ich auf der Jugendweihefeier der Tochter einer Kollegin für zehn D-Mark, die der anwesende Westonkel spendiert hatte, eine sogenannte Mugge absolvierte. Mugge ist in Künstlerkreisen die Abkürzung für ein musikalisches Gelegenheitsgeschäft. Da ich aber ein Kabarettist bin, hatte ich ein kabarettistisches Gelegenheitsgeschäft, also eine Kagge. Natürlich kam man selbst im damaligen Westdeutschland mit zehn D-Mark nicht weit. Aber ich war einunddreißig Jahre jung und hatte noch viel Zeit, tausende von D-Marks durch diese Nebengeschäfte zu machen. Jugendweihefeiern gab es in der ehemaligen DDR schließlich jedes Jahr zu Hauf. Ich war frohgemut.

Im November 1989 fiel die Mauer, und wir waren plötzlich alle Westen. Für die „DDR-Mark" gab man uns die D-Mark, um sie uns wenige Jahre später wieder zu nehmen und gegen den EURO auszutauschen. Uns Ehemaligen wurde das Geld quasi zweimal entwertet. Und dafür habe ich nun bei der friedlichen Revolution in der ehemaligen DDR mutig hinter der Gardine gestanden? Nein, stimmt nicht. Ich habe nicht hinter Gardine gestanden. Wir hatten schon Rollos.

Mein erstgenanntes Versprechen löste ich nach der Kehre, wie ein Freund von mir zu sagen pflegt, in Ägypten ein. Ich saß also mit meiner Lebenspartnerin und meinem Freund und Kabarettkollegen Hans-Günther nebst dessen Frau um null Uhr des siebenundzwanzigsten Januars 2013 in einem Hotel unweit der Cheopspyramide zusammen. Wir tranken Whiskey und umarmten uns. Wir kippten kein Wasser in den Wein, aber vergossen Freudentränen in den Whiskey.

Am anderen Morgen, es war ein Tag im sogenannten arabischen Frühling, schritten wir ehrfurchtsvoll in die Cheops-Pyramide hinein. Wir vier waren, neben vielen Wachleuten und einigen Kamelen und deren Besitzern, die einzigen Menschen an den Pyramiden. Das deutsche Ministerium für Auswärtige Angelegenheiten hatte am Tag vor unserem Abflug nach Kairo eine Reisewarnung für Ägypten herausgegeben. Ängstlich, doch schließlich die unübersichtlichen Umstände in Ägypten verdrängend, kletterten wir, von einem Begleiter bewacht, allein in die Cheopspyramide hinein. Ein erhabenes Gefühl, die Pyramiden von Gizeh sind das letzte heute noch existierende der sieben antiken Weltwunder.

Es gelang mir, mein Handy, am Körper versteckt, mit hinein in die Pyramide zu schmuggeln. Was strengstens verboten war. Ich glaube, der Wachmann hatte die Hineinschmuggelei wissentlich übersehen. Am marmornen Sarkophag des Pharaos Cheops deutete mir der Pyramidenwächter an, als ich anstrebte, mich in den Sarkophag hineinlegen zu wollen, dass ich es dürfe, wenn ich ihm hundert ägyptische Pfund zukommen ließe. Er bot mir zusätzlich an, mich im Sarkophag liegend mit meinem Handy fotografieren zu wollen. Ich willigte ein. Was noch einmal die gleiche Summe Geldes kosten solle. Ich wurde mit ihm handelseinig. Seitdem kann ich per Foto beweisen, dass ich, da ich in den Sarkophag hineinpasste, der Pharao Cheops hätte sein können, wenn ich vor dreitausend Jahren in Ägypten gelebt hätte und von sehr hohem Stand gewesen wäre. Wer weiß heute schon, was man in seinem früheren Leben war?

Mit dem Betreten der „Queen Victoria" begann die Einlösung meines zweiten Versprechens. Eine Weltreise per Schiff zu den Orten, die auf dem Weg liegen. Es soll mein Jacobs-Weg auf den Weltmeeren werden, und er wird es auch sein.

Mit siebzig Jahren biegt man auf die Zielgerade des Lebens ein. Man kann und will das Ziel zwar noch nicht deutlich erkennen, aber man vermutet es in der Ferne. Vorgenommen habe ich mir jedoch, ins Ziel nicht zu sprinten, sondern mich auf dieser Reise dafür zu entschleunigen. Der Geldpreis für diese Entschleunigungsreise um die Welt scheint vielen zu hoch zu sein. Sicherlich, aber bedenkend, dass man höchstwahrscheinlich nur ein einziges kleines Leben hat, will ich nicht auf meinem Sterbebett liegend sagen müssen: Ich war noch nicht in San Francisco oder wo es sonst noch überall schön auf der Welt ist. Dann wäre es zu spät. Also gab ich das viele Geld für diese Reise aus. Es nutzt einem nichts mehr, einmal der reichste Mann auf dem Friedhof zu sein. Zudem könnte man nach seinem Tod Schuld daran tragen, dass die Verwandten sich zu Erbenkriegern oder Schlachtenbummlern transformieren. Obwohl, zusehen würde ich dabei schon ganz gerne.

Ich erkundete nach diesem Gedankenausflug in die Vorgeschichte der Weltreise das Schiff, was mir nur schwer gelang. Über mehrere Seetage wird sich die Entdeckungstour wohl noch hinziehen, dachte ich. Ich vermutete, dass ich am Ende der Reise immer noch nicht jeden Winkel des großen Potts kennen werde.

Nach der ersten Erkundung hatte ich Hunger. Wo ich meine Mahlzeiten einnehmen darf, bekam ich von zwei netten Hostessen gesagt, die auch der deutschen Sprache mächtig waren.

An dieses erste und ermüdende Durchstöbern des Schiffes schloss sich das erste Abendmahl auf der „Queen Victoria" an. Mein Tisch hat die Nummer sechshundertacht. Es war ein acht Personen fassender ovaler Tisch nahe der Kredenzinsel für die Kellner und befand sich im Britannia-Restaurant auf dem Deck Drei. Dort eingetroffen, saß ich erst einmal eine Viertelstunde allein und ziemlich verloren herum, denn ich war, wie ich es meistens bin, zu früh Vorort. Ich hasse Verspätungen. Und bei anderen Gelegenheiten und Menschen, wie berichtet, auch Verfrühungen.

Besser manchmal zu früh, als ständig zu spät. Wer sich verspätet, so meine Überzeugung, stiehlt den Wartenden Lebenszeit. Ich bemühe mich selbst penibel, nicht verspätet zu sein. Falls es mir mal nicht gelingen sollte, pünktlich zu sein, versuche ich zu berechnen, um wieviel sich die, mit denen ich verabredet bin, verspäten werden. So bin ich jedenfalls nicht derjenige, der als Letzter zu spät erscheint.

Nachdem die Viertelstunde verstrichen war, gesellte sich eine feine Dame zu mir. Ich stellte mich artig vor. Sie sagte mir ihren Namen und gab mir die Hand. Die Hand war weich im Druck. Den Namen der Dame habe ich mir nicht gleich merken können. Das lag eventuell daran, dass sie ihren Namen bewusst nuschelte oder es lag an meiner Vergesslichkeit, was das Merken von Namen anbetrifft. Meine zukünftige Tischnachbarin bekundete, dass sie ebenso wie ich auf dem Deck Eins eine Kabine bewohne.

Kate Winslet. Plötzlich fiel mir der Name der Schauspielerin neben diesem DiCaprio wieder ein. Das passiert mir oft, dass ich einen Namen nicht mehr weiß, aber dieser mir, manchmal Tage oder Wochen später, wie aus heiterem Himmel, wieder in den Sinn kommt. Und dann spreche ich den wiedergefundenen Namen lauthals oder leise murmelnd aus, um ihn besser behalten zu können, was mir immer weniger gelingt. Übrigens lerne ich meine Texte ebenfalls laut vor mich hinsprechend. Das wollte ich hier nur einmal schriftlich festgehalten wissen, um fürderhin nicht, wie es oft geschieht, danach gefragt zu werden.

Ich murmelte den Namen jener US-amerikanischen Schauspielerin … wie hieß sie gleich wieder? … wohl etwas zu laut vor mich hin, sodass die feine Dame erstaunt aufblickte. Ich erklärte ihr den Zusammenhang mit Leonardo DiCaprio, dem Unterdeck und der Titanic. Sie schaute etwas irritiert drein und meinte dann, dass sie es nicht wäre. Also diese Winslet, Kate. Schon deshalb nicht, weil sie gar nicht singen könne und nicht vorhätte, mit mir untergehen zu wollen. Seither nenne ich sie in Gedanken nur Kate Winslet. Sonst rede ich sie einfach mit „Sie" an, denn noch einmal nach ihrem Namen zu fragen, habe ich mich dann doch nicht mehr getraut. Sie wollte ihn anscheinend auch nicht noch einmal offenlegen, denn sie ließ mich gewähren, sie mit „Sie" anzusprechen, was manchmal sehr merkwürdige Satzkonstruktionen bei mir zur Folge hatte. Bei meinem mühevollen Zusammensetzen der Sätze schaut sie mich, oft verwundert, aber mit einem schulmeisterlichen Blick an. Die Beschreibung ihres Blickes fand seine Bestätigung darin, dass sie mir offenbarte, Lehrerin für Englisch und Deutsch gewesen zu sein, aber vorfristig in den Ruhestand gegangen sei. Ob es wegen der Schüler oder des Kollegiums war, darüber wollte sie sich nicht eindeutig festlegen. Ob es nun wegen dem oder wegen des Kollegiums heißt, muss ich die Lehrerin gelegentlich fragen. Ich vermute bis heute, sie hat sich wegen der Schüler vorfristig verabschiedet. Die könne man nur noch im Rauschzustand ertragen, erwähnte sie einmal beiläufig. Und wir wissen ja, an den Schulen wird gekifft und gesoffen. Und bei den Schülern ist es nicht anders.

Zu meiner Zeit jedenfalls waren Lehrer und Lehrerinnen Respektpersonen. Wenn seinerzeit meine Klassenlehrerin angekündigt hatte, Hausbesuch bei uns machen zu wollen, haben meine Eltern flugs die Wohnung renoviert. Meine Mutter rannte zum Friseur und sah danach lilagrau um den Kopf herum aus, wie seinerzeit Margot Honecker persönlich. Mein Vater hat sich beim Umbinden einer Krawatte fast erdrosselt. Und ich durfte außer der Reihe mal in die Badewanne steigen, um nicht die Kruste an meinen Körperteilen mit Hammer und Meißel abschlagen zu müssen. Heutzutage gehen Eltern und Lehrer beim Hausbesuch im Höchstfall aus Resignation und Verzweiflung über das verzogene Balg gemeinsam heulend in den Park zum Kiffen. Denn nichts wäre gefährlicher für beide Erziehungsseiten, als die Ruhe des Sprösslings in irgendeiner Art und Weise in seinem Zimmer zu stören. So ein Kindermonster kommt einfach nicht mehr heraus aus seiner mit Elektronik komplett zugestellten Wohnhöhle. Das Wort Stubenarrest löst ergo keine wirkliche Angst bei ihm aus.

Dieses mein Gedankengeflecht wurde gleichsam wie mit einer Machete von meiner zweiten Tischdame, die sich dabei nicht offiziell vorstellte, urplötzlich zerschlagen. Diese Dame ist eine, wie sie offen bekundete, in ein paar Tagen achtzigjährige, zweimal verwitwete, außer Bayern stammende Düsseldorferin. Sie ist, wie sich im Laufe der Weltreise herausstellte, eine nette, manchmal zu geradeheraus seiende Frau mit dem herben Charme einer Nofretete in neobarocken Tarnanzügen, ausgestattet mit einem eigenartigen Humor.

Wir drei verstanden uns eigenartigerweise relativ gut. Mit beiden Damen würde ich wohl bis zum Ende der Reise den Tisch mit der Nummer sechshundertacht teilen, dachte ich.

Jedes Dinner, wie das Abendbrot auf einem englischen Schiff genannt wird, ist eine Offenlegung, wieviel Ausgehuniformen jeder Weltreisende in seinen Koffern auf das Schiff mitgeschleppt hat. Man muss wissen, dass jedes zweite Dinner unter einem Motto steht. Im Tagesprogrammblatt, abgekürzt „Tablabla", das jeden Abend für den morgigen Tag an die Kabinentür angehängt wird, wird die korrekte Abendgarderobe mit nachdrücklicher Bestimmtheit empfohlen. Es gibt Schwarz-Weiß-Abende, Rot-Schwarz-Galas oder Motto-Dinner, die Jubiläen von Schlachten, Krönungen und anderen Grausamkeiten in der englischen Geschichte gewidmet werden. Ich vermutete, eines Tages, wenn die Anzahl der Anlässe, Abendkleider und Anzüge erschöpft sein wird, würde das ganze Spektakulum wieder von vorn beginnen. Bis zum Ende aller Tage, zumindest dieser Weltreise.

Während des Speisens setzte sich das Schiff unter den Klängen des Songs der Popgruppe „The Beach Boys" *Surfin USA* fast unmerklich in Bewegung. Die Musik war sehr unpassend, denn es ging erst einmal Richtung Southampton. Das ist bekanntlich noch englisches Hoheitsgebiet. Nach dem wirklich köstlichen Fünf-Gänge-Menü zog ich mich rasch verabschiedend im noch ungeübten, weil ungewohnten Matrosengang auf meine Kabine zurück. Dort leicht schwankend angekommen, bettete ich mein müdes Haupt und die anderen Gliedmaßen auf das mit reichlich Kopfkissen belegte Bett und schlief unter leichtem Schaukeln des Schiffes sanft ein. Ich kann sagen, eine „Queen" wiegt mich jeden Seetag in den Schlaf. Wer kann das schon von sich behaupten?

Dritter bis vierter Tag: Der erste Einlauf

Es wurde Tag, und es schaukelte ein wenig mehr. Der Wellengang lag allerdings noch im unteren Bereich. Jedenfalls überstiegen die Fluten und deren Gischt nicht die Unterkante meines Kabinenfensters. Die „Queen Victoria" war eingelaufen. Nicht von der Größe her, weil das Schiff etwa im Meer zu heiß gebadet wurde, nein, es war in den Hafen eingelaufen. Nach dem Festknoten des Schiffes im Hafen von Southampton drängten Neuankömmlinge in den Rumpf. Der gleiche Ablauf wie der unsrige in Hamburg. Der Unterschied war nur, dass es vornehmlich vornehme englische Weltreisende waren, was am Stimmengewirr des mit leichtem Singsang durchsetzten englischen Redens zu erkennen war. Einige wenige US-Amerikaner schienen darunter zu sein, denn der Lautstärkepegel erhöhte sich nach Eintreffen dieser schlagartig.

Ich beschloss, an Land zu gehen. Nach einem Blick aus dem Bullauge verwarf ich den Beschluss wieder. Es regnete. Typisch britisch. Zwar kam ab und zu die Sonne durch, aber nur um zu gucken, ob die Leute mit Schirmen bestückt waren. Falls nicht, schob die Sonne die Wolken wieder vor sich, damit sie sich abregnen konnten. Southampton, dachte ich, könne ich mir auf der Rückreise ja noch ansehen.

Den ganzen Tag verbrachte ich an Bord damit, mir W-LAN für mein Handy und mein Notebook zu beschaffen. Ich fragte in meinem besten Englisch an der Rezeption nach „Double You LAN for my Handy". Keiner verstand mich. Mittels Zeichensprache versuchte ich, meine Verständlichkeit zu erhöhen. Kurzum, man erklärte mir, dass W-LAN im englischen Sprachraum WIFI heißt. Wieder etwas gelernt. In dem Zusammenhang ist mir bis heute nicht erklärlich, warum wir Deutschen das schnurlose, transportable Telefongerät mit der scheinbar englischen Vokabel „Handy" versehen haben, obwohl es dieses Wort im englischen Sprachgebrauch gar nicht gibt. Dort nennt man das Handy „mobil Phone". Ich hatte mich bei dem englischen Rezeptionisten blamiert. Ich wollte im Boden versinken vor Scham, was ich aber nicht konnte, denn dann würde ich im Meer landen.

WIFI musste man buchen und bezahlen. Ich fühlte mich plötzlich wie in Deutschland. Der Vorgang, sich das gebuchte und preisintensiv bezahlte WIFI auf das Handy zu laden, war ein einfacher. Nur leider für mich nicht. Für derartige Hand- und Denkfertigkeit bin ich nicht gemacht. Ich stellte mich also in eine sich daneben hinschlängelnde Schlange von deutschen Weltreisenden. Die beiden besagten Hostessen, die der deutschen Sprache mächtig waren, hatten genaue Sprechzeiten, welche sich täglich auf eine halbe Stunde beliefen. Sie waren sehr geduldig. Zum Glück hatte ich nur das Problem mit dem WIFI. Das wurde sehr zügig gelöst. Ich hatte also Internetanschluss auf dem Schiff. Wenn es auch regel- bis unregelmäßig überlastet war und zusammenbrach, so konnte ich doch Nachrichten senden und über WhatsApp notfalls sogar, manchmal sehr abgehackt, telefonieren. Den ganzen Tag über tat ich dieses und jenes mit dem „mobil Phone" über WIFI. Auf Facebook schaute ich nach, was inzwischen so gepostet wurde. Nachrichten über Politik zu lesen, wollte ich wenigstens am ersten Landtag unterlassen. Was ich eisern tat. Politik, habe ich mal geschrieben, ist die Kunst, die Menschen so zu verarschen, dass sie das Gefühl haben, sie hätten sich das schon immer gewünscht. Und entschuldigen Sie in diesem Zusammenhang das ordinäre Wort „Kunst". Morgen, dachte ich, lässt du es wieder zu.

Fünfter bis neunter Tag: Horch- und Guck-Tage

Von Southampton aus wurden wir also verschifft. Gen Amerika. Genauer gesagt gen USA und, noch genauer, gen New York City. *The Big Apple*, wie der US-amerikanische Volksmund New York City auch gern veräppelt. Warum eigentlich? Ich habe mich belesen. In den Dreißigerjahren des vorigen Jahrhunderts nannten Jazzmusiker einen Auftritt Apple. New York City war damals für diese Musikrichtung sehr bedeutend. Wer es geschafft hatte, einen Auftritt in dieser Großstadt zu haben, der hatte einen großen Apfel gepflückt – den Big Apple und wurde meistens danach ein bekannter Musiker. Wäre, so spekuliere ich, New York City früher die Metropole der Comedian (auf gut Deutsch Kabarettisten) gewesen und ich hätte einen Auftritt dort, hieße New York City, da wir Kabarettisten zum Auftritt ja Kagge sagen (sie erinnern sich), eine „große Kagge"!

Solche wahnwitzigen, unanständigen Gedankenkombinationen kamen einem vielleicht nur deshalb in den Sinn, weil man fünf zusammenhängende und durchgängig stürmische Seetage hinter sich hatte. Diesen Eintrag ins Weltreiseerzählungsbuch schrieb ich also, nachdem einige ähnlich ablaufende Seetage hinter mir lagen, und noch weitere liegen bis New York vor mir. Ich lernte in dieser Zeit nicht viel Neues kennen, mit Ausnahme von verschiedenen Menschen, die der deutschen Sprache mächtig waren. Man muss wissen, dass mein englisch *very poor* ist und ich die Englisch sprechenden Leute stets bitte, sie mögen *slowly speaken*.

Stopp und zurück! Soeben beging ich in meiner Erzählung einen fatalen Fehler. Ich habe dem Wort Menschen das Adjektiv „verschiedene" vorangestellt. Ich bin weiß Gott kein Sprachpolizist. Im Gegenteil. Ich behaupte sogar, und das wird mir des öfteren von überkorrekten Kollegen angelastet, dass ich ein gnadenloser Wortspieler sei. Und das stimmt. Ich nehme es nicht so genau mit den Wörtern. Ich verfremde schon manchmal, um sie bis zur Kenntlichkeit zu verdrehen, damit sie einen Wortwitz ergeben. Stets nach der Maxime verfahrend, dass man lieber einen guten Freund verliert als eine gute Pointe oder einen lauten Lacher. Und es ist mir dabei egal, wenn man im besten Sinne der Satire etwas mit der Sprache schludert. Sie kann sich ja nicht wehren. Im eben geschehenen Fehler allerdings, muss ich auf Genauigkeit der Verwendung eines Adjektivs beharren. Es ist das Adjektiv „verschieden". Viele meiner Kollegen und auch im Allgemeinen die Mehrzahl der Menschen missachten die divergierende Bedeutung von „unterschiedlich" und „verschieden" in Verbindung mit Lebendigem. Wenn Menschen zum Beispiel unterschiedlich sind, dann sind sie nicht gleich. Wenn Menschen verschieden sind, dann sind sie tot. Ich zucke jedes Mal erschreckt, letztlich belustig zusammen, wenn in den Nachrichten, in politischen Talkshows oder anderen Formen der politischen Multiplikationen in den Medien, die Moderatorinnen oder Moderatoren, also jene, die sich sonst als untertänig politisch korrekte Büttel ihrer von wem auch immer angeleiteten Redakteure erweisen, von „verschiedenen" Politiker reden, die sich zu dem oder dem Sachverhalt geäußert hätten. Ich möchte diesen willfährigen, auf dem Schoß von meinungsmanipulierenden Bauchrednerpuppen Sitzenden fragend zurufen: Wisst ihr, was ihr da redet? Nach dieser eurer Formulierung werden wir von Zombies regiert? Schleichen verschiedene Politiker als Untote durch die Gänge des Bundestages? Vielleicht aber ist es auch gar kein Fauxpas der

Bauchredenden, sondern Doktor Frankenstein hatte dabei seine Hände im Spiel? Na toll. In diesem Moment sollte ich mich wirklich einmal fragen, ob das die Seetage-Macke im Endstadium ist?

In der Politik und auf hoher See ist man den Mächten ausgeliefert. Aber was heißt hier hohe See. Heute herrschte so gut wie kein Seegang. Das dunkel erscheinende Meer lag da wie ein riesiger, dicker Schokoladenpudding mit einer leicht welligen Haut. Die Sonne, die ab und zu auf das Wasser schien, täuschte einem vor, dass Vanillesoße darüberlief. In der Wüste nennt man solche Luftspiegelung wohl Fata Morgana. Wie sagt man zu diesem Phänomen auf dem Meeresspiegel? Wahrscheinlich nennt man das, weil diese Erscheinung auf der Wasseroberfläche von der Sonne verursacht wird, welche weiblich ist, eine Mutter Morgana. Das meinte ich vorhin mit der Wortspielerei. Verrückt oder?

Seetage waren Horch- und Guck-Tage. Soll heißen, man horchte und guckte sich gründlich auf dem Schiff um. Man hatte ja Zeit dazu, denn der Tagesablauf an Bord war zeitlich frei wählbar. Beschränkt wurde man nur räumlich vom Schiffskörper. Man möchte ja nicht unfreiwillig über Bord gehen. Das Schiff ist halt nur so und so lang, so und so breit und so und so hoch. Eben genauso, wie es die Architekten geplant, die Werftarbeiter zusammengeschweißt, die Reederei es bezahlt und übernommen hatte. Ich hatte mich nicht über die exakten Abmaße des Schiffskörpers in Metern informiert. Ich weiß deshalb heute auch, dass die Briten ihre ganz eigenen Abmessungen haben, die sie in „Fuß" angeben. Ein „Fuß" (foot), so habe ich mich erkundigt, beträgt 0,305 Meter. „Fuß" ist eine alte Maßeinheit. Wahrscheinlich waren die Füße der Leute, die damals, als diese Maßeinheit festgesetzt wurde, im Durchschnitt so groß. Heute würde es für einen Briten, trotz Amputation der Zehen, in einem Schuh mit diesen Maßen eng werden. Deshalb heißen die Leute, die sich diese Maßeinheit ausgedacht haben, vermutlich Engländer. Die Briten gebrauchen wie alle Europäer die metrischen Maße, aber eben auch, um sich von den Europäern abgrenzen zu können, ihre Maßeinheiten Inch, Foot, Yard und Meile. Drei Foot sind ein Yard. Wie viele Füße ein „Scotland Yard" ergeben und wie weit man damit laufen kann, darüber schweigt sich Wikipedia aus. Ich vermute mal, meilenweit.

Zum Glück waren es nur noch einige Tage bis Buffalo oder war es Big Apple? Und wenn ja, wird es vor dem Apple eine Schlange geben, in die wir beißen müssen oder vor der wir stehen müssen, wie das Kaninchen vor derselben, fragte ich mich? Die frische Seeluft macht high. Ein Hai? Wo? Heute durften wir zum ersten Mal seit den Stürmen an Deck. Irgendwas lag in dieser Luft! Eben las ich, dass die im Bundestag einsitzenden Grünen noch mehr Energie sparen wollen. Bei denen teilen sich zehn Abgeordnete einen Berufsabschluss. Ich ging wieder in Deckung. Also unter Deck. Frischluft ist nie gut fürs Gemüt.

Zehnter Tag: Peace please

Heute war an Bord weniger als nichts los gewesen. Im Gegensatz zu gestern spät am Abend. Ich hatte eine Durchsage des Kapitäns nicht gleich beachtet. Gehört hatte ich sie schon, aber nicht verstanden. Wie ständig. Das Englisch des Kapitäns klang irgendwie anders. Wenn man nicht genau hinhörte, kam es einem nicht Englisch vor. Musste es aber sein. Die britischen und alle anderen englischsprachigen Passagiere verstanden ihn. Nahm ich an. Auf alle Fälle hatte die Sprechweise des Kapitäns sowas Verbindendes. Soll heißen, er band die Wörter derart eng aneinander, dass ein im Englischsprechen und -hören Ungeübter wie ich, die Wörter erst einmal im Kopf wieder trennen musste, um halbwegs den Sinn des Gesagten entschlüsseln zu können. Doch wenn man die im ersten Satz verwendeten Wortklumpen des Kapitäns einigermaßen aufgedröselt hatte, war der Kapitän unterdessen schon beim dritten oder vierten Satz. Bei Durchsagen des Kapitäns gab ich, der in der Schule wenig Englisch gelehrt bekam, sondern mehr Sowjetisch, meist völlig resignierend auf. Ich hatte also nicht mitbekommen, warum unser Schiff plötzlich stetig schnellere Fahrt aufgenommen hatte. Wieviel Knoten schneller wir waren, konnte ich nicht bestimmen, zumal ich nicht wusste, wieviel Knoten man machen muss, um einen Kilometer in der Stunde knüpfen zu können. Oder wie drückt man sich in der Seemannssprache richtig aus? Die Mysterien und Begrifflichkeiten der christlichen Seefahrt sind mir ein Schifffahrtsbuch mit sieben Siegeln. Und ich werde mir das Vokabular jetzt auch nicht mehr in seiner

Gesamtheit aneignen wollen. Aber Eselsbrücken helfen mir meist, Worte zu finden, die in der Seefahrerei gang und gebe sind und mir auch geläufig.

Zum Beispiel, wie sagen Matrosen auch in der modernen Zeit noch, wenn Piraten sich ein fremdes Schiff aneignen wollen? Kleiner Hinweis: ein Gewürz hat dieselbe Bezeichnung. Richtig. Piraten wollen das Schiff, nein nicht pfeffern, salzen, kümmeln …, sie wollen es kapern. Es ist der Doppelsinn der Worte, der Spiele mit der deutschen Sprache erst so richtig interessant macht. Sehr lustig fand ich in dem Zusammenhang das Wortspiel: Piraten weinen keine Tränen, sondern sie heulen Rum.

Die „Queen" (Koseform von „Queen Victoria") hatte also gestern Abend schnelle Fahrt aufgenommen. Zum Glück nicht deshalb, weil Piraten uns entern wollten, was so viel wie besetzen bedeutet. Fragen Sie mich bitte nicht, wo ich den seemännischen Fachausdruck „entern" hergeleitet habe. An ein geflügeltes Federvieh, dessen Brust auf dem Speisezettel deutscher Restaurants sehr beliebt ist, habe ich in dem Zusammenhang nicht gedacht. Ich weiß wirklich nicht mehr, woher ich dieses Wort kenne.

Nein, der Grund für die Raserei unseres Schiffes war ein medizinischer Notfall an Bord, bedauerlicherweise einen Passagier betreffend. Der Kapitän musste einen Notfallhubschrauber von weit her ordern, dem wir mit zunehmend schneller werdender Geschwindigkeit entgegeneilten.

Die Betroffenheit, die alle nach der Durchsage des Kapitäns beherrschte, wehrte nicht lange. Zum einen sollte beim Dinner, bei dem uns die Durchsage traf, das Essen nicht kalt werden (unter anderem gab es Entenbrust), und zum anderen diskutierten die Dinierenden vielsprachig die zum Hergang der Notfallbehebung allzeit interessierenden Fragen wie solcherlei, wo der Hubschrauber wohl auf der „Queen" landen könnte, ob denn kein medizinisches Personal an Bord wäre und über das Glück, das man hatte, nicht selbst betroffen zu sein. Mir wurde eine weitere Durchsage des Kapitäns übersetzt, worin er anordnete, dass die Passagiere sich unter Deck aufzuhalten hätten und alle Fenster und deren Vorhänge zu schließen seien. Später erfuhr ich, der ich brav den Anweisungen des Kapitäns Folge leistete, dass sich doch so viele Schaulustige an Deck befanden, dass diese aufgefordert werden mussten, eine Rettungsgasse zu bilden. In diesem Fall hätte es eine Rentnergasse sein müssen.

Ich weiß nicht, ob ich es schon erwähnt habe, dass ich auf dieser Weltreise zum siebten Mal einen dezimalrunden Geburtstag begehen werde. Die Mehrzahl der an Bord befindlichen Menschen hatte meine Lebenslänge in mehr als Einzelfällen, um es vorsichtig auszudrücken, weit überschritten. Im Grunde kann man behaupten, drückte ich mit meinen demnächst siebzig Lebensjahren den Altersdurchschnitt auf der „Queen". Ich wollte hierbei keine Altersdiskriminierung walten lassen, weil ich inzwischen, wie meine liebenswert offenherzige Hausärztin zu sagen pflegt, in dem Maße ebenda ein älterer Herr sei. Andererseits glaube ich nicht, dass es in Deutschland eine Altersdiskriminierung gibt. Nein, gewiss ist, sie hat sich zum Altersrassismus hin entwickelt. Der alte Mensch scheint für diese Gesellschaft eine Last zu sein. Die nach Wahlen periodisch und gebetsmühlenartig einsetzende Forderung nach Heraufsetzung des Renteneintrittsalters sei ein Beweis dafür. Schlimmer noch. Der alte Mensch ist Ballast und wird semantisch zum Abschuss vorbereitet. Da die Brunstzeit bei den meisten älteren Herrschaften eine sehr kurze ist, gilt die Freigabe zum Abschuss fast ganzjährig. So bekommt der Begriff „Rentnertreff" eine völlig neue Bedeutung. Die „Queen" könnte als Jagdrevier herhalten. Wie würde die Schlagzeile beim Untergang, Gott behüte, in der Boulevardpresse lauten? „Rentnerschwemme im Atlantik!"

Alle Welt spricht von der Überalterung der Menschheit auf der Erde. Ich meine, es ist eine Unterjüngung. Die jungen Menschen wollen zu wenig Nachwuchs zeugen. Gut, vielleicht können sie es auch nicht. Also können nicht im Sinne von „mögen", sondern „vermögen", technisch gesehen. Studien besagen, dass die Jugend in der westlichen Welt übergewichtig sei. Adipös, zu dick oder fett. Ja, ich weiß, fett sagt man nicht mehr. Das wäre Body Shaming. Fett heißt heute querschlank. Oder akademisch: horizontaldünn. Im Sommer wird diese Adipösität der jüngeren Leute besonders deutlich sichtbar. Junge Mädchen bauchfrei und um die Bauchregion herum dicke Wülste. Ein Institut hat herausgefunden, warum dies so sein könnte. An den unbedeckten Stellen des Mädchenkörpers ist es ja kälter als an den bedeckten. Das Gehirn meldet sich daraufhin und befiehlt: Achtung kalt! Fett ansetzen. Die jugendlichen Männer hingegen sieht man allenthalben mit Bierflaschen in den Händen durch die Botanik latschen. Dieses Bier erzeugt Bierbäuche. Man stelle sich vor, ein Mädchen mit Sonnenbauch und ein Junge mit Bierbauch stehen sich zur Paarung bereit Bauch an Bauch gegenüber. Was stellen sie fest? Die Steckverbindung passt nicht mehr zusammen. Das verhindert den Akt der Zeugung, es werden keine Kinder geboren, und die Menschheit überaltert, weil die Lebenserwartung der alten Menschen gleichlaufend dank des medizinischen Fortschritts steigt. Ende der Menschheit. Die Werbeindustrie trägt dieser Prognose bereits Rechnung und wirbt zur besten Sendezeit für Haftcreme, Stützstrümpfe und Treppenlifte. Zudem gab eine bekannte Militärexpertin, alte Haubitze genannt, offen kund, dass sie sich im Kriegsfall zum Volkssturm melden würde. Feuer frei!

Im Übrigen ist Krieg, und das wird nicht nur mehr hinter vorgehaltener Hand geäußert, eine Lösungsvariante zur Reduzierung der Weltbevölkerung. In den sogenannten modernen Kriegen mit Drohnen, Tarnkappenjets und Raketenabwehrsystemen werden immer seltener Soldaten getötet, sondern in zunehmendem Maße die zivile Bevölkerung, Frauen, Kinder und Greise. Das sind, bis auf die jüngeren Frauen zynisch verwiesen, zu bedauernde Kollateralschäden, die man nach den Kriegen unter Bevölkerungsregulierungsmaßnahme verbuchen könnte. Um diesen ernsten Gedanken eine satirische Wendung zu geben, wünsche ich allen Kriegstreibern dieser Welt, dass man sie nach ihrem Tod auf dem Bauch liegend beerdigen sollte. Warum? Wenn sie nur scheintot wären, würden sie in die falsche Richtung buddeln.

Kriege sind keine Alternative zum Frieden. Frieden ist eben nicht die Abwesenheit von Krieg. Frieden ist ein Menschenrecht. Und ein Menschenrecht ist ein Menschenrecht ist ein Menschenrecht. Und jeder Krieg ein Verbrechen an der Menschheit. Krieg und Waffen retten nicht, wie hofreitende Politiker vielleicht behaupten könnten, Menschenleben, sondern sie töten. Ich schreibe mich in Rage. Verzeihung. Gut, dass es Seetage gab, dann kann ich solche Gedanken warnend in eine Tageserzählung einfließen lassen, damit es nicht Nacht wird auf der Welt.

Reisetipps

Für Sehreisen ein wichtiges Seefahrtutensil: Die Brille!
Rosarotgetönte Gläser (ab 1.4.2024 in Deutschland Pflicht) verstärken
positive Reiseeindrücke.

Elfter Tag: Mozart googeln

Ich möchte heute am letzten Seetag auf der Fahrt nach New York City besonders erwähnen, damit auch jeder die Geschenke für mich ordern kann, dass
ich am siebenundzwanzigsten Januar meinen siebzigsten Geburtstag an Bord
der „Queen" feiern werde. An diesem Tage hatte Wolfgang Amadeus Mozart,
zu seinen Lebzeiten natürlich, Geburtstag. Ich bin ein großer Verehrer seiner
Musik und auch seiner Lebensart „Wein, Weib und Musik". Wobei mit zunehmendem Alter vor dem Ende wohl die Musik übrigbleiben wird, sofern man
nicht schwerhörig wird. Um dem zu entgehen, hat sich der Mozart vielleicht,
aber auf jeden Fall viel zu früh, vom Leben verabschiedet. Nicht auszumalen
wäre es, hätte Wolfgang Amadeus seine Zeit ausgelebt. Für die Registratur
seiner dann insgesamt entstandenen Werke reichte ein Köchelverzeichnis
wahrscheinlich nicht aus. Spekulativ wäre es zu konstatieren, die Anzahl seiner komponierten Opern überstiege die Anzahl der Opernhäuser auf der
Welt. Unsinn. Oder Blödsinn? Was wollte ich jetzt eigentlich erzählen? Ach
ja, dieser „mein" Mozart schrieb am dreizehnten Juli siebzehnhundertsiebzig
als sein Tagesresümee auf: „Gar nichts erlebt. Auch schön." Mit diesem Satz
will ich auch meine heutige kurze Erzählung beenden. Mozart möge mir
dieses Plagiat verzeihen.

Zwölfter und dreizehnter Tag: New York, New York

„New York, New York" besang Frank Sinatra diese Stadt, die niemals schläft.
Die Bewertung meiner Eindrücke von New York City und das Beschreiben-
wollen machen mich schier ratlos. New York City nahm mich gefangen und
zwar lebenslänglich. Es ist die Stadt der Vielfalt, aber auch die Metropole
der Ambivalenzen. Doch der Reihe nach.
    Zum ersten Mal klingelte in meiner Kabine der von mir am Abend zuvor
gestellte Wecker in meinem Handy um kurz vor sechs Uhr. Ich wollte das
Einlaufen der „Queen" auf dem Hudson River auf Deck Zehn stehend erleben. Den Wind im Gesicht, die etwas modrige Luft des Hudson Rivers
schnuppernd in mir aufnehmen. Es gelang mir nicht ganz, weil ich die

„Schlummertaste" auf dem Handy wohl einmal zu viel gedrückt hatte. Als ich oben ankam, war unser Pott, wie ich unser Schiff liebevoll nenne, schon unter der riesigen Brücke, die die Einfahrt in die Bay überspannt, vom Kapitän und seiner Mannschaft hindurchmanövriert worden. Ich zückte mein Handy. Als Erstes schoss ich die Freiheitsstatue, die auf einer kleinen Insel errichtet worden war, ab. Will sagen, ich lichtete sie ab. Ich handyfotografierte sie. Diese Freiheitsstatue hatten seinerzeit, man möge das genaue Datum und den Anlass nachschlagen, die Franzosen vor New York City errichtet. Seit dieser Zeit bildet sie wohl das bekannteste Wahrzeichen New York Citys.

Für mich ist sie die heimliche Hauptstadt der Vereinigten Staaten von Amerika, des mächtigsten und eigenmächtigsten Staates auf dieser Welt. Meine persönliche politische Bewertung dieses von den US-Regierungen unablässig formulierten Großmachtanspruches unterlasse ich wohlweislich, und darum bitte ich höflich um Verständnis, weil ich glaube, dass es in den oft augenzwinkernden Reisebeschreibungen in diesem Buch nichts verloren hat und sich darin auch verlieren könnte. Allenfalls, seit dieser Anspruch von den USA geltend gemacht wurde und immer wieder wird, wurden darüber unzählige Abhandlungen verfasst, tägliche aufgeregte Diskussionen veranstaltet und verheerend viele Kriege geführt. Doch bitte ich, mir zu verzeihen, wenn meine persönlichen Ansichten, das sei hier offen eingestanden, immer mal wieder durchscheinen, weil ich sie für mich selbst und für andere durchleuchten möchte. Sollte es manches Mal nicht streng dialektisch dabei zugehen, bitte ich um Verzeihung, aber auch um Verständnis. Auf Grund der Tatsache, dass wir alle eine Scheibe haben und getreu meinem Motto, dass wir Nach-wie-Vor-Sicht brauchen, möchte ich mich gern Ihnen als Scheibenwischer zur Verfügung stellen.

Nachdem ich also auf dem Dreck die ersten Fotos von New York City aus der Ferne geschossen hatte, begab ich mich wieder unter Deck, um mich nach einem hektisch eingenommenen Frühstück für den Landgang zu rüsten. Bereits lange zuvor hatte ich einen Ausflug zu den „Highlights" der Stadt gebucht. Ich hätte mich, so lautete es in einem Schreiben, welches am Abend zuvor an meine Kabinentür geheftet worden war, eine Stunde und fünfzehn Minuten vor Abfahrt des Reisebusses im „Queens-Room" des Schiffes mit meinem Reisepass, meiner Bordkarte und meiner selbst einzufinden. Denn vor dem Landgang hatten die Götter die Officers der US-Einwanderungsbehörde gesetzt, welche besonders nach „Nine Eleven", verständlicherweise und bestimmt die Schärfste auf der Welt ist.

Vollkommen unerwartet für einen Deutschen waren alle vorhandenen Schalter, die für die Kontrolle der Einwanderung von Menschen in die USA vorgesehen waren, besetzt. Obschon wir ja in dem Sinne nicht einwandern, sondern uns ausschiffen wollten, mussten wir uns einer strengen Kontrolle unterziehen. Mit freundlichen, aber strengen gesetzeshütend dreinschauenden Gesichtern winken die Officers uns zu sich heran. Sie nahmen uns die Reisepässe ab, ließen unsere Hände auf eine Fingerabdruckentnahmematte legen. Erst von den vier Fingern, dann vom Daumen an jeder Hand wurden die Abdrücke abgenommen und abgeglichen. Ich musste zusätzlich meine Brille abnehmen. Vielleicht wollte man nachschauen, ob ich schiele oder schon vorbeugend Haftschalen, sprich Kontaktlinsen trüge. Mit der Rückgabe des Reisepasses war dieser Kontrollakt vollzogen.

Während der ganzen Prozedur ging mir ein Gedanke durch den Kopf. Was wäre, wenn ich ein etwas älterer Klimakleber wäre und mir beim gewaltsamen Ablösen vom Asphalt durch Polizeibeamte oder aufgebrachte Bürger die Fingerkuppen derart demoliert worden wären, dass ich keine Fingerabdrücke mehr hätte und diese auch nicht von mir genommen werden könnten. Dürfte ich dann in den USA nicht an Land gehen? Ehrlich, ich habe wirklich schon einmal überlegt, mich irgendwo aus Gründen der Selbstkritik festzukleben. Ich trenne nämlich keinen Müll. Jedes Mal, wenn mich jemand aufforderte, ich solle Müll trennen, entgegnete ich ihm, dass man Müll nicht trennen könne. Müll hätte nur eine Silbe. Nein. Ich trenne natürlich Müll. Aber nicht immer verhalte ich mich umweltschonend und belaste damit ein klein wenig die Umwelt. Ich möchte jetzt nicht schreiben, womit und in welchem Umfange ich mich umweltschädlich verhalte. Nachahmer sind mir in allem zuwider. Eins kann ich ja zugeben, dass ich gewisse Printmedien nach wie vor nicht in den Sondermüll entsorge, sondern ganz normal auf der Toilette verwende. Wohin sie ja auch gehören. So was wie der „Focus" gehört dort hinein, worauf es sich reimt. Denn wenn solche gefalteten Totholzmedien dort landen, können sie nicht recycelt werden. Meine vielen kleinen Sünden summieren sich jedoch, sodass ich für meine Kinder und deren Kinder eine Gefahr für ihre Gegenwart und Zukunft darstellen könnte. Ich sollte mich also für sie aus Protest irgendwo festkleben. So bekommt der Hinweis – Eltern haften für ihre Kinder – einen völlig neuen Sinn.

Übrigens, vor einiger Zeit wurde eine Klima-Aktivistin, die sogar äußerlich dem Klischeebild einer Klima-Aktivistin entsprach, also langes Haar, runde Brille, die ihr das Aussehens einer Umwelteule gab, gefragt, mit welchem Kleber sie sich denn festgeklebt hätte? Ob sie es glauben oder nicht, sie antwortete: „Mit Uhu."

Zum Protest oder zivilen Ungehorsam gehören auch Überschreitungen von Grenzen. Ja. Aber nicht, wenn dadurch das Leben anderer Menschen gefährdet wird. Ich habe mal vorgeschlagen, die Klima-Kleber könnten sich doch am Strand von Sylt auf dem Sand festkleben oder auf den Schienen einer stillgelegten Bahnstrecke. Der Protest wäre da und die Gefahr für andere Menschen nicht groß.

Während ich noch darüber nachdachte, waren meine Fingerabdrücke genommen und, oh Wunder, meine Finger nicht festgeklebt worden. Die USA sind in Punkto Klimaschutz ja dankenswerterweise keine Aktivisten. Nach dieser Personenkontrolle durch die Einwanderungsbehörde war der Weg nach New York City frei. In Reisebussen setzten wir Ausflügler von der „Queen" zu einer Rundfahrt zu den Highlights dieses Eldorados der Wolkenkratzer an.

New York City zeigte sich von seiner schönsten Seite. Es regnete in Strömen. Die Straßen bekamen einen lackartigen Glanz. In den Glasfassaden der Hochhaustürme spiegelten sich die gegenüberstehenden Hochhauskolosse verzerrt und bizarr wider. Die Spitzen einiger dieser Gebäudemonster waren in den Wolken verschwunden. Die ansonsten unterschiedlich hohen Gebäuderiesen standen wie auf eine Höhe nivelliert. In den Straßen auf den Bürgersteigen, durch die sich sonst wohl Massen von Einwohnenden, Touristinnen und Touristen wie endlose Bandwürmer schlängelten, versammelte sich ab und an ein Häuflein von Menschen nur deshalb, weil sie zwangsläufig von einer roten Ampel aufgehalten wurden. Unzählige PKW standen auf den Straßen, als seien sie dort falsch geparkt worden. Periodisch ging ein Ruck durch die Blechlawine, welche aber nur kurzzeitig voranrollte und wieder stehenblieb. In ebensolchen Abständen zwischen Rollen und Stehen kam unser Reisebus voran.

Im Gegensatz zum Reisebus raste der Reiseführer mit seinen Erklärungen und Beschreibungen zu und über diese Monsterstadt förmlich durch das Vokabular. Er erläuterte uns im Schnellsprechenglisch, was wir rechts und was wir links sehen könnten, wenn wir was sehen könnten. Denn von außen waren die Fensterscheiben des Busses mit Regentropfen übersät und innen vom Brodem der Insassen beschlagen. Einmal durften wir für fünfundvierzig Minuten den Bus verlassen. Dort, am Denkmal für die Opfer des sogenannten „Nine Eleven", dieses unfassbar schrecklichen Verbrechens fanatisierter, von menschenverachtenden Religionsführern zu Gotteskriegern und Selbstmordattentätern gedrillten blindwütig agierenden islamistischen Terroristen an tausenden von unschuldigen Menschen, stiegen wir betröpfelt und tief betroffen aus dem Bus aus. Ich verneigte mich tief vor den Opfern. Die Twin Towers, die bei dem Terrorangriff durch mit als Waffen benutzten Zivilflugzeugen zum Einsturz gebracht wurden und tausende Menschen mit in den Tod rissen, deren Trümmer und den darunter begrabenen Menschen haben sich wie Stachel in die Seelen der US-Amerikaner und aller friedliebenden Menschen auf der Welt gebohrt. Wir sollten sie niemals herausziehen. Sie sollen uns schmerzhaft erinnern, immer wachsam zu sein. Von Religionen und Ideologien geleitet wurden und werden auf dieser Welt grausame Kriege geführt. Kriegstreiber aller Couleur versichern dabei immer, im Namen der Völker zu handeln. Ich denke, Kriege hören dann erst auf zu wüten, wenn die Regierenden nicht mehr vorgeben, im Namen der Völker zu handeln, sondern endlich und für immer im Sinne der Völker.

Pudelnass verzog ich mich gemeinsam mit einem deutschen Ehepaar, zwei liebenswerten Menschen aus Cottbus, die ich auf dem Schiff kennenlernen durfte, in eine Großessenanlage. Sie war vollklimatisiert und die Eingangshalle mit echten Palmen bepflanzt. Ich hatte Angst, jeden Moment steige ein Schimpanse von der Palme und bewerfe uns mit Kokosnüssen. Mein befreundetes Ehepaar schlemmerte etwas Herzhaftes. Ich tat mich an Süßem gütlich.

Beim Blick durch die vollständig über die ganze Höhe durchsichtig verglaste Fassade der Eingangshalle konnte ich erneut meinen Gedanken nachgehen. Diese Stadt aus Beton, Stahl und Glas, aus denen die nah beieinanderstehenden Hochhaustürme gebaut wurden, erhält, besonders bei bewölktem Wetter, eine gewisse Dunkelheit in den Straßenschluchten. Ohne Sonnenschein scheint diese Stadt zu ergrauen. Jede Nacht wird sie sich durch das gleißende Licht der Reklame wieder aufhellen und erstrahlt im neonfarbenen Glanz. Die Stadt erscheint dann hässlich schön und schön hässlich zugleich. Wenn man durch die Straßen von New York City zieht und stetig an den glatten Fassaden nach oben sehen muss, bekommt man mit der Zeit Genickstarre. Um den Nacken zu entlasten, schaut man zu Boden. Dann lässt der Schmerz nach. Am Ende läuft man nur noch mit gesenktem Haupt durch diese Stadt und möchte am liebsten vor den Türmen türmen.

Diese Turmriesen überbieten sich gegenseitig in der Höhe. Früher sagte man, das höchste Gebäude im Dorf muss die Kirche sein. Heute haben die Kathedralen der weltlichen Götter die Lufthoheit längst übernommen. Die gewaltige Höhe, der blendende Glanz und die makellose Glätte der Fassaden sollen Ehrfurcht und auch Angst einflößen und im Vergleich dazu den Menschen schrumpfen lassen. So ähnlich müssen sich die kleinen Tagelöhner und habseligen Bauern im Mittelalter gefühlt haben, wenn sie vor den Kathedralen, Palästen und Burgen der Pfaffen, Könige und Ritter standen. Andererseits zeugen diese waghalsigen Konstruktionen der New Yorker Hochhausgiganten auch von der Kunst der Menschen, sich das wissenschaftliche Rüstzeug zum Bau dieser statischen Wunderwerke anzueignen. Es sind letztendlich die Totempfähle des Profites. Und der Mammon ist die Gottheit, die wir anbeten sollen. Seit ich diese faszinierenden Bauten New York Citys und anderer Metropolen dieser Welt sah, weiß ich, warum man im Englischen eine Hauptstadt „capital" nennt. Manhattan ist die Hauptstadt der Banken und Versicherungen dieser Welt. In diesen tausenden von oberen Etagen wird nichts Materielles produziert, nur Macht und Übermacht. Tröstlich dabei ist, wenn man diese stählernen Riesen rein technisch und ohne Gewalt theoretisch in die Horizontale bringen könnte, wären es auch nur noch Baracken. Vertikal symbolisieren sie unterdessen den Abstand zwischen Oben und Unten, zwischen Arm und Reich und zwischen Schein und Sein.

Als ich einem guten Freund diese Zeilen zum Lesen gab, entgegnete er mir, dass ich diese Gedanken phrasieren könne, hätte ich diesem schnöden Mammon zu verdanken. Ohne reichlich Geld berappt zu haben, wäre mir die Besichtigung dieser Stadt nicht möglich und ohne das große Kreuzfahrt-schiff voller wohlhabender Menschen hätte ich nicht an diesen Ort und die anderen, noch vor mir liegenden, wundervollen Plätzen dieser Welt gelangen können. Ich schämte mich ein wenig und überlege seither, ob ich nicht den Rest der Weltreise schwimmend bewerkstelligen sollte.

Zwölfter bis sechzehnter Tag: New York, New York

Drei Seetage habe ich wieder ohne jene Blessuren, die gähnende Langeweile und stupide Gleichförmigkeit auf der Seele und auf dem Gemüt hinterlassen können, hinter mich gebracht. Drei Tage auf dem offenen Meer, die sich von den vorherigen Seetagen nur dadurch unterschieden haben, dass es mit jedem Tag wärmer an Deck geworden ist. Es geht gen Süden. Morgen wer-den wir, so der Klabautermann will, in Philippsburg/Saint Maarten stranden.

Ich hatte vor, über das, was an diesen Seetagen nicht geschah, auch nichts zu erzählen. Es würde mehr als sehr wenig von Interesse sein, wann ich mor-gens aufwachte, was ich mit wem frühstückte und wie ich die Zeit totschlug. Ich müsste mich an jedem der circa sechzig Tage kreativ wiederholen. Die Kreativität bestünde darin, mir für immer den gleichen Ablauf solcher Seetage unterschiedliche Wortkaskaden und Satzkonstruktionen auszudenken. Zu Anfang würde ich auf diese Weise noch die Illusion erwecken können, dass jeder Seetag anders ist, aber zum Ende hin würde man mich durchschauen. Oder auch nicht. Jeder Seetag ist natürlich ein anderer. Das ist eine Binse. Binse meint die Binsenweisheit. In der Reduktion liegt die Ratio. Ich habe die Denke, Leute mit dieser Spreche haben einen an der Klatsche. Normal ablaufende See-tage sind im Grunde frei von spannenden Ereignissen, interessanten Bekannt-schaften oder besonderen Begebenheiten. Das ist meine Fühle. Ich habe nicht die Traute, meine Erzähle an Seetagen, an denen nur Bordalltag herrscht, mit Sätzen um der Sätze willen zu füllen. Das wäre eine Verschwende von Papier und Zeit. Doch an Seetagen, an denen sich, nach meiner Meine, merkwür-dige oder des Merkens würdige Begebenheiten ereignen, werde ich in eine Erzähle schreiben. Ist ja gut, ich lasse es damit bewenden, weil sie sonst arg-wöhnen könnten, dass ich genau deshalb diese Verfasse mache.

Tatsächlich wurde ich zufällig und unfreiwillig Zeuge einer zwar nicht handgreiflichen, dennoch handfesten und lautstarken Auseinandersetzung. Sie entwickelte sich, wie so viele Streitigkeiten, aus einem Missverständnis heraus. Am Höhepunkt dieses Streites kam es zum Verspritzen von Gift. Denn wieder hatte eine Schlange ihre Zähne gezeigt. Eine Menschenschlange. Oder wie man in finsteren Zeiten auf der östlichen Seite des geteilten Deutschlands zu klagen pflegte, eine sozialistische Wartegemeinschaft.

Ich erwähnte bereits, dass es an jedem Seetag für die über zweihundert deutschsprachigen Weltreisenden an Bord eine Sprech- und Fragestunde für Probleme der Betreffenden und Betroffenen gab. Zwei junge Damen hörten sich in einer Ecke der Rezeption auf Deck Eins, an einem Schreibtisch sitzend, brav und interessiert schauend die Probleme und Nöte der des Englischen nicht mächtigen *people from Germany* an. Man muss dazu schreiben, dass sich die deutschen Weltreisenden bei der Betreuung auf dem englischen Schiff zumindest nicht beachtet, wenn nicht gar übersehen oder diskriminiert fühlten. Manche der sich in diesen morgendlichen Wartegemeinschaften Versammelnden, zu meist betagte Menschen, kamen sich auf diesem Schiff wie Einwandernde, Asylsuchende oder Geflüchtete vor. Ich wage allerdings zu bezweifeln, dass man die Gefühle der genannten Ausländer je nachvollziehen kann. Jedenfalls artikulierten sich einige verbissen dreinblickende „Angestellte" in dieser Art und Ausdrucksweise. Die Ungeordnetheit der Schlange, die durch den beengten Platz in der Ecke des Decks Eins und durch die Tatsache, dass manche Bittstellende sich nicht lange auf den Beinen halten konnten und so zu Ansitzenden statt Anstehenden wurden, hervorgerufen wurde, beeinträchtigte die Stimmung unter den Wartenden. Ratsam wäre es gewesen, wenn man von Seiten des Reiseveranstalters einen Schlangenbeschwörer eingesetzt hätte. Oder man hätte Nummern ausgegeben. So hätten solche oder ähnliche Auseinandersetzungen unter den Wartenden, wie die nachfolgend beschriebene, vermieden werden können.

Als ich zufällig auf diese Schlange traf, weil ich meine Tischnachbarin in ihr bemerkte und begrüßen wollte, entwickelte sich nachfolgender immer heftiger werdender Dialog. Vorweg muss ich sagen, dass mit den Streitenden zwei männliche Weltreisende aufeinandertrafen, die Insassen eines immer noch nicht in den Köpfen der Menschen zusammenwachsenden deutschen

Landes sind. Und zudem noch auf entgegengesetzten Seiten in Ost-West-Richtung lebten. Ich habe letztens gelesen, dass sechzig Prozent der Leute in Ost- und in Westdeutschland die Mauer wiederhaben wollen. Die restlichen vierzig Prozent würden sich mit einem Elektrozaun begnügen.

Während ich also meine Tischnachbarin begrüßte, sprang ein groß-gewachsener Herr aus einem Sessel, in dem er leidend aussehend und stur vor sich hin glotzend, saß, wie von der Tarantel gestochen auf und stürmte mit einer Geschwindigkeit, die man ihm nicht zugetraut hätte, auf einen Herrn, der sich gerade in die Schlange drängeln wollte, zu. Im schönsten Schwäbisch, dessen Lautmalerei ich hier nicht semantisch nachahmen möchte, fuhr er den Schlangenaußenseiter an: „Das Ende der Schlange ist hinten!" Der so angeraunzte Quereinsteiger erwiderte im schönsten Sächsisch, wobei ich mir aus Gründen der Fairness auch hier die Buchstaben-kombinierung der Urlaute verbiete: „Ach was, ich hätte das Ende vorn vermutet." Beide hatten sofort bemerkt, woher der jeweils andere kam. „Natürlich ein Sachse. Kann ja gar nicht anders sein. Alle Pegida und Schwurbler", urteilte der Schwabe nassforsch und sah sich Zustimmung erheischen wollend um. Der Schlangenkörper blieb regungslos. „Was wollen Sie denn von mir? Ich stehe hier doch nur und schaue", verteidigte sich ebenso angriffslustig der Sachse. Worauf der Schwabe sich ohne zu zögern vor dem Sachsen demonstrativ in die Schlange einreihte und reglementierte: „Ich bin nach dieser Dame dran und vor Ihnen!"

Der Sachse ließ sich den Schneid nicht abkaufen und stellte sich neben dem Schwaben auf. „Haben Sie für den Stehplatz hier bezahlt?", fragte er.

„Wie bezahlt? Dafür muss man doch nicht bezahlt haben, wenn man nach dieser Dame drankommt", bestritt dieser bestimmt.

„Natürlich", witzelte der Sachse, „zu geizig der Schwabe. Wissen Sie, was der Schwabe macht, wenn er sich mit einer brennenden Kerze vor einen Spiegel stellt", befragte er die Schlange? Die Schlange blieb stumm. „Er feiert zweiten Advent" und lachte dabei aus voller Kehle.

Die Schlange zuckte kurz. An den Schlangenteilen, die lächelten, erkannte man, wer dem Sachsen nahestand. Also, nicht jetzt in der Schlange, sondern deutschterritorial gesehen. Die Schlange bekam Risse wie die innere deutsche Einheit. Meine Tischnachbarin, eine gebürtige Bayerin, sprang dem

Schwaben bei. „Nun benehmen Sie sich mal friedlich! Wir sind hier nicht in Russisch Polen!" Das brachte eine Dame, am Stock gehend, auf die Palme. „Ich stamme aus Schlesien und empfinde das als Beleidigung." Meine Tischnachbarin knirschte zurück. „Dann halten Sie sich doch raus! Mit euch Polen haben wir uns doch nicht wiedervereinigt."

„Das wäre ja noch schöner. Es reicht doch, dass uns die Ossis ausgenommen haben", babbelte hinten in der Schlange ein Herr mit hessischem Dialekt. Worauf der Sachse sich wieder einmischte und die Schlesierin verteidigte: „Keine abfälligen Polenwitze hier, ja! Polen sind nette Menschen. Mit denen kann man Pferde stehlen."

„Eben", mischte sich der Schwabe wieder ein.

Das Geplänkel dehnte sich immer weiter aus. Ein Wort ergab das andere. Beleidigungen und Belustigungen wechselten einander ab. Es brodelte, wurde lautstärker und aggressiver. Ein Handgemenge kam zum Glück nicht zustande. Die Schlange aber hatte sich unmerklich zu einem Knäul gewunden. Urplötzlich bildete eine ältere Dame, die am Schwanzende der Schlange ruhig und gelassen gestanden hatte, den Kopf der Schlange und wurde von der netten jungen Reisehostess an den Tisch zur Beschwerde gebeten.

Der Schwabe bemerkte dies zuerst und konstatierte pikiert: „Sie sind doch die Letzte gewesen." Der Sachse folgerte: „Wenn sich zwei Deutsche streiten, freut sich die Dritte." Und meine Tischnachbarin fragte entrüstet: „Wo kommen Sie denn her?"

Die ältere Dame drehte sich kurz um und informierte die Schlange. „Aus Wien. Um die ganze Streiterei pointiert aufzulösen, scherzte ich: „Gönnen Sie der Dame doch den Triumph. Die Österreicher suchen doch immer Anschluss."

Es gab wenig Lacher auf diese Pointe. Die Deutschen haben halt keinen Humor. Dabei sagte schon der Ringelnatz, und der stand nicht in der Schlange, sondern zu seiner Zeit auf dem Index: „Humor ist der Knopf, der verhindert, dass uns der Kragen platzt." Ich füge hinzu: Warum sich aufregen über nichtige Dinge. Ärgern macht hässlich, wir bleiben lieber schön.

Die Schlange entwirrte sich und dehnte sich in voller Länge aus. Wartende hinter Wartenden. Und wenn sie nicht gestorben sind, dann stehen sie jeden Tag wieder an.

Siebzehnter Tag: Sint Maarten – Eins und Eins gleich Eins

Die eindringliche Nachfrage einer hohen Frauenstimme „House keeping"
ließ mich blitzschnell auf meinem Einzeldoppelbett hochschnellen. Hatte
ich verschlafen? War damit mein gebuchter Ausflug an Land geplatzt? Wo
war meine Uhr? War sie auf dem neuesten Stand des fast täglichen Umstel-
lens, mal eine Stunde vor, mal wieder eine zurück? Nein. An der Zeit schien
es nicht gelegen zu haben, aber eventuell an der Uhr. Ich horchte an ihr.
Sinnlos, es ist eine batteriegetriebene, nicht tickende Armbanduhr. Was war's
denn nun? Auf alle Fälle hatte ich dieses „House keeping" noch nie morgens
in meiner Kabine selbst anwesend vernommen. Daran machten sich meine
Zweifel fest. War die Reinigungskraft zu früh oder ich Schlafmütze zu spät.
   Ich rief der Reinemachefrau durch die geschlossene Tür zu: „Later
please!" Schob aber die Frage: „Wath's the time, please", etwas lauter spre-
chend nach. Von draußen hörte ich ein „sorry" die House Dame sagen: „Eight
am." Na klar, sie war also zu früh. In dem guten Gefühl, mal wieder recht
gehabt zu haben, sprang ich aus dem Bett. Mit drei Schritten hatte ich die
Kabine durchmessen und stand in dem Waschtisch-Dusche-Klosett-Kom-
plex, den man landläufig Badezimmer nennt. Zum genannten Sanitärkomplex gehörte noch eine etwa fünfundachtzig Zentimeter lange Wäscheleine,
die sich quer durch das Duscheckchen zog. Von dieser Leine nahm ich
behände die am Abend zuvor gewaschenen und aufgehängten Unterhosen,
Unterhemden und Socken ab. Legte sie teilweise ordentlich zusammen und
räumte sie in ähnlicher Weise in die vor dem Sanitärkomplex eingebauten
Schränke ein. Ich schildere diesen sich täglich wiederholenden Vorgang so
breit, damit ich dies nicht mehr im Detail schildern muss, weil man ja
Bescheid weiß, wenn ich von der Morgenroutine in meiner Kabine schreibe.
Nach der Dusche, die ich täglich mit warmem Wasser beginne und dann,
das Wasser ganz vorsichtig auf kälter bis kalt herunterregulierend, beende,
frottiere ich mich nicht ab. Ich spüre morgens sehr gern die Wassertropfen
auf der Haut, die beim Verdunsten auf selbiger eine angenehme Frische hinterlassen. Die Rasur verschiebe ich täglich auf den Vorabend, um zum Dinner, dem abendlichen Höhepunkt des Tagesablaufes, frisch rasiert und nach
after shave duftend in den Speisebereich einlaufen zu können. Nach der

Dusche folgen Zähne putzen, Tagescreme auftragen und Haare legen. Von kämmen kann bei meiner Halbglatze, die ich gern hohe Stirn nenne, keine Rede sein. Ich schlüpfe in die am Vorabend herausgelegten Klamotten, gut, manchmal quäle ich mich auch hinein, aber nicht ohne mich zuvor mittels eines Blickes durch mein vom Salzwasser fast undurchsichtiges Fenster vergewissert zu haben, dass die vorbereiteten Anziehsachen dem Wetter da draußen entsprechen würden. Sie entsprachen. Mit Ausflugsgepäck, Bordkarte und Trinkflasche machte ich mich nach dem Frühstück, welches ich noch die Gelegenheit haben werde, ausführlich an einem der langen Seetage beschreiben zu können, auf dem Weg zum Stellplatz. Den Begriff Stellplatz kennen geübte ehemalige DDR-Bürgerinnen und -Bürger noch vom 1. Mai, dem internationalen Kampf- und Feiertag der Arbeiterklasse.

Mit allem ausgestattet, was für diesen Ausflug notwendig war, begab ich mich von Bord. Das war diesmal sehr unkompliziert. Bordkarte auf den Scanner legen, einen Blick des Bordkartenkontrolleurs in mein Gesicht gestatten, und, sofern meine Daten und mein Face auf der Karte mit meinem Gesicht in natura übereinstimmten, den Pott verlassen. Der Wal hatte mich wieder ausgespuckt.

Ich stand auf der Hafenmole oder dem Kai und schaute nach dem Reisebus, den ich und viele andere deutsche Weltreisende auch gebucht hatten. Auf dem Kai herrschte ein Menschen- und Stimmengewirr. Ich hatte vor dem Walausspucken eine Nummer bekommen, die mir angab, in welchen Bus die deutschen Weltreisenden einzusteigen hätten. Ich gab mein Buchungskärtchen einer Hostess, die mit ihrem Zeigefinger auf meinen wartenden Bus wies. Sollte heißen: Da ist er doch, du Depp. Dort angekommen, bat uns eine kleine und etwas rundliche, jedoch schön braungebrannte Dame im blauen T-Shirt, in Reihe zu jeweils zwei Personen nebeneinander Aufstellung zu nehmen. Ich hatte meine rote Nelke vergessen, schoss es mir durch den Kopf. Wir standen also in Reih und Glied. Sie zählte uns durch. Jetzt wusste ich, dass ich auf einen Ausflug, der von Deutschen organisiert und von Deutschen durchgeführt werden wird, gehen beziehungsweise gefahren werde. Endlich ein wenig Heimatgefühl. Später sollte ich im Gespräch erfahren, dass die oben beschriebene Dame in dem blauen T-Shirt, die unsere Reisegruppenleiterin für diesen Ausflug war, im Alter von vierzig Jahren von Heidelberg nach Sint Maarten ausgewandert war und seitdem hier lebte.

Unser Pott hatte im Hafen von Philipsburg auf Sint Maarten festgemacht. Der Hafen glich den Häfen, die auf kleinen Inseln üblich sind. Mehrere Kais, die beidseitig mit Kreuzfahrtschiffen belegt werden können. Als wir in Philipsburg ankamen, lagen dort schon zwei dieser schwimmenden Plattenbauten am Kai. Als wir vom Ausflug zurückkehrten, sah es im Hafen aus, als hätte man dort ein ganzes Plattenbauviertel errichtet.

„Wo finde ich denn unseren deutschen Führer", fragte mich eine ältere Dame mit bayerischem Dialekt von hinten über meine Schulter.

„Weiß ich nicht, gnädige Frau", antwortete ich wahrheitsgemäß. Fügte dann hinzu: „Seine sterblichen Überreste sollen irgendwo in Moskau unter Verschluss sein."

Die Dame stutzte und, sich ihrer missverständlich bei mir angekommenen Frage erinnernd, lachte sie lauthals auf. „Ich bin Alleinreisende."

„Ich ebenso", gab ich kund.

„Jetzt muss ich Ihre Antwort aber hinterfragen", sie zögerte etwas, schaute mich grinsend an, um dann frech nachzufragen, „wie, bitte schön darf ich Sie denn anreden, gnädige Frau? Eins zu eins", frohlockte die Dame aus Bayern.

Wir beschlossen, nach dem Austausch von Namen und anderen Höflichkeiten, uns zu zweit in die Reisegruppenaufstellung zu begeben. „Ich warte noch auf meine Freundin. Die ist auch Alleinreisende", erläuterte mir die Dame, sich weiter umschauend. In diesem Moment erschien ihre Freundin, eine etwas jüngere Dame aus der Nähe von Dortmund. Wir drei stellten uns nebeneinander in die Marschformation. Unsere Reisegruppenleiterin kam beim Durchzählen ihrer für diesen Ausflug Schutzbefohlenen sofort durcheinander und zählte noch einmal von vorn. Endlich war alles zum Einstieg in den Bus klar. Leider gab es im Bus, da die Hinterbank schon besetzt war, nur noch jeweils zwei nebeneinanderstehende Sitzplätze, sodass ich eine Zweierbank für mich allein hatte. Nachdem die Reiseführerin sich und den Busfahrer mit Namen vorgestellt hatte, fuhr der Bus an und mit uns los. Die Reisegruppenleiterin sang etwas schräg: *Muss i denn, muss i denn zum Städtele hinaus* ... Einige deutsche Weltreisende sangen voller Inbrunst mit.

Diesmal konnte ich meinen Gedanken beim Hinausschauen aus dem Busfenster nicht gleich nachhängen. Unsere Reisegruppenleiterin erläuterte uns allen über Mikrofon und Lautsprecher die Daten der Insel, gab uns einige Info über die Historie und plauderte dies und jenes Kuriose von der Insel aus.

Sint Maarten wurde von keinem Geringeren als dem legendären Seefahrer Christopher Kolumbus, der im Auftrag der spanischen Krone auf Erkundungsfahrt um die Welt war, anno Sechzehnhundertdreiundsechzig entdeckt und später nach dem heiligen Martin getauft, dessen Ehrentag wir bekanntlich am elften Elften jeden Jahres feiern. Das war keine Maikundgebung, sondern ein Karnevalsumzug. Tusch und Narrhallamarsch.

Es ist eine geteilte Insel, nur ohne Mauer und Stacheldraht. Nicht zu vergleichen mit dem damaligen geteilten Berlin. Dieses geteilte Berlin war keine Insel. Oder doch? Jedenfalls war der Westteil vom geteilten Berlin für westdeutsche Wehrdienstverweigerer eine Insel der Glückseligen. Dort konnten die jungen Wehrpflichtigen nicht zur Bundeswehr eingezogen werden. West-Berlin damals war eine Enklave mitten auf dem Territorium der ehemaligen DDR. Dort gab es keine Bundeswehr. Im Nachhinein könnten also auch damalige westdeutsche Wehrdienstverweigerer feststellen: Es war nicht alles schlecht in der „ehemaligen DDR".

Heute gibt es im wiedervereinigten Deutschland ja nur noch eine geteilte Stadt. Frankfurt. Frankfurt am Main und Frankfurt an der Oder. Allerdings wusste meine bayerische Reisebegleiterin vor diesem Ausflug nicht, dass ein Frankfurt an der Oder existiert. Ich trug somit zur Erweiterung ihrer Allgemeinbildung bei. Diese nämliche Dame berichtete mir, dass sie gebürtig aus dem Thüringischen stammte, aber, wie sie betonte, noch vor dem Mauerbau mit ihren Eltern in den Westen geflohen war. Als die Mauer noch nicht gebaut war, bestand die Flucht in den Westen darin, sich eine Fahrkarte zu kaufen und dorthin zu reisen, wohin man fliehen wollte. Nachdem die Mauer errichtet worden war, konnte man von Flucht sprechen, einer gefahrvollen für Leib und Leben. Das hätte sich auch meine mitreisende Dame vor Augen führen können, als sie mich anklagend verhörte, wie man nur in der Zone bleiben konnte. Ich klärte sie unwillig, aber doch nachdrücklich darüber auf, dass meine Mutter eine „Wolga-Deutsche" gewesen sei und von 1941–1945 quasi ständig auf der Flucht gewesen war. Und in Fürstenwalde an der Spree kurz vor Berlin fast verhungert und erschöpft angekommen sei. Bis hierher und nicht weiter konnte sie. Dieses sandige, aber seenreiche Brandenburg ist meine Heimat. Und ich lebe gern hier und werde wohl auch in meiner Heimat sterben. Heimat ist ideologiefrei.

Unsere Reiseführerin hatte indessen erklärt, dass Sint Maarten schon früher zerfiel. Nicht, weil die Insel 2013 von einem verheerenden Hurrikan zu achtzig Prozent zerstört worden war, das auch, nein deshalb, weil sich die Holländer und die Franzosen, die beide fast gleichzeitig die Insel einnahmen, nach einigen kleineren Scharmützeln die Insel unter sich aufgeteilt hatten. Fast ohne Krieg also.

Heute las ich in unserer deutschen Bordzeitung, dass die Bundesregierung der Lieferung von deutschen Kampfpanzern Leopard Zwei in die Ukraine zugestimmt hat. Der Krieg Russlands gegen die Ukraine ist ohne Wenn und Aber zu verurteilen. Punkt um. Dennoch gestatte ich mir an dieser Stelle einen Satz dazu. Nach dem Zweiten Weltkrieg haben unsere Großväter geschworen: Von deutschem Boden dürfen nie wieder Kriege ausgehen. Heute schwören deutsche Rüstungsindustrielle und Militärs unsere Politiker ein: Passt auf, uns dürfen nie wieder Kriege ausgehen. Ich zitiere Helmut Schmidt, der ja nun wirklich nicht in Verdacht stand, ein Freund der damaligen Sowjetunion gewesen zu sein: „Lieber hundert Mal umsonst verhandelt, als eine Minute zu schießen."

Unsere Reisegruppenleiterin erklärte uns, dass der französische Teil der Insel größer ist als der niederländische. Auf die Frage, wie das zustande gekommen sei, erzählte sie uns eine Mär dazu, weil man den eigentlichen Grund dafür nicht so genau wisse. Also, man hatte einen Franzosen und einen Holländer Rücken an Rücken gestellt und beide gleichzeitig losgeschickt, die Insel zu Fuß jeweils in die andere Richtung am Strand lang zu umrunden. Dass der Franzose damals mehr Territorium abschreiten konnte, soll daran gelegen haben, dass der Holländer als Marschproviant Genever bei sich trug, davon reichlich genoss und öfter mal am Wegesrand ein Schläfchen machte. Der Franzose hingegen soll nur mit Wasser seinen Durst gestillt haben. Oder zumindest nur mit Rotwein. Heute haben die Niederländer ihren Teil der Insel entkolonialisiert. Allerdings fühlt sich das niederländische Königreich immer noch mit diesem halben Teil der Insel verbunden und auch unterstützend verantwortlich. Für die Franzosen kommt die Entkolonialisierung noch nicht infrage. Und so gibt es das Kuriosum, dass der französische Teil zur Europäischen Union gehört, man in Euro bezahlen und seine Telefonate nach Europa mit seiner europäischen Flatrate führen kann, was viele Ausflügler reichlich und lang nutzten.

Könnte dieses Modell des Status quo auf dieser winzigen Insel in der Karibik nicht auch ein Gedankenansatz für Frieden in der Ukraine sein? Nein, wahrscheinlich nicht. Denn der Russe und der Ukrainer, Brüder einst in vielerlei Dingen, besonders im Genuss von Wodka, würden beim Abgehen der Territorien wohl nie ankommen, sondern sich an der Strecke im Wodkarausch selig in die Armen fallen. Ich weiß, das ist ein infantiler Gedanke als Lösung für die Beendigung dieses Krieges. Aber kein Gedanke sollte nicht gedacht bleiben, um das gegenseitige Morden und Abschlachten beenden und die Gefahr eines drohenden Weltkrieges abwenden zu können. Diese Gedanken kamen mir hier zu dieser Zeit, nicht wissend, wie es am Ende der Weltreise um diesen verfluchten Krieg stehen wird.

Weit weg von und doch so nah dem Geschehen in Europa, bewunderte ich diese wunderschöne Insel wegen ihrer fröhlichen Menschen allgemein. Diese Fröhlichkeit, die ich gleichsam schon auf Cuba bemerken konnte. Ja, natürlich gibt's da Parallelen, aber natürlich auch Unterschiede. Cuba empfand ich 2013 als eine Art ehemalige DDR. Bloß eben mit Klimaanlage. Diese Sint Maarten ist für mich eine Perle der Karibik, aber ebenso ein Eldorado für überdimensionierte Yachten großkotzig zur Schau gestellten Reichtums. Und auf der anderen Seite existiert die Armut jener Menschen, die ihre vom Hurrikan zerstörten Häuser nur halbfertig aufbauen können, nämlich ohne richtiges Dach. Auf dieser Insel gilt nämlich ein Haus ohne Dach nicht als Haus, und deshalb muss auf das Haus auch keine Steuer bezahlt werden. Die Leute sparen sich ergo solang die nicht zu zahlen müssende Steuer auf, bis sie sich ein richtiges Dach mit dem Geld auf ihr Haus setzen können.

Kurios sind auch Fauna und Flora dieser Insel. Kakteen und Leguane sind die prägendsten Pflanzen und weitverbreiteten Tiere auf der Insel. Wobei die Leguane gar nicht hierhergehören. Irgendein Schiff ist irgendwann einmal an der Insel gestrandet mit diesen wunderbaren, an Drachen erinnernden Reptilien an Bord. Man hat sie notgedrungen auf der Insel ausgesetzt. Und sie haben sich vermehrt, möchte man fast sagen, wie die Karnickel. Man trifft diese wundersamen Tiere auf Sträuchern sitzend und in die Sonne blinzelnd an. Die Männchen sind orangefarbig und die Weibchen sind Grüne. Aber sie können, wie bekannt ihre Farbe wechseln und sich opportunistisch den Gegebenheiten anpassen. Ähnlichkeitsvergleiche mit politischen Parteien in Deutschland sind vermutlich an den Rastalocken herbeigezogen.

Den Abschluss dieser Inselrundreise bildete eine Fahrt mit einem Katamaran durch die wunderschönen Buchten und Salzseen der Insel. Die Getränke, so wurde verkündet, besonders die alkoholischen Getränke, wären frei. Und die Gedanken allemal. Ich weiß nicht, ob es einen Zusammenhang zwischen der gemächlichen Geschwindigkeit des Katamarans und der Menge des Konsums von Alkohol gab, jedenfalls wurde die Stimmung an Bord sehr locker und die Geschwindigkeit des Busses bei der Rückfahrt zu unserem Pott von der Blase einiger Reisender bestimmt.

Meine beiden alleinreisenden Damen empfanden es jedenfalls als eine Bereicherung ihrer bisherigen Reise, mich kennengelernt zu haben. Sagten sie jedenfalls. Wir wollen uns zusammen mit den anderen zur Teatime auf Deck Zwei treffen. Bedauerlicherweise trinke ich keinen Tee. Ausgenommen vielleicht Blasentee.

"… mein Vater fuhr auch zur See, er war sogar über zehn Jahre lang Decksoffizier!"
„Um Himmels willen! Wieviel Geschwister haben Sie denn?"

Achtzehnter und Neunzehnter Tag: Aruba ariba

Zwischen dem vorgestrigen Landgang und dem heutigen auf Aruba, der nächsten Karibikinsel, zu der unser Pott über die Wellen geritten ist, hatte die Reederei erneut einen Tag auf See eingelegt. Es gibt nicht viel über diesen Tag zu schreiben, außer dass ich des Abends nach unserem *Dinner for three* noch einem Quiz im „Lions Pub" beiwohnte. Die Briten sind passionierte Spieler und Quizzer. Logischerweise war es ein Quiz in englischer Sprache, und die Fragen bezogen sich auch auf den anglo-amerikanischen Sprachraum. Eine solche Frage wie diese: Was ist eine Balalaika? A – eine russische Maschinenpistole, B – ein russisches Zupfinstrument, C – der Name einer russischen Hündin, die ins All geschossen wurde oder D – eine antarktische Inselgruppe, die zu Russland gehört, kam selbstverständlich nicht drin vor. Ich hätte es gewusst. Auch ohne jemand anrufen zu müssen. Von Können kann ja nicht die Rede sein, weil das WIFI auf der „Queen" dabei womöglich schlapp gemacht hätte. Real kamen ausschließlich Fragen aus den Bereichen Musik, Sport, Geographie, Essen und Trinken *and so on* vor. Ich konnte mir manche richtige Antwort zusammendenken, schon anhand der Antwortmöglichkeiten, die vorgeben waren. Zum Beispiel diese Frage hier: Wie heißt die Comicserie über den ehemaligen Premierminister von Großbritannien, Boris Johnson? A – Dick und Doof, B – Harold and Maud, C – Black and Decker oder D – Tim und Struppi? Ich rief laut in den Pub hinein: D – Tim und Struppi. Daraufhin wurde ich wegen Vorsagens disqualifiziert. Durfte aber weiter meinem Freund aus Cottbus, der ein passionierter Quizspieler auch in Deutschland ist, assistieren. Der erste Preis ist im Übrigen eine Flasche Rotwein gewesen, die natürlich wer gewann? Falsch, nicht mein Freund aus Cottbus, sondern, wie könnte es anders sein, nein, kein Mensch aus Großbritannien, auch nicht aus den USA, sondern eine Lehrerin aus Deutschland. Allerdings eine Lehrerin für Englisch und Deutsch. Das empfanden die anwesenden Briten zwar als unfair, aber sie gestanden dieser Dame den ersten Preis zu, auch weil sie aus Philadelphia kam. Was die Engländer nicht wussten: Dieses Philadelphia liegt im Brandenburgischen.

Wir feierten den Sieg einer deutschen Dame über die anwesenden zu meist britischen Herren ein wenig und torkelten anschließend unter Absingen von „We are the Champions" in unsere Kabinen.

Der frühe Vogel kann mich mal, dachte ich noch, als mein Handywecker seine Aufwachmusik abspielte, um dann doch ruckartig aus dem Bett zu springen. Ausflug, hurra, war mein erster Gedanke. Der zweite war: Wieso schwanke ich? Ich schaute aus dem Kabinenfenster. Der Pott lag festgezurrt am Kai. Und Wellengang herrschte auch nicht. Der Motor brummte nicht, nur mein Kopf. *Guinness*, schoss es mir durch das schmerzende Etwas auf meinem Hals. Ich tippelte, mich an jedem greifbaren, fest verankerten Gegenstand festhaltend, zum Duschklo. Das kalte Wasser verschaffte mir etwas Klarheit im Kopf. Auch der Kaffee im „Lido", so heißt sinnigerweise der Schnellimbiss, in dem man ein rasches Frühstückchen mittels Selbstbedienung abhalten kann, half bei der Ernüchterung. Ich nutze das „Lido" jeden Morgen. Der Koch, der mein morgendliches Omelett zubereitet, kennt mich längst. „Ham and Onion", fragte er diesmal etwas verunsichert? Warum erkannte er mich heute nicht, fragte ich mich? Sollte ich so versoffen ausgesehen haben, dass er mich nicht mehr oder erst nach langem Hinsehen wieder erkennen konnte? Ich bemerkte, dass ich die FFP2-Maske über dem Mund gespannt hatte und eine verspiegelte Sonnenbrille über den Augen trug und verzieh ihm.

Der Bus für die Ausflügler auf die Insel Aruba wartete schon. Es war angekündigt, dass es ein Ausflug mit deutscher Reiseleitung sein sollte. Wir, fast die gleichen Landgänger wie in Sint Maarten, stellten uns unaufgefordert hintereinander in Zweiblöcken auf. Der aus dem Bus aussteigende Fahrer entpuppte sich gleichzeitig als deutscher Reiseleiter. Er war ein Holländer und hatte Deutsch in der Grundschule, wie er uns umständlich erklärte, gelehrt bekommen. Dieser fahrende Holländer hatte also die Aufgabe, den Bus und uns zu chauffieren und während des Lenkens des Busses seine Erklärungen in sein eigenartiges Deutsch zu übersetzen und hernach uns Ausflüglern mitzuteilen. Diese … wie hieß diese Aufgabe nochmal … wurde durch den unmöglichen Zustand der Straßen und den immer wieder stehenden Verkehr erschwert. Der fahrende Holländer glich diese Misslichkeiten mittels seiner Fahrkunst, einer lauten Hupe und einer ruckartig anschlagenden Bremse aus. Er entpuppte sich als fliegender Holländer. Für meinen Kopf und die Übelkeit des Magens waren das keine adäquaten Mittel. Ich hielt durch.

Aruba ist eine kahle Insel aus Vulkanstein. Einen tätigen Vulkan hingegen gibt es nicht. Eigentlich wollte ich mir mehr über die Geschichte und Geschichten der Insel merken. Mein Kopfschmerz verhinderte es. Ich schaltete also die Diktiergerätfunktion auf meinem Handy ein. Ich wollte mir Hollands Erzählungen aufzeichnen und an Bord abhören, um sie in meine Erzählungen einarbeiten zu können. Unbemerkt von allen Fahrgästen und besonders des kombinierten Busfahr- und Reiselenkers sollte es aus Gründen des Datenschutzes vonstattengehen. Später, beim Abhörenwollen des Audiomitschnittes, bemerkte ich, dass ich zwar im Hintergrund des aufgezeichneten Tones den sprechenden Holländer wahrnahm, jedoch im Vordergrund, den Hintergrund übertönend, meine Sitznachbarin plappern hörte. Ich erfuhr beim Abhören des Aufgezeichneten viel über Dortmund, Unna und Umgebung, auch darüber, wer bei ihr zu Hause auf die daheimgelassenen Katzen aufpassen muss und wann und durch welche Umstände sie Witwe geworden war, aber nur bruchstückweise das Gesagte des holländischen Guides. Ich wagte bei keinem ihrer Themen aus Gründen der Pietät der Dame dazwischenzureden. So kann ich in meiner Erzählung eigentlich nichts darüber berichten, was uns der sprechende Holländer über Land und Leute vermittelte. Eines war mir jedoch, weil der besagte Holländer es mehrmals wiederholte und jedes Mal selber darüber kehlig und lauthals lachte, in Erinnerung geblieben. Die Vegetation der Insel fällt sehr kärglich aus, und das ist sicherlich dem Vulkangestein geschuldet. Und so lautete des Holländers Bonmot: Ein Baum ist ein Baum, zwei Bäume sind ein Park und drei Bäume ein Wald. Lieber Leser …

Nebenbei fällt mir gerade auf: Warum reden Buchschreiber den Lesenden mit „lieber Leser" an? Glaubt ein Verfasser fest daran, dass wenigstens ein lieber Mensch sein Buch lesen wird? Dieser Glaube ist gewiss, denn einer liest es ganz bestimmt. Der Lektor. Hoffe ich doch. Der „liebe Leser" ist manchmal auch ein „geneigter Leser". Diese Anrede ist für mich allerdings, wie der Berliner sagt, doppeltgemoppelt. Wenn ich die Anatomie des Menschen richtig deute, muss der Leser beim Lesen den Kopf leicht nach vorn und unten kippen. Ergo ist er geneigt. Der Leser. Es sei denn, er läge und hielte das Buch mit den Armen über seinem Kopf in dem Abstand hoch, dass er das Gedruckte zu lesen vermag. Das ist mit Verlaub eine anstrengende

Art, ein Buch zu lesen. Und wenn das Buch dazu noch ein medizinischer Ratgeber über Haltungsschäden sei, wäre diese Buchlesestellung doppelt blöde. Gelegentlich liest man auch die Floskel „geehrter Leser". Abgesehen davon, dass in allen drei Anreden des Lesers weder das feminine, noch alle anderen zweiundvierzig Geschlechterinnen und Geschlechter erwähnt werden, ist der „geehrte Leser" die sinnloseste Anrede überhaupt. Die Fragen stehen doch gleich im Raum oder wohin man Fragen sonst wo noch hinstellen könnte: Wer den Leser geehrt hat, womit er geehrt wurde, ob es eine Art Auszeichnung ist und was dem Leser eine solche Ehrung nützen könnte. Es sei denn, an dieser Ehrung hinge etwas Preisgeld dran. In Anlehnung an den Nobelpreis vielleicht. Letztlich könnte man dem Buchschreiber noch unterstellen, den Leser durch die Ehrung bestechen zu wollen, sein Buch lesen und vor allen Dingen zuvor kaufen zu sollen. Um allen Anfechtungen der love-me-Gender-Community entgegenzuwirken, habe ich mich soeben entschlossen, den wie auch immer genannten Leser zukünftig als den „Lesenden" oder, um ihm ein wenig zu schmeicheln, als den „Belesenen" anzureden. Oder noch unverfänglicher im Plural, als „die Belesenen". Allerdings denke ich, dass die Anrede „die Erlesenen" wohl doch einen Zacken übertrieben wäre. Insgeheim hätte letztere Anrede den Ruch des Elitären. Und das würde die Auflage des Buches auf ein Minimum heruntersetzen, da, wie wir wissen, die Elite nicht liest, sondern Vorlesende beschäftigt. Diese sind außerdem nur an trüben und kalten Wintertagen Vorlesende. In den Sommer- und Herbstmonaten werden diese gerne von der Elite in ihren Weinbergen artgerecht ausgebeutet. Nicht als Vor-, sondern als nur Lesende. Allerdings zum Lesen von Wein. Ich bin wohl etwas abgeschweift?

Unterbrochen hatte ich weiter oben beschriebene Audioaufzeichnung nur an den Stopps, bei denen wir etwas auf der Insel zu besichtigen hatten. Einmal war es eine, inzwischen aber eingefallene natürliche Brücke, welche durch das Meer, was weiß ich wie lange, unterspült und zur Brücke gebaut wurde, aber von demselben dummen Meer wieder fortgespült wurde. Dann besahen wir uns noch eine kleine Kapelle. Es war eine kleine Kirche und nicht, wie meine Bussitzplatznachbarin annahm, die Drei-Mann-Band, die wundervolle typisch karibische Klänge alten Ölfässern mit kleinen Klöppeln entlockte.

Vor dieser Kapelle, das ist noch zu erwähnen, war ein Pappkameraden-hochzeitspaar ohne Köpfe aufgestellt. Die Touristinnen und Touristen konnten sich hinter diese Pappfiguren stellen und sich ablichten lassen. Belustigt war ich, als eine Frau ihren Gatten sicherlich von hinten an diese Pappfiguren herangeführt und ihm den Platz hinter der Braut zugewiesen hatte. Das Foto wurde auf Bitten der Frau von einer anderen Touristin, die nicht aufhören wollte, dabei zu glucksen, geschossen. Das verkehrte Ehepaar schaute sich danach das Foto gemeinsam an. Zu erwarten war gewesen, dass der Gatte, also die Braut, diesen ihm gespielten Streich, zähneknirschend aber doch lächelnd, hinnehmen würde. Aber nein, der Brautgatte riss der Frau das Handy aus der Hand und warf es ins Meer. Großes Geschrei brach aus. Nach einer Weile gab der Braut der Bräutin ihr Handy wieder, mit dem Hinweis, dass er nur einen schwarzen Stein ins Meer geworfen hätte. Nun war das Gelächter doppelt so groß, welches letztendlich auf die Auslöserin des Streiches zurückfiel.

Nach durchfahrenen unzähligen Schlaglöchern, durchgestandenen Bremsvorgängen und den meist unverständlich, aber lustig klingenden Erzählungen des fahrenden und sprechenden Holländers kamen wir wieder an unserem Pott an.

Fazit des Tages ob der Bräutigam-ist-Braut und Handy-ist-Stein Streiche: Quäle nie dein' Mann zum Scherz, denn er könnt' geladen sein.

Zwanzigster Tag: Mit 70 fängt das Leben ... Nein! Doch! Oh!

Heute war der Tag, an dem sich meine Geburt zum siebzigsten Male jährte. Der Tag verlief, wie ich es gewollt hatte, unspektakulär. Der Tagesablauf ist schnell berichtet. Die große räumliche Entfernung zu meiner Heimat ließ logischerweise persönliche Gratulationskuren durch Verwandte, Bekannte, Freundinnen und Freunde, Kolleginnen und Kollegen und andere mir argwöhnisch, neidisch und sogar feindlich zugewandte Menschen nicht zu. Das sich bei der direkten körperlichen Gratulation Begegnen und dabei in die Augenschauen zu wollen oder zu müssen, entfiel ebenso. Für die einen zum Glück, weil sie glauben, dass man ihnen ihre Falschheit ansehen könnte, und für andere zum Bedauern, weil sie mir gegenüber stets aufrichtig waren oder in Zukunft sein wollten. Letzteres ist selten, aber kam jedoch bei früheren persönlich überbrachten Gratulationen durchaus vor. Versöhnen ist mir lieber als Verhöhnen. Wem wohl nicht? Das Geschenkentgegennehmen, das im Beisein der Geschenkenden Auspacken der Präsente und sich darüber freuen müssen, entfiel zu meiner großen Erleichterung auch. Einige Geschenke hatte man mir in meine Koffer geschmuggelt oder vor meiner Abreise bereits dargereicht. Unter der Schmuggelware befand sich, und darüber war ich überrascht und gleichzeitig hocherfreut, eine „zerrissene Jeans", auf der sich alle meine Lieben, Freunde und lieben Freunde mit ihrer Unterschrift verewigt hatten. Der Grund, warum ich ausgerechnet bei diesem Reiseveranstalter meine Weltreise gebucht hatte, war, dass dieses Schiff auch San Francisco anlaufen würde. Ich werde also, zugegebenermaßen kitschiger Weise, durch die Straßen von San Francisco, mit dem Song des von mir hoch verehrten Udo Jürgens vor mich hinsingend, gehen. Hoffentlich hört mich dabei niemand, denn, wie mein damaliger Pianist Olli immer sagte, könne ich gar nicht singen. Mein, na ja, Gesang, so versicherte er mir mehrmals, sei mehr so rhythmisches Textrufen in Tonnähe. Ich empfinde diese Definition meines „Gesangs" als Auszeichnung durch Olli, der bei unserer Zusammenarbeit immer sehr höflich und nachsichtig war, zumeist aber am liebsten, seinem Musikerverstand folgend, unter das Klavier gekrochen wäre. Ein wunderbarer Mensch und Musiker, der Olli. Dass ich diese Idee mit den zerrissnen Jeans meiner Lebensabschnittsgefährlichen zu verdanken habe, kann man sich denken. Es wurde aber mir nicht direkt offenbart. Die Schuld trifft natürlich diejenigen besonders, die sich darauf mit dem Filzstift verewigten.

Seit dem frühen Morgen gingen unzählige Glückwünsche über WhatsApp und E-Mails auf meinem Mobile Phone ein. Nein, es waren genau neunundsechzig WhatsApp und weitere Grüße über alle Kanäle und sozialen Medien, denen ich beikommen musste. Ich hatte fast den ganzen Seegeburtstag damit zugebracht, mich mit elektronischen Rückschreiben für die Glückwünsche zu bedanken. Am Ende jeder dieser Danksagungen wünschte ich mir und uns allen Frieden.

Ich gehöre zu einer ziemlich glücksvollen Generation, nämlich der Nachkriegsgeneration. Ich musste bisher in meinem Leben keinen Krieg, jedenfalls nicht hautnah, durchleiden. Meine Gleichaltrigen und ich sind bis dato von gewaltsamen Massentötungen, Leid, Zerstörung, Hunger in unseren Teil der Welt verschont geblieben. Zudem durfte oder musste ich, das hängt davon ab, von welcher Seite man dies beurteilen zu können glaubt, in zwei gesellschaftspolitisch extrem konträren Staaten und Wertesystemen leben und lieben, lachen und weinen, streiten und versöhnen, singen und tanzen, arbeiten und feiern und viele andere gegensätzliche und doch zusammengehörende Dinge tun. Ich sage dazu, verzeihen Sie mir die Anmaßung: Ich lebte und lebe dialektisch. Ich lernte es, konnte und kann es letztlich auch, nämlich zwischen diametral entgegengesetzten gesellschaftlichen Modellen des Zusammenlebens von Menschen zu unterscheiden. Resümee: Es war nicht alles schlecht, und es ist nicht alles gut. Das kann nur jemand sagen, der es erlebt, gefühlt und gedacht hat. Und ich lasse mir von niemand im Nachhinein vorschreiben, wie ich gelebt hätte haben sollen. Auch wenn es pathetisch klingen sollte, so meine ich es doch genauso: Die Lieblingswörter meines Lebens lauten Frieden, Gesundheit, Kraft und Liebe. Und diese vier Elemente des Lebens wünsche ich uns allen. Bis ans Ende unserer Tage und darüber hinaus.

Ich, der letzte noch lebende Kabarettist der Gründergeneration des Kabaretts „Die Oderhähne", bei dem ich meine Laufbahn als politischer Kabarettist vor vierzig Jahren begann, werde wegen der vorgenommenen Veränderungen und auch unsäglichen Taten der neuen Verantwortlichen in dem heutigen Kabarett-Theater in Frankfurt (Oder), vor Ort diese vierzig erfolgreichen Jahre weder feiern noch sie dort beenden können. Und falls man mir dies anböte, ich würde es dankend ablehnen. Ich mache mich doch nicht zum Heinz.

Die Celler Zeitung hat vor einigen Jahren nach meinem Gastspiel in ihrer Kritik zu meinem Soloauftritt im Celler Kleinkunsthaus geschrieben: „Lothar Bölck ist der Louis de Funès des Deutschen Kabaretts." Dieser Vergleich ehrt mich sehr. Schicksal oder Fügung, aber an dem Datum meines Geburtstages ist mein Idol aus Frankreich, eben jener Louis de Funès, gestorben. Sein Todestag jährt sich in diesem Jahr 2023 zum vierzigsten Mal. Es könnte sein, dass er noch von meinem Karrierestart hörte und dann vor Frust oder aus der Ahnung, dass da jemand beginnt, seine Art und Weise, Komik zu erzeugen, vorführen zu wollen, zufrieden die Augen schloss. Jedenfalls begann, als mein Freund im Herzen und künstlerischer Kollege im Geiste Louis de Funès vor vierzig Jahren starb, meine aktive Zeit als Kabarettist. Es ist nicht hochtrabend zu sagen, ich habe mich bemüht, nicht durch plattes Kopieren der Darstellkunst von Louis de Funès, aber in seinem Sinne künstlerisch zu arbeiten. So werde ich bis an mein Ende versuchen, mit satirischem Humor und humorvoller Satire mein Publikum mit Geist, Seele und vor allem mit Herz zu unterhalten.

„Es spielt keine Rolle, ob sie Stil, Ruf oder Geld haben, wenn sie kein gutes Herz haben, sind sie nichts wert." Das sagte nämlicher Louis de Funès! Dem habe ich nichts hinzuzufügen. Was sagen Sie dazu, Herr de Funès? „Nein! Doch! Oooh!"

Reisetipps

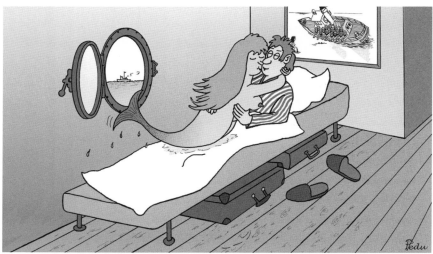

Für alleinreisende Herren bieten Einzelkabinen im unteren Bereich
feuchtfröhliche Überraschumgen

Einundzwanzigster Tag: **Panamas Canale Grande**

Einer von den besagten Seetagen war wieder ohne besondere Vorkommnisse bis auf den still für mich gefeierten Geburtstag vergangen. Ich könnte einige sich eingeschlichen habende Routineverrichtungen an Bord beschreiben, aber dazu hat es auf hoher See noch gar so viele Stunden, Tage und Nächte Zeit. Ich könnte gelegentlich einmal schildern, weil das Schiff gerade in einem Bogen auf den Panamakanal zusteuert, wie die Toilettenspülung auf so einem Kreuzfahrtschiff funktioniert? Gut, ich versuche es. Was passiert also, nachdem man auf dem Pott auf dem Pott war? Eigentlich ist es wie auf jeder Toilette an Land auch. Nur der Spülvorgang ist ein anderer. Man kann auch nicht direkt von Spülen sprechen, mehr von Saugen. Es wird, so sagte man mir, ein Vakuum erzeugt, welches dieses Absaugen bewirkt. Ohne jetzt ins technische Detail der Fäkalienentsorgung gehen zu wollen, oder sollte ich hier korrekter Weise zu „müssen" sagen, kann man, sobald man den entsprechenden Knopf gedrückt hatte, direkt hören, dass das Hinterlassene vom Ende der Verdauungskette abgesaugt wird. Wohin es danach verschwindet, ist mir unbekannt. Ich hoffe natürlich, es geht nicht den Weg alles Irdischen und landet im Ozean oder gar im Panamakanal. Dafür gäbe es auf dem Meeresgrund keinen Grund. Das Meer ist keine Sickergrube. Ganz früher, so wurde mir berichtet, war die verdeckte Entsorgung der Exkremente ins Meer üblich. Zwischen den Schiffen auf den Meeren gab es regelrechte Ausscheidungswettbewerbe. Die großen und kleinen Geschäfte wurden gemeinschaftlich, ja gar in gesellige Runde der Seefahrer verrichtet. Es gab einen Balken an der Reling, den Donnerbalken, der wohl deshalb nur so hieß, weil die blanken Hinterteile der Seeleute dabei in der Sonne blitzten. Aber das ist sicherlich Seemannsgarn. Heute findet die Entsorgung auf chemischem Wege statt. Ob das auf den Meeren seetauglicher und wasserverträglicher ist, mag ich nicht beurteilen zu können.

Wie kam ich jetzt darauf? Ach ja, ich berichte hernach über die hochinteressante Fahrt unserer „Queen" durch den Panamakanal, der mit den fünf „a". Also zweimal „aa" und einmal „a". Manchmal gehen Gedanken abortive Wege. In einer der drei Schleusen des Panamakanals begegneten mir doch einige wenige wasserverunreinigende Hinterlassenschaften. Nicht nur die der Anrainer sicherlich. Obschon es strengstens verboten ist, jegliche Abfälle menschlichen Tuns in diesen Kanal zu entsorgen, geschieht es offensichtlich doch.

Bevor ich mich auf einen sicherlich nicht seemännischen Bericht über die Durchquerung des Canal de Panamà einlasse, will ich vorausschicken, dass dieses kleine mittelamerikanische Land Republik Panama ihren für die internationale Schifffahrt und die sogenannten Lieferketten des Welthandels hochwichtigen und zudem die Ozeane verbindenden Kanal mit Argusaugen überwacht und kontrolliert. Wie ich mir von der Durchsage des Kapitäns am Vorabend der Durchfahrt des Kanals merkte, erwirtschaftet die Republik Panama damit acht Prozent ihres Bruttosozialproduktes. Es ist Chronistenpflicht, zu erwähnen, dass der Panamakanal im August 1940 fertiggestellt wurde, dass er den Atlantischen und den Pazifischen Ozean durch den schmalen Isthmus von Panama verbindet, dass die Länge des Kanals von Küste zu Küste etwa fünfundsechzig Kilometer beträgt und dass er die Reise von der Ost- zur Westküste der Vereinigten Staaten um fünfzehntausend Kilometer verkürzt.

Heute war der Kanaldurchfahrtstag. Mit Spannung wurde dieser von den meisten Weltreisenden erwartet. Der Kapitän hatte uns am Abend zuvor mitgeteilt, dass unser Pott ungefähr gegen acht Uhr Ortszeit in die erste der drei Schleusen einfahren werde. Einfahren kann man nicht direkt sagen, denn das Schiff wurde von seitlich an den Kanalbegrenzungen mit kleinen Diesellokomotiven nicht direkt gezogen, aber in der geradlinigen Fahrtrichtung gehalten. Ein Zug vor dem Bug. Los ging's. Im Schritttempo. Es ist kurios, bei einem Schiff von einer Zugverbindung schreiben zu können.

Eine halbe Stunde vor acht Uhr erschien ich auf Deck Fünf, welches ansonsten für die Weltreisenden verschlossen bleibt, aber zwecks Beobachtung der Schleuseneinfahrt für den Publikumsverkehr an diesem Tag geöffnet wurde. Als ich vor Ort eintraf, war vor lauter Menschenmassen keine Schleuse auszumachen. Alle dort anwesenden Menschen hielten ihre Mobil Phons oder ihre Fotokameras mit beiden Armen in die Höhe, um an den vor ihnen stehenden Menschen mal links. mal rechts vorbei oder oben drüber von der noch leeren Schleuse einen Schnappschuss machen zu können. Die in der ersten Reihe Stehenden, einige hatten sich einen Stuhl oder eine ähnliche Sitzgelegenheit mitgebracht, blickten sich ab und an mit diesem „ätsch-wäret-ihr-doch-auch-eher-gekommen-Blick" um. Ich vermutete, dass einige der in der ersten Reihe lauernden Weltreisenden an der Reling zuvor über-nachtet haben müssen, wie jene Menschen, die nach einer Karte für ein Rockkonzert, nach völlig überteuerten, aber in der Auflage limitierten Mar-ken Snickers oder seinerzeit bei Finanzkrisen an den Banken nach ihrem Geld anstanden. Gemeinerweise war es auch noch so, dass die vorn in den ersten Reihen stehenden Schleusen-Papa-und-Mamarazzi die Längeren der Spezies Mensch waren. Hätte nicht jemand die auf die Schleuseneinfahrt Wartenden nach Körpergröße sortieren oder anordnen können? Ich musste mich viel weiter hinten aufstellen. Ein Foto ohne die Köpfe der vor mit stehenden Zuschauenden mitabzulichten, war nicht möglich.

Durch die stetige sich auf die Zehenspitzen stellende, die Fotoapparate mal hochhaltend und mal wieder herunternehmende Bewegung der Schau-lustigen bekam ich den Eindruck, es handele sich hierbei um eine etwas unkoordinierte Zumba-Tanzgruppe. Hätte man Musik über Lautsprecher eingespielt, wäre vermutlich eine Art Rhythmus in die Bewegung des Men-schenknäuels gekommen. Stattdessen erklärte uns eine männliche Stimme über diesen Lautsprechverstärker, natürlich auf Englisch und durch die Mem-bran verzerrt, was wir in den hinteren Reihen hätten sehen können, wenn wir etwas hätten sehen können. Weil ein Platzwechsel in der Standortver-teilungsordnung nicht zu erwarten war, sich auch keine Lücke für einen kur-zen Blick auf die Schleuse ergab und darauf vertrauend, dass der Freund aus Cottbus, der wohl an die zwei Meter misst, schöne Fotos schießen würde, ging ich in meine Kabine zurück. Ich wusste ja, dass der Cottbusser wieder jedes Foto in den Status stellen würde und ich darauf zurückgreifen und mich verschwenderisch bereichern könne. Das tat ich auch zur Genüge. Und ich muss sagen, dass an dem Cottbuser ein guter Fotograf verlorengegangen ist.

In der Kabine angekommen, machte ich mich wieder an die Schreib-arbeit. Ich arbeitete sehr konzentriert, sodass ich nur am Rande bemerkte, dass es zunehmend dunkler in meiner Kabine wurde. Ohne aufzublicken, knipste ich das Licht mit dem am kleinen Kabinenschreibtisch anmontierten Lichtschalter an. Mit einem Blick aus dem Fenster wollte ich mich vergewis-sern, ob sich der Himmel durch ein nahendes Gewitter vielleicht verdunkelt hatte. Oder sollte uns in der Schleuse ein anderes Schiff überholen wollen? Ich sah mal in einer Autowaschstraße das Verkehrsschild „Überholverbot" hängen. Das hatten sicherlich Witzbolde angebracht. Draußen vor meinem Kabinenfenster erblickte ich kein Schiff, sondern eine Wand, die sich langsam nach oben schob. Ist das der Untergang, fragte ich mich? Im gleichen Moment wusste ich, dass sich unser Pott in der Schleuse, weil ihm das Wasser unter dem Kiel stetig entzogen wurde, nach unten bewegte. An der Schleusenwand erschienen Zahlen, ein paar Sprossen einer Leiter und jede Menge winziges Getier, sprich kleine krebsartige Mehrfüßler, die panikartig die Wand hoch- und hinunterkrabbelten. Hektisch und scheinbar orientierungslos, nicht wissend, wohin sich das Wasser verzogen hatte. Sie stolperten übereinander, ja sie drängelten sich nachgerade. Mit einem geordneten Auf- oder Abmarsch hatte das wenig gemein. Ein herrliches Miniaturschauspiel bot sich mir. Viel interessanter und spannender als unablässig ein Schleusentor sich schließen oder öffnen zu sehen, dachte ich bei mir.

Unten angekommen wackelte der Pott ein wenig. Aha, folgerte ich, da das Schiff nach unten hin spitz zulief, werden wir wohl gleich nach rechts oder links kippen. Ich wettete mit mir um ein Stück Schokolade, nach welcher Seite hin sich das Schiff neigen würde. Umkippen konnte es nicht, Bord- und Schleusenwand trennte auf jeder Seite im Höchstfall ein halber bis ganzer Meter.

Übrigens: Von diesen kleinen, eingepackten Schokoladenteilchen, dreimal drei Zentimeter groß, lagen jeden Abend der Stücke zwei als Betthupferl auf meinem vom Kabinenpersonal aufgedeckten Bett. Ich verspeiste manchmal eines, aber zumeist hinterlegte ich die Schokoladenstückchen in einer meiner freigebliebenen Schubladen meines zweiten Nachttisches. Wie schon erwähnt, genießt man als Alleinreisender in der kleinen Kabine den Luxus, etwas leeren Stauraum übrig zu haben.

Ich gewann meine Wette mit mir nicht, weil der Schleusenwärter noch so viel Wasser in der Schleuse gelassen hatte, dass unser Pott geradeso schwimmen konnte. Da lagen wir nun unten, und ich spürte mal wieder, dass ich Holzklasse gebucht hatte. Es war total dunkel in der Kabine geworden und die Aussicht eher steinern. Ich hatte wieder eine Mauer vor Augen. Bravo, lobte ich, der Reiseveranstalter hat sogar an uns Ostdeutsche gedacht. Darüber hinaus kam ich mir vor wie der reziproke Jesus. Ich könne zwar nicht übers Wasser, sondern im Verhältnis zum Wasserspiegel hinter dem Schleusentor unter Wasser laufen.

Plötzlich bekam ich Heißhunger auf das eine nicht gegessene von den Schokoladenstückchen, die ich eigentlich deshalb in meiner Schublade sammele, um sie später unter den hungernden Kindern in den Häfen, die dort vielleicht betteln würden, verteilen zu können. Bisher taten mir in den bisher angelaufenen Häfen die Kinder nicht den Gefallen, mich als ein echter Entwicklungshelfer zu gebärden, der den Kindern etwas geben und nicht nur mal schnell, wie ich es in einem Armenviertel von Manila beobachten konnte, als Entwicklungshelfer den dort dahindarbenden Kindern die Fliegen von den Gesichtern verscheuchen würde, um anschließend wieder in ihren bewachten und mit Stacheldrahtverhauen gesicherten, luxuriösen Wohndörfern zu verschwinden.

Ich wettete also mit mir wieder um ein Stückchen Schokolade, dass irgendetwas an der Schleuse klemmte und wir vielleicht befreit und aufgeseilt werden müssten. Dieses Abenteuer blieb mir verwehrt und das Schokoladenstückchen in der Schublade. Die Kinder werden sich freuen.

Nach einiger Zeit fuhren wir aus der Schleuse aus. Hin zur nächsten Schleuse, die auf uns schon wartete. Ich werde die Ein- und Ausfahrten in diese und aus diesen Schleusen nicht schildern, denn jeder Mensch kann sich den Vorgang vorstellen oder ist schon irgendwann und irgendwo einmal geschleust worden. Wenn nicht als Insasse eines Schiffes in einer Schleuse, dann vielleicht als fluchtwilliger Insasse einer Diktatur oder aus wirtschaftlichen Gründen. Übrigens werde ich darüber von vielen Deutschen aus dem westlichen Teil unseres Landes, die zumal zugeben, dass sie noch nie in der ehemaligen Ostzone oder etwas wertungsneutraler im Osten waren, gefragt, warum unsereiner damals nicht einfach aus dem Osten geflohen ist? Ehrlicherweise sage ich dann immer spöttisch, dass ich in Erdkunde nicht so gut war und demzufolge nicht wusste, wo Westen sei. Das erheitert und entkrampft die Situation in den meisten Fällen. Schamvoll pikiert bot mir der eine oder die andere Nachhilfe an. Ich bedeutete dann rasch, dass meine Bemerkung scherzhaft gemeint war und stellte klar, dass man bei uns in der Zone im Erdkundeunterricht nur Globen produzierte, die das Gebiet von Marienborn bis Wladiwostok abbildeten. Wir hatten doch nichts. Und davon auch nur die Hälfte. Nein, versicherte mancher, der wenigstens schon einmal und sogar während der russischen Besatzung in der Ostzone drüben war, dass wir im Osten eine sehr gute Schulbildung genossen hatten. Natürlich haben wir diese genossen unter den Genossen. Ich denke bei so viel Unverstand und Unkenntnis immer bei mir: Wir im Osten hatten für unsere Dümmsten in der Schule eine Fünf, die drüben brauchten noch eine Sechs.

Bei der Fahrt durch den Kanal fragte mich doch ein Herr aus Bayern, den ich bisher als einen sehr interessierten und liberalen Herrn empfand, ob ich schon einmal einen Kanal gesehen hätte? „Ja", antwortete ich ihm ganz spontan, „im Fernsehen den schwarzen Kanal." Offenkundig wusste der Bayer schon, was in der ehemaligen DDR der „Schwarze Kanal" war, denn er frage nicht weiter nach. Oder aber er getraute sich bloß nicht nachzufragen, wo der schwarze Kanal denn in Ostdeutschland entlangfließen würde? Er wollte sich dann doch nicht blamieren. Diesmal gab ich nicht kund, dass dieses ein Scherz gewesen sei.

Heute Abend steckte ein Kuvert an meiner Kabinentür. Dieser Umschlag beinhaltete ein vorgedrucktes Zertifikat, auf dem geschrieben steht: „This Chart certifies that Herr Lothar Bölck has tranversed THE PANAMA CANAL."

Zweiundzwanzig- bis vierundzwanzigster Tag: Huatulco im Te... Tequila

Wieder lagen zwei dieser Tage und Nächte mit dem Schiff auf dem offenen Meer dahinfahrend hinter uns. Es kommen noch wer weiß viele dieser Tage, die ich quasi mit der unendlichen Menge Wassers unter mir und in jede Richtung Himmel über mir verbringen werde. Und wohin ich auch sehe, überall taucht der Horizont ins Meer hinein. Und meine Augen mit ihm. Es ist wie eine Hochzeit der beiden Elemente Luft und Wasser. Ungefragt gehen sie den Bund der Ehe ein, bis ans Ende aller Zeiten. Weil sie nicht ohne einander leben können. Das ist, wenn die Menschheit ihn nicht mutwillig verhindern sollte, der ewige Lebenslauf der Welt.

Wie man sicherlich vor dem Kauf dieses Büchleins bemerkt haben wird, hat der Buchtitel, den der Verlag, der Lektor und ich, nach einstimmig ausgegangener Beratung, auf den Einband drucken ließen, eine dreifache Bedeutung. Es geht um die Welt, die wir umschiffen können. Es geht um die Welt, die wir nicht verschandeln, verunstalten oder gar zerstören dürfen, und es geht um die Welt, unsere bisher einzige, für die wir die verdammte Pflicht und Schuldigkeit haben, sie den nachkommenden Generationen zu erhalten. Im großen Ganzen, aber auch im kleinen Einzelnen.

Gestern, an einem der beiden Seetage, las ich in unserem täglichen „Tablabla", dass das Abfüllen von Wasser und Säften in private Behältnisse, sprich Flaschen, zu unterlassen sei. Ich verstand den Grund für dieses Verbot nicht und reihte mich wieder zu der angegebenen Sprechzeit der Hostessen mit Deutschkenntnissen in die Schlange, die sich zumeist jedes Mal eine halbe Stunde vor der Zeit bildet, ein. Ich vermute, wenn die Hostessen meine Anwesenheit unter den Anstehenden bemerkten, haben sie sich gedacht: Bloß nicht der schon wieder! Ich glaube zu wissen, dass dies der Grund dafür ist, dass sich die Hostessen täglich bei der Sprechstunde, die nur eine Halbe dauern darf, abwechseln.

Nachdem ich drangenommen war, stellte ich, wobei ich schauspielerisch gekonnt Schüchternheit, Zurückhaltung und Freundlichkeit vorschützte, meine Frage. Die eine Hostess notierte sich diese und versicherte mir, dass sie sich telefonisch bei mir melden werden. Sie würde mich per Telefon informieren, wie meine Frage, warum ich mir keine alkoholfreien Getränke an den Automaten mehr abfüllen und mit auf meine Kabine nehmen dürfe, zu beantworten ist. Diese erklärende Information wurde mir am Nachmittag übermittelt. Es wäre so, berichtete mir die Hostess, dass ich mir schon Getränke am Automaten abfüllen dürfe, aber nicht, indem ich meine mitgebrachte Flasche direkt, also unmittelbar unter die Abfüllstutzen an den Getränkeautomaten stellen würde, weil dies das Ansteckungsrisiko mit dem Covid-19-Virus, der wieder an Bord grassierte, vergrößern könnte, weil ja das Virus beim Abfüllen der Getränke von meinem privaten Flaschenhals auf den Abfüllstutzen des Automaten, der die Getränke ausgibt, überspringen und sich nach mir kommende andere Abfüllende infizieren könnten. Stellte ich jedoch ein sauberes, mit heißem Wasser gespültes Glas unter den Stutzen und befüllte damit meine mitgebrachte Flasche, bestünde die Ansteckungsgefahr nicht zwingend. Diese Sätze lasen sich wie eine in Deutsch verfasste

Gebrauchsanleitung eines chinesischen Markenplagiators. Seit gestern handele ich nach dieser Anleitung. Ich möchte nicht an dem Weiterverbreiten meines privaten Covid-19-Virus, den ich nicht habe, aber man weiß ja nie, schuldig sein.

Heute las ich in besagten, von RTL und ntv abgeschriebenen Nachrichten, dass das Covid-19-Virus als inzwischen harmloser für Deutschland eingestuft wurde. Was immer das heißen mag. Aber mal ehrlich, wer konnte vor dem Auftauchen von Corona sich jemals ausmalen, dass man eines Tages mit einer Maske um Mund und Nase vor einem Bankautomaten stünde und Geld fordern würde. Oder als ich meine Sommersachen vor dem Einpacken in meine Koffer noch einmal zur Reinigung brachte und in den zuvor durchsuchten Taschen derselben nicht wie vor Corona Fünf- oder zehn Euroscheine fand, sondern stattdessen FFP-2-Masken. Oder wer erinnert sich noch daran, dass sich die Bürgerinnen und Bürger in Deutschland beim ersten vom Staat angeordneten Lockdown nicht weiter als fünfzehn Kilometer von ihrer Haustür entfernen durften? Ich sah im Lockdown, dass einige gewitzte Menschen ihre Haustüren einfach ausgebaut und mitgenommen hatten. Ich glaube, diese Menschen nannte der Volksmund Querträger.

Hier auf dem Schiff war man natürlich sehr vorsichtig, was diese Seuche betrifft. Das kann ich auch verstehen. Die Kreuzfahrtbranche hatte besonders unter Corona gelitten, genauso wie alle anderen und jeder Einzelne ebenso. Ich glaube, mit etwas weniger Hysterie und mehr Wissenschaft, statt Kaffeesatzleserei und dem unsäglichen Widerstreit der politischen und anderen sogenannten Eliten wäre es besser getan worden. Mein Laienverstand hatte bewirkt, dass ich mich anfänglich mit jeder neuen Theorie über Verlauf und Gefährlichkeit dieses Virus habe anstecken lassen, mit dem Virus selber nicht. Mit einer der späteren Varianten dafür schon. Und weiterhin weiß ich, dass die politischen Kräfte diese Pandemie skrupel- und gnadenlos dazu benutzt haben, um auszuloten, wie weit und wie erfolgreich man mit Angstschüren und Panikmacherei wieder Menschen manipulieren und somit berechenbarer regieren könne. Was besonders frevelhaft war, dass man den Menschen wieder Gehorsam- und Genügsamkeit als Verhaltensreglement aufoktroyierte. Bis zum heutigen Tag erkennt man dies am Verschrecktsein der Menschen allerorten. Aber Geimpfte und Ungeimpfte aufeinanderzuhetzen, war das menschlich Verwerflichste, was sich Regierende und andere Machthabende geleistet haben. Ich hatte während dieser aufgezwungenen Gehorsamkeitsjahre meinen Countdown heruntergezählt: drei G, zwei G, ein G, ich geh. Und ich habe für jede weitere Pandemie, und die wird kommen, was so sicher ist wie das Fegefeuer in der Hölle, sobald die Gehorsamkeit der Menschen wieder in den zivilen Ungehorsam zurückfällt, eine Marktlücke entdeckt. Wenn wieder ein Virus in die Welt gesetzt werden wird, mache ich mich selbstständig und werde Impfstoff-Sommelier. Ich werde jeden Impfstoff probieren und ihn in der Blume, im Vormund und im Abgang bewerten. Gott sei's getrommelt und gepfiffen hat man inzwischen den Ort ausgemacht, von woher sich das Virus die Welt erobert hatte. Von Moskau aus, direkt aus dem Kreml. Der Beweis: Covid 19 heißt schließlich nicht Virchin oder Virusa, sondern Viruss!

Nach zwei Tagen Wellenzerteilens landeten wir in dem kleinen Hafen Huatulco in Mexiko an. „Dieser Ferienort im Bundesstaat Oaxaca ist berühmt für seine neun Buchten mit klarem Wasser, die vielen unberührten Strände und die lebhaften Korallenriffe. Ich solle ins Landesinnere fahren und den üppigen Dschungel und die Kaffeeplantagen genießen." So stand es in meinem „Tablabla" geschrieben. Diese Beschreibung war sicherlich irgendeinem Reiseprospekt entnommen worden. „In Santa Cruz", stand dort, „könne ich den 'schlafenden Mann' sehen, also sein Gesicht in einem Küstenfels." Ich sah es. Oder besser, ich glaube, es gesehen zu haben. Ein Ausflug mit einem Katamaran, den ich gemeinsam mit vielen anderen Weltreisenden gebucht hatte, brachte mich vor Ort. Der Skipper des Katamarans zeigte es uns. Beim Betrachten des anscheinenden Gesichtes stellten sich mir Fragen: Wer mag wohl der Bildhauer, der dieses Gesicht eines schlafenden Mannes oder ist es eine schlafende Frau, die die Gesichtszüge eines Mannes nachahmt, in den Fels gemeißelt haben? Welchem Kunststil fühlte sich der Skulpteur zugehörig oder prägte er einen neuen? Nennt man diesen Stil „real mexikanischen Monumentalismus"? Wenn ja, hatte der Künstler oder die Künstlerin oder waren es diverse, also Kunstschaffende, eine sandsteinerne Phase ihres Daseins als Bildhauende? Oder war es einfach nur eine Laune der Natur, die dieses Felsgesicht durch Erosion oder andere natürliche Arten der Oberflächenbearbeitung entstehen ließ? Oder ist es nicht einfach so, dass wir deshalb nur dieses Gesicht in diesem Fels sehen, weil wir es letztendlich zu sehen glauben, da uns Touristennepper einreden, dass wir es sehen müssten? Am Ende sehen wir es nur deshalb, weil wir nachträglich so verwirrt worden sind wie nach dem Entschlüsseln meines vorherigen Satzes. Und falls wir das Gesicht trotzdem nicht erkennen konnten, wir einfach nur zu phantasielos waren, es zu entdecken? Und muss man sich nicht nachfolgend fragen, wem dieses Gesicht im Felsen ähnlich sähe? Am Ende ist es gar der Mann, der den Sombrero erfunden hatte. Oder der Züchter der bekannten mexikanischen Teesorte, dem Tequila? Und könnte es nicht einmal geschehen, dass vielleicht ein Kind beim Anblick dieses Gesichts im Felsen ausrufen könnte: „Guck mal, Mami, sieht das Gesicht nicht aus, wie das von dem Mann, der immer zu uns kommt, wenn der Papi nicht da ist?"

Diese oder so ähnliche Spekulationen stellte ich an, während viele der Fahrgäste an Bord des Katamarans über selbiges gingen, mit dem Willen, ein Bad in der Meeresbucht, die von den Felsen, in dem auch das Gesicht steckte, umgeben ist, zu nehmen. Vielmehr Schwimmen zu gehen. Wieso eigentlich Schwimmen gehen? Was denn nun, Schwimmen oder Gehen? Oder spricht man vom „Schwimmen gehen" nur bei Menschen, die des Schwimmens nicht mächtig sind und somit nur dort schwimmen, wo man auch notfalls gehen könnte? Vor mir verschwimmen die Gedanken. Im Gehen.

Spätestens jetzt bemerkte ich, dass dieses Felsgesicht eine magische Wirkung auf meinen Geist ausübte. Oder war die Urheberin dieses Gedankensalats einfach nur die Sonne, die mir beim Zuschauen der Badenden auf die Halbglatze schien. Ich beschloss, ebenfalls ein kühlendes Bad zu nehmen. Wieso heißt es eigentlich „ein Bad nehmen"? Von wem nehme ich es und weshalb? Oder wer gibt mir ein Bad? Nach der letzten Frage tauchte ich ruckartig unter. Diese Auswirkungen der stechenden Sonne verminderten sich fast bis zur Normalität. Nur am Abend hatte ich noch leichtes Kopfweh.

Viel mehr kann ich über diesen Ausflug in Huatulco nicht berichten. Ich erinnere mich zu gern an dieses Gesicht im Felsen. Es hat sich mir eingeprägt. Am Abend im Pub tauschten die Cottbusser, die Stuttgarter, die ich inzwischen kennenlernen durfte, und ich unsere Eindrücke aus. Der Stuttgarter machte dabei ein Gesicht, das mich irgendwie an jenes im Felsen erinnerte. Es lag sicherlich daran, dass er bei meiner Erzählung über die Fragen, die in mir beim Anschauen des Felsgesichtes aufkamen, eingeschlafen war.

Oder an folgendem Witz, den ich der Runde zu wissen gab. Fragt ein Mann seine Frau, welche Brille am besten zu seinem Gesicht passen würde? Darauf antwortete die Frau: Die Brille, auf der du gerade sitzt.

Fünfundzwanzigster bis siebenundzwanzigster Tag: Cabo san Lucas – love me tender

Zwei Tage lang, vom fünfundzwanzigsten Tag abends bis zum siebenundzwanzigsten Tag morgens, fuhr unser königlicher Pott von Huatulco nach Cabo San Lucas. Beides sind Häfen in Mexiko, die wir angelaufen sind. Das ist nicht ganz richtig. Wir lagen in Cabo San Lucas nicht im Hafen, sondern gingen vor der Küste in einer Bucht vor Anker. Man sagt wohl, wir lagen auf Reede. Das hieß, diejenigen, die an Land zu gehen beabsichtigten, mussten in Tenderboote steigen und sich mittels dieser ans Ufer von Cabo San Lucas bringen lassen. Mir war das, der ich ein Angsthase bin, zu wackelig auf diesen, im Gegensatz zu unserem Schiff, Nussschalen. Zumal leichter bis mittlerer Seegang vorhergesagt war. Ich hatte ergo keinen Ausflug auf das Festland gebucht. Meine Ängstlichkeit verstärkend wurde in unserem „Tablabla" vor einer erhöhten Kriminalität in Cabo San Lucas gewarnt. Man solle alles Wertvolle an Bord lassen und alles Notwendige beim Landausflug dicht am Mann oder an der Frau tragen. Manche Gräuelmärchen, die an Bord von sogenannten alten Seehasen erzählt wurden, steigerten meine Ängstlichkeit erheblich. So wurde Horror einflößend berichtet, dass Taschendiebe und handfeste Räuber arglosen Touristinnen und Touristen den Arm abschnitten, um mit dieser einschneidenden Maßnahme an die teure Rolex zu kommen. Von den Reiseleitern und einheimischen Behörden wurden solche und ähnliche Raubmethoden selbstredend heftig dementiert. Es wären nur manchmal, in Ausnahmefällen, eher seltene Delikte bekannt geworden, bei denen maximal eine Kreditkarte abhandengekommen und wie sich später herausstellen sollte, nur verloren gegangen war. Alles ganz harmlos. So wie es in jedem anderen Hafen eben auch vorkam. Dem widersprach allerdings die permanente Präsenz von schwerbewaffneten Polizeibeamten in den Straßen und Gassen. Offensichtlich waren die Behörden ihren eigenen Verlautbarungen gegenüber sehr skeptisch. Ich könnte also nur aus zweiter Hand über Cabo San Lucas berichten, was ich nicht mag, weil ich niemandem Unrecht tun möchte.

Auch über die davorliegenden beiden Seetage kann ich keine besonderen, geschweige denn außergewöhnlichen Geschichten oder Geschichtchen schildern. Sollte ich etwa erläutern, warum meine beiden Tischdamen, mal die eine und mal die andere, abwechselnd nicht zum abendlichen Dinner erschienen sind? Könnte ich schreiben. Überredet. Die feine Düsseldorferin, die aus Bayern, eigentlich aus Augsburg stammt und also eine Fränkin ist, hatte zu Mittag im „Lido" Muscheln gefuttert, die, wie sie mir andern Tags mit drastischen Worten beschrieb, wohl doch nicht mehr die frischesten waren und es ihr demzufolge am Abend kotzübel war. Die vorfristig pensionierte Lehrerin aus Meppen hingegen hat etwas am Bein oder Fuß und wollte zum Doktor gehen. Das hat sie auch getan. Allerdings, so berichtete sie mir, hätte das nichts gebracht, denn der Arzt hätte ihr nur Schmerzmittel verschrieben, von denen sie selber genügend mit sich führte. Erwähnenswert, oder?

Ich hatte über die Seetage mein Erzählbuch auf den neuesten Stand gebracht und dabei beinah meinen nachmittäglichen Kaffeeklatsch im „Lido" vergessen. Ich nenne ihn „Kaffeeklatsch", nicht weil ich dort mit Leuten klatsche, was manchmal, aber bisher selten vorkam, sondern weil ich mir im „Lido" täglich um 15 Uhr Kuchen auf einen Teller klatsche und genüsslich herunterschlinge. Also den Kuchen, nicht den Teller.

Ich wollte entschleunigen. Das gelang mir nur minimal. Ich habe, um es mit dem Tempo im Auto zu vergleichen, von einhundertzwanzig auf siebzig Kilometer in der Stunde bis heute heruntergebremst. Fragen Sie mich bitte nicht, wie viele Knoten das sind. Ich werde es nächstes Mal umrechnen. Versprochen. Dafür mache ich mir einen Knoten ins Taschentuch.

Schrieb ich schon, dass ich bei meiner Reise bisher nur dreimal im Theater war? Nein. Nun, es traten dort schon sehr gute Kunstschaffende auf, jedoch ist die Sprache der Darbietungen natürlich wie zu erwarten in Englisch gehalten. Bei *music acts* spielte das so gut wie keine Rolle, besonders wenn diese nicht gesungen werden. Einmal war ich bei einem Englisch sprechenden Comedian und kam mir ziemlich bescheuert vor, weil sich die Zusehenden und Zuhörenden vor Lachen bogen, ich aber reglos in meinem Plüschsessel verharrte. Ein anderes Mal bewunderte ich einen fabelhaften Magier, der zusätzlich mit Jonglagen brillierte. Und das bei hohem Wellengang. Während das Publikum in seinen Sesseln hin- und herschwankte, jonglierte der Magier fast schwindelfrei mit bis zu fünf Keulen oder Ringen gleichzeitig. Und wenn ihm aufgrund des schwankenden Bühnenbodens ein durch die Luft gewirbeltes Teil aus den Händen glitt, spendete das Publikum aufmunternden Applaus. Bei einem fehlgeschlagenen Zaubertrick applaudierte ich, das Publikum nachahmend. Jedoch als Einziger. Ich zog mir den Unmut meiner Nebenleute zu. Der Trick des Magiers war nämlich nicht misslungen. Es war nur vorgetäuscht, dass er missraten sei. Das löste der Magier mit einem Joke auf. Nahm ich an, weil alles lachte und jubelte. Ich nicht. Ich schlich mich leicht schämend aus dem Zuschauerraum hinaus.

Die Sängerinnen und Sänger, die Musikerinnen und Musiker waren zumeist jüngere Leute im Verhältnis zu denen, die ihnen zuhörten und zusahen. Je nach Alter und dem Grad körperlichen Befindens und Könnens folgte das Publikum den Darbietungen auf der großen Bühne, in den Salons, Pubs und auf den Freiflächen an Deck. Es war eine abendliche Freude für alle, die tagsüber in der Sonne brieten oder brüteten. Sehr erstaunlich war es, wie viel Energie und Lebensfreude in den, mich eingeschlossen, älteren Frau- und Herrschaften auf unserem Pott steckte. Aufrichtiger Weise sei dazugeschrieben, dass, wer sich diese kostspielige Reise leisten konnte, nicht zu den Ärmsten in ihren jeweiligen Gesellschaften und Staaten gehörte. Als Satiriker allerdings weise ich mit Bestimmtheit und ausdrücklich auch beim Erzählen darauf hin, dass es eine Selbstverständlichkeit im mitmenschlichen Zusammenleben überall auf der Welt sein müsste, älteren Menschen, auch als Dank für ihre Lebensleistung, solche Annehmlichkeiten zukommen zu lassen. Denn mit ihrer Arbeit und ihren Leistungen hatten sie schließlich einen Teil des Reichtums unserer Gesellschaft geschaffen. In den noch primitiv lebenden Völkern dieser Welt werden die alten Menschen wegen ihrer Weisheit und Lebensleistung geehrt und von der Gemeinschaft umhegt und versorgt. Diesem Beispiel sollten wir in unseren ach so zivilisierten, hochentwickelten und reichen Gesellschaften folgen. Aber, wie weiter vorn schon beschrieben, ist zunehmend das Gegenteil der Fall. Mein sehr guter Freund Jürgen aus der Heimat hat mir ein Foto, das er von einem Aushang in einem Schwesternzimmer in einem Altersheim gemacht hatte, zugesandt. Ich bat ihn, das veröffentlichen zu dürfen. Er bejahte es. Ich schicke voraus, dass es sich um Satire handelt, aber der Realität ziemlich nahekommt. Fühlen Sie sich getroffen und betroffen, denn Satire trifft bekanntlich immer die, die gemeint sind. Den Verfasser der folgenden satirischen Sicht auf die Dinge kann ich nicht nennen, da er mir nicht bekannt ist. Aber ich bedanke mich an dieser Stelle für diesen kurzen zupackenden und zutreffenden Text. Er lautet: „Wir sollten Senioren in Gefängnisse stecken. Sie würden jeden Tag eine Dusche bekommen, es gäbe eine Videoüberwachung, falls etwas passiert, drei Mahlzeiten am Tag, Zutritt zu einer Bücherei, einen Computer, einen Fernseher, ein Fitnessstudio, Ärzte vor Ort und kostenlose Medizin. Steckten wir Kriminelle in Altersheime, würden sie oft kalte Mahlzeiten, Nachtruhe um 19 Uhr, zwei Duschen die Woche und kleinere Räume haben. Außerdem müssten sie noch 4.000 Euro Miete bezahlen. Es ist erschreckend, dass wir persönlich, aber auch diese Gesellschaft, Kriminelle besser behandeln als unsere Eltern."

Ich saß an meinem Kabinenfenster, schaute aufs weite Meer hinaus und schrieb dann meinen beiden längst erwachsenen Kindern eine Whats-Nachricht aus der Ferne. Und hängte noch einige schöne Schnappschüsse dran.

Und schon war wieder Zeit für das Dinner. Morgen geht es in Richtung San Francisco. Noch zwei Seetage, dann lässt der Kapitän dort für zwei volle Tage den Anker auswerfen.

Nach Landgang mit Barbesuch achten Sie bei der Rückkehr auf das richtige Schiff. Die Küche von Guantanamo hat keinen guten Ruf!

Seetage wirkten sich unmerklich und zuweilen fatal auf das Gedächtnis aus. Es versagte einem den Dienst für das Sich-merken-wollen von unüblichen oder ungewohnten Verrichtungen und Ereignisse. Man verfiel langsam der Routine. Obschon wir in den täglich am Abend zuvor auf dem Bett vorfindenden „Tablabla" auf Tanzzirkel, Spiele, Veranstaltungen, Theateraufführungen und andere zu tätigende Verrichtungen hingewiesen wurden, vergaß man im Laufe des Tages dennoch mal das eine oder andere Detail der Ankündigungen. So geschah es am gestrigen Abend, dass ich vergaß, welche Anzugsordnung für das Dinner vorgeschrieben worden war. Es war ein Motto-Abend bekanntgegeben worden, der offenbar aus meinem Gedächtnis gelöscht wurde. Ich war irrig in der Annahme, dass es ein normales, ohne Motto-Dinner werden sollte. Das bedeutete, dass es genügen würde, wenn die Herren in Hose und Hemd zum Abendessen erschienen. Das Tragen von Schuhen und Strümpfen wurde als Selbstverständlichkeit vorausgesetzt. Als Zusatz zur Kleidungsempfehlung, die sich las wie eine Verordnung, wurde man höflich daran erinnert, dass das Hemd der Herren einen Kragen zu haben hätte. Warum denn? Damit er einem auch platzen konnte, unkte ich. Eine Krawatte und ein Sakko oder Jackett zu tragen, blieb freigestellt.

Zum Glück, wie sich später herausstellen sollte, hatte ich instinktiv eine dem Motto des Abends fast angemessene Auswahl meiner Abendgarderobe vorgenommen. Ich erschien, wie immer fünfzehn Minuten vor der Zeit, auf Deck Drei und wartete dort brav auf meine zwei Tischdamen, um pünktlich um zwanzig Uhr fünfzehn, quasi als Anstandswauwau für die Damen, mit ihnen zum Restaurant zu schreiten. Die frühpensionierte Lehrerin aus Meppen wartete bereits vor Ort. Als ich sie sah, wunderte ich mich über ihren ungewöhnlichen Kopfschmuck, der aus einem Gummiband mit mittig angebrachter, etwa zwanzig Zentimeter hoher Feder bestand. Um den Hals trug sie eine schätzungsweise zweimeterlange Perlenkette. Ihr Kleid hatte eine knieumspielende Länge. Im Angesicht dieser Kostümierung fiel es mir wie die sprichwörtlichen Schuppen von den Augen, dass das Motto des Dinners den sogenannten „Goldenen Zwanziger Jahren" des vergangenen Jahrhunderts im letzten Jahrtausend gewidmet worden war. Mich umschauend saßen fast alle Damen in derlei Aufzug herum. Meist glitzernde bis grellbunte Kleider im Charleston Stil. Es war eine Farbenpracht. Einige Damen sahen in diesen scheinbar im Kostümverleih ihrer Heimatstadt gemieteten, original nachgestalteten Kleidern sehr attraktiv aus. Andere wiederum hatten wahrscheinlich, wie meine Tischdame aus Düsseldorf bemerkte, die ebenso in einer ihrer normalen neobarocken Abendgarderoben aufkreuzte, keinen Spiegel in der Kabine. Unter den Männern fiel ich mit meinem schwarzen Anzug nicht auf, zumal ich dazu ein grauschwarzes Hemd trug mit einer gleichfarbigen Krawatte passend dazu. Ja, ich kann auch ein Snob sein. Von den meisten Herren unterschied ich mich nur deshalb, weil ich keine Gamaschen über die Schuhe gezogen hatte oder gar zweifarbige Treter trug.

So äußerlich demonstrierten die Damen und Herren das Lebensgefühl der „Goldenen Zwanzigerjahre" nach dem Ersten Weltkrieg. Wie wir im Nachhinein wissen, waren diese Jahre gar nicht so golden. Es waren die Jahre nach dem Ersten und vor dem Zweiten Weltkrieg, von dem wir wissen, wie verheerend beide endeten. Die Auswirkungen der daraus folgenden Aufteilung der Welt nach dem Zweiten Weltkrieg unter den damaligen Siegermächten nach der Vernichtung des deutschen, italienischen und japanischen Faschismus spüren wir gerade jetzt sehr deutlich. Die Mächte beginnen wieder mit der Neuaufteilung der Welt mittels Krieg und Vernichtung.

In den „Goldenen Zwanzigerjahren" liberalisierten sich Lebensstil und Lebensgefühl. Die Menschen wollten nach den Wirrungen und Irrungen des Krieges wieder leben. Dieses Leben, besser das Aufleben, bestand in der Hauptsache im Genießen und im Amüsement. Das ist in heutiger Zeit gleichermaßen zu erleben. Nach weltweiter Finanzkrise, Flüchtlingsdrama, Pandemie und Klimakatastrophenpanik wollen die Leute sich ablenken, entspannen und vergessen. Wenigstens für ein paar Stunden. Werden aber immer wieder in den Alltag mit als seinen Mühen und Beschränkungen zugeworfen. Nur der Drang, die Sucht, der Wille lässt sie immer wieder aussteigen und einsteigen in eine Welt, die es so nicht mehr gibt. Man spielt sie sich gegenseitig vor. Das ist die Verspiegelung der Gesellschaft durch Ideologisierung. Dabei läuft ein ständiger Kampf Ideologie versus Fakten. Wenn wissenschaftliche Studien nicht der Ideologie folgen, werden die Studien verändert und nicht die Ideologie. Weltanschauung wird durch Anschauung der Welt ersetzt. Und wie man sich die Welt anschauen muss, ist dogmatisiert. Der Schein bestimmt das Sein. Das Äußere wird innerlich und das Innere äußerlich. Auf den Gesellschaften zerfallen die Gesellschaften und zwar in die, die den Hut auf haben und in die, die den Hut in der Hand haben. Auch in Deutschland. Auf der einen Seite die Haut Couture und auf der anderen die mit dem Hut an der Tür. Wir sind ein gestyltes Deutschland. Wie steht es schon in der Bibel: Jeder hat sein Jäckchen zu tragen. Es kommt nur darauf an, von wem es gefertigt wurde. Früher hieß es noch: Wenn man einen Namen hat, ist es egal, wie man heißt. Heute sagt man: Egal wie man heißt, Hauptsache, das, was man trägt, hat einen Namen. Namen sind Schal und Rauchwaren. Der eine trägt Designerklamotten und der andere trägt auch Designer. Die seiner Geschwister. Hielt man früher auf Etikette, hält man heute auf Etiketten. Draußen dran. Man geht innen ohne. Wo Boss draufsteht, muss auch einer drinstecken. Joppe von Joop, Bonny von Clyde, Sakko von Vancetti. Dabei geht der Geschmack verloren.

Auch an diesem Motto-Abend dachte ich mir, dass sich manche der Damen anstatt in diesen Fummel lieber in Schweigen hätten hüllen sollen. Scheinbar lautete das Motto hier: Sage mir, was du anhast, und ich sage dir, wer du bist? Bei manchen Galaabenden an Bord fragte ich mich manchmal: Was hat die Dame an? Ist das von Lagerfeld oder aus dem Feldlager.

Man stellt als Satiriker, obschon man auch ein Teil, wie es ein ehemaliger deutscher Außenminister formulierte, dieser spätrömischen Dekadenz ist, angesichts des Zustandes unseres Planeten und dessen Unordnung Überlegungen an, von denen man glaubte, sie kämen einem nicht auf so einer Reise um die Welt in den Sinn. Das Gegenteil war der Fall. Ein Mensch, der mit Kopf und Herz durch die Welt geht, darf sich solchen Gedanken nirgends verschließen. Die Gedanken sind frei, man kann sie sich denken. Nicht immer muss man sie aussprechen. Gedankenlesen ist den Menschen nicht vergönnt. Noch nicht. Aber zum rechten Zeitpunkt ausgesprochen und an die richtigen Menschen adressiert, können Gedanken verbinden und verändern helfen.

Bei einem Gespräch auf unserem Pott unterhielt ich mich mit einem Herrn, dem ich bisher nie wieder auf dem Schiff begegnete. Wir warteten beide im Queens Room auf den Aufruf zu unseren Ausflügen. Ich wollte zur Rundfahrt, er wollte zum Hochseefischen. Quasi unterhielten wir uns zwischen Tür und Angeln, so scherzte ich wortspielerisch. Das gefiel ihm. Wir redeten unter anderem über Entwicklungen in Deutschland. Ein zweiter Herr, der uns offenkundig bei unserem Gespräch zugehört hatte, mischte sich ungefragt ein und resignierte im Tonfall eines jammernden, wie man früher sagte Waschweibes, es müsste sich endlich mal grundlegend was ändern. Er sagte aber nicht was und wer. Darauf sagte dieser Herr, nach dem ich immer noch auf dem Schiff Ausschau halte, folgenden Satz: Wer auf Ver-änderungen wartet, ohne selbst dabei etwas dafür zu tun, der kann ebenso auf einem Bahnhof warten, dass mal ein Schiff vorbeikommt.

Ein Knoten in meinem Taschentuch sollte mich an etwas erinnern ... an was eigentlich? Ach ja, ich wollte mich über das, was ein Knoten bei der Geschwindigkeitsmessung von Hochsee-Schiffen bedeutet, kundig machen. Man möge mir glauben, ich habe es ehrlich versucht.

Die Geschwindigkeit von Hochsee-Schiffen wird in Knoten gemessen. Ein Knoten heißt, dass das Schiff mit einer Geschwindigkeit von einer See-meile pro Stunde unterwegs ist. Das entspricht eins Komma einhundert-fünfzig Meilen oder eins Komma achthundertzweiundfünfzig Kilometer pro Stunde. Wie mir unsere Hostess, die ich um diese Information bat, aus ihrem Buch vorlas, stammt der Begriff aus jener Zeit, als Schiffe, Koggen, Schoner usw. sich noch mit dem Wind im Bunde ökologisch neutral fortbewegten. Es lief so ab. Eine Reihe von Knoten wurde seinerzeit in einem Abstand von siebenundvierzig Fuß und drei Zoll, das sind vierzehn Komma vier Meter, in ein Tau geknotet, das an einem Stab oder Klotz befestigt war. Der Stab wurde mit dem geknoteten Tau über das Heck, also hinten am Ende des Schiffes, ausgeworfen. Bis hierher konnte ich mir die Erklärung plausibel machen. Jetzt wurde es komplizierter, denn die Anzahl der Knoten, die wäh-rend der achtundzwanzig Sekunden einer Sanduhrentleerung herausfielen, ergab die Geschwindigkeit des Schiffes in Seemeilen pro Stunde. Ah so. Ich nachfragte mich dabei, ob die Ungenauigkeit einer Sanduhr nicht die Genau-igkeit der Messung des Fahrttempos des Schiffes beeinträchtigt? Denn Sand hat die Eigenschaft, bei Nässe zu klumpen und dann langsamer bis gar nicht mehr zu rieseln. Laut Messung führe dann das Schiff schneller als geknotet. Ich hatte die Erklärung vernommen, aber ich hatte irgendwie einen Knoten im Kopf. Mein Hirn denkt demnach mit einer Geschwindigkeit von einem

Knoten, ergo mit eins Komma achthundertzweiundfünfzig Kilometern pro Stunde. Ist das schnell oder langsam? Mit wie vielen Knoten dachte Albert Einsteins Gehirn? Mir sehr vielen. Könnte man den Einstein einen Knöterich nennen? Unsinn! Den Genius des Gehirns misst man ja in IQ. Und wenn man einen Knoten im Kopf hat, wie ich gerade, ist man dann ein Idiot? Und wenn bei jemand, wie man so sagt, der Knoten geplatzt ist, was ist dann? Könnten wir dann nicht mehr die exakte Schiffsgeschwindigkeit feststellen, mit welcher wir im Moment nach San Francisco schipperten? Für mich ist das auch nach der Erläuterung dieser Knoten ein gordischer Knoten. Diesen Knoten konnte Alexander der Große nur lösen, indem er ihn mit einem Schwert durchschlug. Diese Methode fällt auch aus, weil uns noch ein Knoten fehlen würde. So würde die Geschwindigkeitsmessung unseres Potts weiter an Genauigkeit einbüßen. Könnte man die Knoten nicht verknüpfen? Zum Beispiel mit den neuzeitlichen Messungsmethoden, die es offensichtlich gibt. Denn wie mir die Hostess weiter geduldig erläuterte, haben moderne Schiffe wie unser Pott neben einer Vielzahl von technischen Geräten ein Instrument am Schiffskörper installiert, welches die Schiffsgeschwindigkeit an der Wassermenge, die es durchfließt, misst. Es überträgt das errechnete Ergebnis zu einem Computer auf der Schiffsbrücke. Dieses Gerät wird „Geschwindigkeits-Logbuch" genannt.

Ich weiß nicht, irgendwie ist die Erklärung der Messung von Geschwindigkeiten von Schiffen in Knoten komplizierter als das Knoten meines Pionierhalstuches in der ehemaligen DDR. Und das habe ich damals auch nicht hinbekommen. Übrigens, die Schweizer nennen ein Autobahnkreuz eine Verknotung. Und die Schweizer müssen das mit den Knoten ja wissen. Bekanntlich sind die Schweizer ein Volk von Seefahrern.

Reisetipps

Der Geheimtipp für deutsche Touristen / Heimwerker:
Der Hammerhai. Selbst bei totalem Stromausfall bleibt er aktiv.

Dreißigster und einunddreißigster Tag: San Francisco in zeriss'nen Jeans

Früh um vier Uhr dreißig drangen Vibrationsalarm und Dudelton der Weckfunktion aus meinem Mobil Phone an mein Ohr. Ich lag seit einer halben Stunde hellwach und aufgeregt auf meinem Kabinenbett. Beim Blick aus meinem mit Meerwassersalz verkleisterten Fenster sah ich Lichter. Das Willkommensleuchten von San Francisco. Nach dem Duschvorgang zog ich mich eilig warm an und bewaffnete mich mit meinem Mobil Phone. (So! Ich schreibe ab sofort wieder „Handy" anstatt Mobil Phon, weil sich die Autokorrektur standhaft weigert, mir das Mobil Phone durchgehen zu lassen. Die ständig sich wiederholen müssende Korrektur dieser Wortkombination mittels meiner die Tastatur des Computers bedienenden Zeigefinger, ist mühsam, beansprucht die ohnehin schon sehr strapazierten beiden Gliedmaße und unterbricht unangenehmerweise und dauerhaft meinen Schreibfluss.) Mit meinem Handy und dessen integrierter Fotografierfunktion ausgerüstet, hastete ich zum Fahrstuhl, der sich wieder einmal im Bummelstreik zu befinden schien. Vielleicht mag der Elevator den Ausdruck „Fahrstuhl" nicht. Ist ihm zu popelig. Er ist halt auch ein *English old man* und möchte vermutlich mit einem Titel angesprochen werden. Mit dem Lord Lift ging es also auf das neunte Deck. Ich wollte die Fahrt unserer „Queen" unter der Golden Gate Bridge hindurch nicht verpassen. Das angestrebte Einfangen dieses Augenblickes, quasi unter der Brücke zu stehen, gelang mir mit einem verwackelten, jedoch phänomenalen Schnappschuss. Ich war hocherfreut und fast erfroren. Ich hatte die Kälte an Deck unterschätzt. Erst nachdem das Adrenalin begann, sich aus meinem Körper zurückzuziehen, verspürte ich die Kühle des frühen Morgens. Fröstelnd und doch zufrieden schlich ich mich wieder unter Deck und haute mich noch einmal aufs Ohr.

Nach dem Frühstück, welches ich betont langsam und genüsslich einnahm, ordnete ich meine Sachen und Dinge, die ich, wie schon bei der Kontrollprozedur in New York City beschrieben habe, für die Einreise in die USA benötigte. Die Schleusung durch die Sicherheitskorridore gestaltete sich dieses Mal relativ zügig. Ein sehr freundlicher Officer sah mir von unten heraufschauend tief in meine Augen und musterte mich mit einem Blick, als wollte er ein berühmtes Filmzitat benutzen. „Schau mir in die Augen, Kleines", das berühmte Zitat aus dem Film „Casablanca" kam ihm leider nicht von den Lippen, obschon er die annähernde Physiognomie eines Humphrey Bogart besaß, nur ich nicht aussehe wie … Herr Gott, wie hieß diese aus Schweden stammende Hollywoodschauspielerin noch mal?

Am Bus auf dem Stellplatz angekommen, sah ich mich einer Menge von wartenden Leuten gegenüber. Eine vielsprachig durcheinander schnatternde Gruppe hatte sich für den Ausflug, der eine Ausfahrt mit dem Bus werden sollte, versammelt. Die Reiseleitung war wieder in Englisch angedroht worden. Und richtig. Eine schmale und kleine Dame lächelte uns überfreundlich an. Diese aufgesetzte Freundlichkeit, die uns allmorgendlich mit dem berühmt berüchtigten „Good Morning" entgegenschallt, setzte die Dame zu meinem Erstaunen nicht auf. Liebenswürdig war sie wirklich und übereifrig dazu. Sprach aber dieses amerikanische Englisch, bei dem ich vermute, dass die Amis extra eine heiße Kartoffel beim Sprechen dafür in den Mund nehmen.

Wir unterzogen uns einer Zählung durch unsere Reiseleiterin. Vollzählig hatten wir in fünf Minuten die Sitzplätze des Busses besetzt. Ich kann dies so ausführlich schildern, weil eine Unmenge Zeit verstrich, bis wir endlich zum mit Sehnsucht erwarteten Besuch eines ersten Teils der Stadt San Francisco aufbrachen. Ich trug selbstverständlich diese mir in meinen Koffer geschmuggelten, zum Geburtstag geschenkten, mit tausenden, ach was sage ich, acht Autogrammen und Glückwunschgrüßen beschrifteten und natürlich zerrissenen Jeans. Den deutschen Mitreisenden konnte ich die Bedeutung meines Aufzuges mit „Ich war noch niemals in New York, ich war noch niemals auf Hawaii, ging nie DURCH SAN FRANCISCO IN ZERRISS'NEN JEANS" noch singend erläutern, die anderssprachigen Mitreisenden schauten mich während meines Singsanges nur mitleidig an. Ich sah in ihren Augen förmlich den geringschätzigen Gedanken: „Wie kann solch ein alter Sack hier so herumlaufen" aufblitzen. Zu meinem Pech war ich der Letzte der Weltreisenden, der den Bus betrat und der, ähnlich einem Spießrutenlauf, bis ans Ende des Busses hasten musste, an dem ein Sitzplatz für mich freigeblieben war. Die Blicke schlugen wie Peitschenhiebe bei mir ein. Während die Deutschen nur lächelten, hörte ich von fremdsprachigen Ausflüglern Geräusche wie das Zischen mehrerer Cobras gleichzeitig.

Es ging nach Sausalito, einem zu dieser Vormittagszeit noch verschlafenen Stadtteil von San Francisco. Dort angelangt, entließ uns die freundliche Reiseleiterin für eine Stunde aus ihrer Obhut. Ich wusste nicht recht, was ich mit mir und meiner Zeit hier anfangen sollte. Ich fotografierte, was es zu fotografieren gab. Die Bay, die Marina, die meist nur zweistöckigen Häuser und die Hügel dahinter, auf denen ebenfalls kleine Häuser standen, lichtete ich ab. Ich ging mit noch zwei deutschen Ausflüglern, die aus Hamburg stammten, die mit Balken belegte Promenade einmal hinauf und wieder hinunter. Das sagt man so. Eigentlich gingen wir diese Stegpassage hin und wieder zurück. Erzählten uns dies und jenes, aber mehr so jenes. Worum es ging, weiß ich nicht mehr. Ich wollte bei meinem ersten Spaziergang durch diese Traumstadt, also einem kleinen Teil davon, besser allein sein und dachte mich unhöflicherweise des öfteren vom Zuhören der Reden der mich Begleitenden einfach weg. Während des Wegdenkens nickte ich mit dem Kopf oder schüttelte ihn. Das sollte den Eindruck erwecken, dass ich interessiert zuhörte. Ich tat es aber nur mit halbem Ohr. Der Stadt San Francisco galt mein Gedankenspiel.

Da war ich also in jener Stadt, über die ich mich vor der Reise mit Absicht nicht belesen hatte. Ich wollte dieses nordkalifornische große Kleinod der originellen Stadtplanung und der verblüffenden Architektur, das in einer Bucht liegt, welche wiederum von zwei großen Brücken überspannt wird, erspähen, erfühlen und erschnuppern. Ich schreibe bewusst nicht „riechen", denn diese Stadt riecht nicht. Sie duftet förmlich. Es ist ein irrer Duft von frischem Holz. Dieser Duft, so sagte man mir, käme von den berühmten Cable Cars, deren Bremsen aus Holz sind und sogar bei einer eventuell notwendigen Vollbremsung zu brennen anfangen können. Manchmal nur, eher selten. Diese hölzernen Bremsen müssen alle zwei Tage erneuert werden. So erzählte man es mir außerdem. Mit der Cable Car fahre ich erst morgen. Dennoch dachte ich in diesem Augenblick über etwas nach. Und dieser Gedanke erschreckte mich doch ein wenig. Hoffentlich, so mein fürchterlicher Gedanke, wird in San Francisco nicht eines Tages so ein grüner Ökoideologe oder eine grüne Ökologin zum/zur Bürgermeister:In gewählt, der, die, das dann fanatisch diese Bremsen aus Holz durch Bremsen aus veganem Eisen ersetzen lässt. Letztendlich wird man es eines Tages in San Francisco noch bereuen, dass man Alcatraz, jenes bekannte ehemalige Gefängnis, auf einer Insel in der Bay von San Francisco stehend, geschlossen hat, statt es zu einem Sanatorium für Fälle von Ökowahn umgebaut zu haben. Sollte man den Umbau doch noch vornehmen wollen, schlüge ich dann die Umbenennung von Alcatraz vor. Und zwar in Alka Seltzer. Das soll gut gegen Blähungen sein. Warum nicht auch gegen geistige.

Jeder, der besonders an technischen und geographischen Daten sowie an historischen Ereignissen dieser wunderbaren Stadt Interesse hat, möge sich über Herrn Google oder Frau Wiki Pedia informieren. Ich werde hier nur meiner emotionalen inneren Stimme beim Schildern meiner Eindrücke von San Francisco folgen. Mich kennende Leute werden wissen, welch differenzierte politische Einstellung ich zu den USA und ihren Administrationen hatte und habe, was mich nicht davon abhält, meine Zuneigung dieser Metropole gegenüber und den hier lebenden überwiegend freundlichen Menschen beschreiben zu wollen. Das Ausklammern der weltbeherrschen wollenden Politik der USA dabei gänzlich außen vor zu lassen, wird mir nicht gelingen. Das befürchte ich. Die sprichwörtlichen Pferde gehen mir dabei immer wieder durch. Eines ist hundert Prozent sicher, niemand wird mit Worten dieser Stadt je vollständig gerecht werden können. Man kann es doch aber mal versuchen.

An beiden Tagen unseres Aufenthaltes, sagte die Wettervorhersage, sollte die Sonne über San Francisco scheinen, sodass ich vermutete, dass das „San" von San Francisco falsch geschrieben worden sei und überall müsste eigentlich „Sun" statt dessen stehen, was, wie englische Sprachkundler sicherlich wissen, Sonne bedeutet. Klärchen, so sagen wir Randberliner, brannte, zumindest heute, am Tag eins der Besichtigung von San Francisco, über dieser Stadt und auf meiner Haut. Ohne Basecap hätte ich mir vermutlich einen rotverbrannten Kopf geholt, den einige wenige Leute danach als Zeichen meiner Scham für das Tragen der besagten Jeans gedeutet hätten. Die Sonne tat gut. Den überwiegenden Teil des Jahres hüllt sich San Francisco, wie uns die Reiseleiterin sagte, wie eine große Diva in ein schwer durchsichtiges Gewand aus Tüll, dass hier profan Nebel genannt wird.

„Jeder Mann soll zwei Städte lieben dürfen — seine eigene und San Francisco", sagte der Schriftsteller Gene Fowler. Ich habe von diesem Schriftsteller leider noch nichts gelesen, aber seit ich erfuhr, dass dieser Satz ihm zugeschrieben wird, werde ich versuchen, Herrn Fowler näher kennenzulernen.

Ich werde mir Hilfe suchen bei Wiki Pedia. Nicht, dass ich am Ende ausrufen muss: Da ist was Fowler im Staate USA.

Die Fragen meiner Promenadenbegleiter holten mich wieder aus meinen abschweifenden Gedanken zurück. „Wissen Sie eigentlich", fragte mich mein männlicher Begleiter, „dass San Francisco auch eine, wenn auch kleine U-Bahn hat, die sich nur wenige Kilometer unter Tage bewegt?" … Bergmann, Ingrid Bergmann, sprach ich den mir vorhin nicht mehr gleich eingefallenen Namen dieser Schauspielerin laut aus. Das verwunderte meine Begleiter sehr. Ich erklärte den Umstand und meine mich durch Sausalito begleitenden Leute aus Hamburg bedeuteten mir, dass es ihnen ähnlich ginge.

Im Nu war die eine Stunde herum. Alle Ausflügler wurden gebeten, wieder ihre angestammten Plätze im Bus einzunehmen. Wir hätten noch Zeit, bedeutete uns die Reiseleiterin vor der Weiterfahrt des Busses und könnten zusätzlich einen Abstecher zu einer für das Fotografieren der Golden Gate Bridge günstigen Stelle machen. Gesagt, getan. Die Fotos waren schnell gemacht. So eine Brücke bewegt sich ja nicht. Dachte ich. Aber diese Brücke bewegt sich in horizontaler und vertikaler Richtung deutlich und sogar merklich. Um wie viele Meter es sich dabei handelt, kann man bitte den einschlägigen Lexika, falls man der altmodische Typ ist, entnehmen. Erwähnenswert ist noch, dass diese Hängebrücke nicht goldfarben ist, sondern rostfarben. Eine Art orangen ausschauende Farbe, die wohl etwaige Rostschäden von vornherein übertünchen soll. Das glaube ich aber nicht. Die „Golden Gate Bridge" wurde einst die „Brücke, die nicht gebaut werden konnte" genannt und ist heute eines der sieben Weltwunder der modernen Zeit. Die prachtvolle Brücke ist vielleicht das berühmteste Wahrzeichen von San Francisco und wurde 1937 eröffnet.

San Francisco ist der kulturelle Mittelpunkt und ein führendes Finanzzentrum der San Francisco Bay Area und Nordkaliforniens überhaupt. San Francisco steht für „Heiliger Franziskus". Die Stadt ist jedoch weder verwandt noch verschwägert mit dem jetzigen Papst in Rom, der sicherlich auch einmal heiliggesprochen werden wird. Am neunundzwanzigsten Juni siebzehnhundertsechsundsiebzig wurde San Francisco gegründet. Der kalifornische Goldrausch von Achtzehnhundertneunundvierzig machte die Stadt in kurzer Zeit zur größten Stadt an der Westküste der USA. Berühmt und berüchtigt wurde sie auch durch die Gefängnisinsel, die inmitten der Bay aufragt. Alcatraz. Was für ein Ort. Al Capone, einer der wohl bekanntesten Mafia-Bosse in der Geschichte der USA, saß dort ein. Unzählige kleine Gauner und Schwerverbrecher ebenso. Sean Connery und Nicolas Cage natürlich nicht. Die beiden sind die Hauptdarsteller in dem Actionreißer „The Rock". Diesen nationalistisch daherkommenden Hollywoodklassiker erwähne ich nur, weil ich die schauspielerisch hochklassige und ungemein wandelbare Darstellungsweise der beiden Hauptakteure loben möchte. Was ich hiermit getan habe.

Mit einer Fähre gelangten wir auf die Insel, auf der hoch oben das Gefängnis Alcatraz mit diesem typisch offenen Zellentrakt steht. Er erstreckt sich über einige Etagen. Beim Rundgang, der einen atemraubenden Aufstieg hin zum Gebäude notwendig macht, besichtigte ich noch den Gemeinschaftsraum zur Essenseinnahme, die Gefängnisküche und den Freigangbereich. Einige Hinweistafeln mit Fotos von ehemaligen Insassen vervollständigten das gruslige Gesamtbild, das sich zumindest mir erschloss.

Wer dort noch so alles für seine Verbrechen zu Recht oder Unrecht büßen musste, machte mich nicht an, es wissen zu wollen. Das Gruseln über die Art und Weise, wie man in Alcatraz die Verbrecher wegschloss, schon eher. Aber es überraschte mich nicht. Die psychologische Philosophie von Gefängnissen ist es schließlich nicht, den weggesperrten Menschen für sein Leben nach der Verbüßung seiner Strafe wahrlich zu resozialisieren, sondern ihn im Knast zu brechen und umzuformen. Wozu und wofür auch immer. Dass die Besserung der Knastseelen selten gelingt, liegt in der Natur von Gefängnissen überhaupt und insbesondere in denen seinerzeit. Eine Gesellschaft wie die US-amerikanische, die sich demokratisch nennt, und dennoch auf die Todesstrafe und im Verhältnis weniger auf die Bekämpfung der Kriminalität setzt, kann man in dieser Beziehung auf eine Stufe mit Diktaturen stellen.

In der heutigen Zeit sind Gefängnisse ortsbegrenzte Parallelgesellschaften, die sich unter den Augen der Justiz bilden und hierarchisch weiter strukturieren. Es herrscht in „modernen" Gefängnissen in der Regel eine innere Struktur, die eine Gefangenenselbstverwaltung entstehen lässt und eine äußere Struktur, die durch die Vollzugsbehörden verwaltet wird. Der

„Luxus", welche die Insassen in modernen Gefängnissen genießen, wie oben bereits im Zusammenhang mit dem Umsorgen der alten Menschen in unserer Gesellschaft beschrieben, bildet lediglich die Anforderungen eines zivilen Strafrechtes ab, selbst wenn dieser „Luxus" im Vergleich zu anderen Bewahranstalten dieser Gesellschaft besser abschneidet. Das beweist weder die Güte des einen noch den Mangel des anderen, sondern lediglich die Richtigkeit der These, zum Beispiel im Vergleich des „Luxus" in Gefängnissen mit dem in Altenheimen, dass sich die Güte einer Gesellschaft daran zeigt, wie sie mit ihren schwächsten Gliedern der Gesellschaft, und das sind nun mal die Alten und Gebrechlichen, umgeht.

Als ich mich am Abend in einer kleinen Runde von deutschen Weltreisenden über das Gesehene in Alcatraz etwas ausbreitete und kritisierte, kam natürlich sofort der Vergleich mit den Stasigefängnissen in der ehemaligen DDR auf. Diesen Vergleich anzustellen, ist legitim. Jedoch aus dem Mund einer sehr gut betuchten Dame aus einem Nobelviertel von München, die weder das Schicksal von Stasihäftlingen erleiden musste, noch nachvollziehen kann, in welchem gesellschaftlichen und politischen Zusammenhang zeitlich und räumlich dieses vonstattenging, spreche ich das Recht ab, sich darüber pauschal und direkt anklagend und verurteilend zu äußern. Da ist sie wieder, meine Uraltforderung. Auch jetzt noch, nach über drei Jahrzehnten des sogenannten Zusammenwachsens, bitte ich nachdrücklich darum, dass man sich gegenseitig zuhören und dabei nicht argwöhnen sollte, der jeweils andere möchte per se nur seine Meinung über den jeweils anderen bestätigt haben wollen. Das Interesse füreinander sollte stets im Mittelpunkt des Meinungsaustausches stehen und nicht die Bestätigung der eigenen Vorurteile übereinander und somit das Vorbeireden aneinander.

Mich interessierte an Alcatraz in erster Linie die Wiedererkennung der Drehorte von „The Rock" im, auf und neben dem Gefängnis. Worum es in dem *Military-action-triller* geht, kann ich nicht mehr so genau sagen. Ich weiß nur, dass das Gute, sprich die USA, gerettet wird durch den Heldenmut zweier Heros, die Supermännern gleich damit den Weltfrieden erhalten, oder so ähnlich. Aber im Unterschied zu üblichen Actionfilmen besiegen diese beiden Übermenschen einen Feind, der sich aus dem eigenen US-amerikanischen Militär rekrutiert hatte. Und am Ende, wie in jedem Hollywood

Movie, siegt das vermeintlich Gute über das Böse. In der letzten Einstellung des Filmes wird wie immer, nachdem alles zerschlagen und fast alle Bösen erschossen worden waren, herzhaft gelacht. Halt wie im richtigen Leben.

Auf der Rückfahrt von Alcatraz mit der Fähre dachte ich bei mir: Wer hätte mir, hätte ich seinerzeit in so einem Gefängnis, natürlich unschuldig, einsitzen müssen, einen Kuchen mit einer eingebackenen Feile ins Gefängnis geschickt?

Ich weiß jetzt gar nicht, wie vielen Insassen es gelungen ist, aus Alcatraz zu entkommen. Das Problem beim Gefängnis von Alcatraz, selbst wenn ich hätte ausbrechen können, wäre für mich die Insel, auf der es steht, gewesen. Ich wäre im kalten Wasser erfroren oder ertrunken. Oder beides gleichzeitig. Auf Alcatraz soll seinerzeit ein Witz die Runde gemacht haben. Ein Insasse wollte sich wegen des vierten vergeblichen Ausbruchsversuches aus letzter Verzweiflung erhängen. Nahm einen Strick, knöpfte ihn an einen Ast, der, um ganz sicherzugehen, auf das die Insel umgebende Wasser hinausragte. Der Selbstmordversuch misslang. Der Selbstmordgescheiterte ging in seine Zelle zurück und berichtete seinen Zellenkumpeln von dem missglückten Versuch. „Ich habe mich also mit der Schlinge um den Hals auf den Ast gesetzt und mich fallen lassen."

„Na und dann?", fragte sein Zellengenosse nach.

„Dann ist doch der Ast gebrochen. Stell dir mal vor, da wäre ich doch tatsächlich beinah ersoffen."

Ich muss eine Nacht über das Erlebte schlafen und bin sehr glücklich, dass ich keinen einzigen Tag in meinem bisherigen Leben in einer Gefängniszelle verbringen musste.

Für die heutige Busfahrt durch San Francisco, diese rund achthunderttausend Einwohner beherbergende Stadt, versprach die Reiseleiterin, Frau Barbara, eine deutsch sprechende Amerikanerin, uns Höhepunkte zu zeigen. Ich benutze anstatt „Highlight" die Übersetzung ins Deutsche, weil die Stadt geländemäßig aus Höhepunkten besteht, aber gleichermaßen auch aus Tiefpunkten. Leicht macht sie es einem nicht, diese Stadt. Sie ist die räumliche Abbildung des Lebens, in dem es ja bekanntlich mal hinauf und mal hinunter geht. Durch diese Stadt wandert man nicht. Man steigt. Bergauf und bergab. Schaut man von der Bay hinauf, glaubt man zu sehen, dass sich die Wellen des

Meeres im Straßenverlauf fortsetzen. Dort, wo die berghinaufführenden beziehungsweise berghinabführenden Straßen, je nachdem aus welcher Richtung man kommt oder in welche Richtung man geht, von den längs zur Stadt laufenden Straßen gekreuzt werden, setzt die Steigung oder das Gefälle aus, und es entsteht eine Flachheit, ja manchmal geht es sogar leicht bergab. Die Orientierung in San Francisco ist für einen Kreuzfahrtreisenden zum Beispiel eine leichte. Unten ist die Bay, dort liegt das Schiff vor Anker und oben leuchten die Häuser auf den grünen Hügeln. Falls mich mein Augenschein nicht betrogen hat, so überragen nicht einmal die sogenannten Wolkenkratzer, die in der Nähe des Wassers der Bucht errichtet worden sind, die Hügel dieser Stadt.

Wir machten Zwischenstopp zum Fotografieren. Im Golden Gate Park. An einem Museum. Darin befindet sich eine Wanderausstellung über „Ramses". Würde mich schon interessieren, aber die Zeit reichte nur für ein Blechbrötchen, sprich Dosenbier. Ich saß in der Sonne und blinzelte in sie hinein. An dieser Stelle nehme ich mir die Zeit, mich zu outen. Ich bin ein nachhaltiger, ja beinahe fanatischer Fan der US-amerikanischen Krimiserie „MONK". Diese Serie wird, dem hügeligen Vorbild San Franciscos gehorchend, im ZDF NEO in Doppelfolge hinauf und hinunter wiederholt. Und ich bin dankbar dafür. Die Grundaussage oder der Plot, wie wir Fachleute sagen, dieser urkomischen Krimiserie ist, dass ein ehemaliger Kriminaldetektiv namens Adrian Monk durch den gewaltsam herbeigeführten Tod seiner Ehefrau aus seiner psychischen Lebensbahn geworfen und in der Folge auch aus dem aktiven Polizeidienst entlassen worden ist, aber weiterhin als Berater für die Polizei von San Francisco die kompliziertesten Mordfälle löst. Seine Schrulligkeit, seine psychischen Sonderbarkeiten und sein kriminalistischer Scharfsinn, gestärkt durch eine überdurchschnittliche Auffassungsgabe, machen das Besondere dieser Figur aus. Ich bin ein Bewunderer der Dialogschreibkunst US-amerikanischer Autoren, aber der Hauptgrund für mein außerordentliches und skurril zu nennendes Interesse an dieser Serie ist die Komik des Hauptdarstellers Tony Shalhoub. Wieder verweise ich hier auf besagte Wiki Pedia und den Onkel Google. Warum erwähne ich das? Weil San Francisco der Handlungsort der Serie ist? Ja, aber das waren andere Serien auch, wie zum Beispiel „In den Straßen von San Francisco" mit Michael Douglas und Karl Malden in den Hauptrollen. Nein, ich schreibe das, weil ich erläutern möchte, wie sehr ich mit dieser Serie und mit der Schauspielkunst von Tony Shalhoub künstlerisch verbandelt bin. Tony Shalhoub und ich haben sogar wenige Dinge gemeinsam. Wir sind beide in diesem Jahr siebzig Jahre alt geworden, ich weile in San Francisco, und er dreht in San Francisco, und ich bewundere seine Schauspielkunst als Kollege. Ob er meine bewundert, wage ich zu bezweifeln, weil ich niemals an seine heranreichen werde und es deshalb vermutlich gar keine Kunst ist, die ich als Kabarettist ausübe. Man spricht nicht umsonst vom Kabarett als Kleinkunst. Tony Shalhoub hat einen nachhaltigen Eindruck auf meine schauspielerische Darstellweise hinterlassen. Ich träume mein Leben lang davon, solch eine Rolle ähnlich diesem „Monk" einmal spielen zu dürfen, die Rolle des sogenannten kleinen, aber ständig verkannten, liebenswürdig schrulligen Kriminalisten. „Monk" ist eine Charly-Chaplin-Figur, bloß mit Ton. Wenn die Redewendung, die gerne Schauspieler benutzen, die nie Hauptrollen spielen durften, stimmen sollte, dass „den Löwen immer die andren spielen", in dieser Serie „Monk" trifft sie ganz bestimmt zu. Deshalb will ich nicht versäumen, zu schreiben, dass die Besetzung der Nebenhauptrollen exzellent ist. Herr Tony Shalhoub wird mir das bestätigen. Lange Vorrede wichtiger Sinn. Zum Ende des filmischen Vorspanns zu dieser Serie überquert Adrian Monk alias Tony Shalhoub hoch oben, auf dem höchstgelegenen Punkt von San Francisco, so nehme ich an, nachts in seinem verträumt, scheinbar weltfremden Habitus eine schwachbeleuchtete Straße. Nichts Besonderes. Doch, denn mitten auf der Straße macht Monk einen leichten, kaum merklichen Stolperer und läuft danach unbeirrt weiter. Als wäre nichts passiert. Diese Sequenz ist die präziseste Charakterisierung dieser Figur durch einen kleinen Fehltritt.

Ich wollte unbedingt diese Straße finden, die Szene nachspielen und mich mit meinem Handy von irgendjemand dabei filmen lassen. Ich hätte Tony Shalhoub gern persönlich in San Francisco kennengelernt. Es ist mir trotz vieler Anstrengung nicht gelungen. Ich traf ihn nicht und fand die Straße nicht. Ich weiß nur, dass im Hintergrund der Straße, weit unten, die hellerleuchteten Fenster der Wolkenkratzer erstrahlten. Dieses Nichtzusammentreffen mit Herrn Tony Shalhoub ist der Wermutstropfen, den ich in meinen euphorischen, kulinarischen und geistigen Wein, mit dem ich diese Metropole vergleiche, kippen muss.

Es gäbe noch vieles zu beschreiben, was ich in San Francisco gesehen, gehört und geschnuppert hatte. Zum Beispiel, dass das Cable Car eine wahrhaftige Attraktion dieser Stadt darstellt, dass das Fahren im offenen Cable Car wie Surfen ohne Brett ist. Dass San Francisco durch ein Erdbeben 1906 zu achtzig Prozent zerstört worden war und in sehr kurzer Zeit wieder wie Phönix aus der Asche stieg. Im wahrsten Sinne des Wortes, denn durch das Erdbeben wurden Brände ausgelöst. Die Wasserversorgung war unterbrochen. Drei Tage wütete das Feuer und konnte erst durch das Eingreifen des Militärs, das eine Schneise in die Stadt bombte, um ein Übergreifen des Feuers auf die anderen Stadtteile zu verhindern, eingedämmt werden. Wichtig ist weiterhin zu erwähnen, dass Kunst und Kultur in dieser Stadt unfassbar, aber begreifbar sind. Jimmy Hendrix und Janis Joplin beispielsweise lebten, sangen und musizierten hier. Die Hippie- und Flower-Power-Bewegung hatte vermutlich, wenn nicht hier ihren Ursprung, so dann doch eine sehr große Bedeutung für ihre Weiterverbreitung auf der Welt. Ein ganzer Stadtteil lebte in den Sechzigerjahren von dieser und mit dieser Befreiungsbewegung der damaligen jungen Generation. Oder muss man erwähnen, dass der „Pier neununddreißig" das meistbesuchte Ziel der Stadt und berühmt für seine Meeresfrüchte ist? Das Rathaus, ich weiß nicht, ob das auch erwähnenswert ist, hat eine Kuppel aus feinstem Gold. Der Golden Gate Park erstreckt sich auf einer Fläche von eintausend Hektar. Beworben wird diese Stadt damit, dass sie schon viele Herzen erobert hat und in ihr schon viele ihr Herz verloren haben. Für mich ist sie, ich kann gar nicht genug schwärmen, wenn man das in diesen ach so politisch korrekt aufgeheizten Zeiten schreiben darf, wie eine einzigartige, selbstbewusste Frau voller Noblesse und anmutiger Bewegung. Man möchte mit ihr viel Lebenszeit verbringen, einfach wie sie lebendig sein.

Anmerkung: Falls Herr Tony Shalhoub dieses Büchlein einmal zu lesen bekäme oder seine Agentur ihm mitteilte, dass ich eine Eloge über ihn hineingeschrieben habe, und er vielleicht dann fragen sollte, wer ich denn sei, würde ich ihm antworten, er solle die Wiki Pedia befragen oder den Onkel Google. Warum sollte ich es dem Herrn Tony Shalhoub leichter machen als anderen. Er kann mich auch ermitteln.

Zweiunddreißigster bis fünfunddreißigster Tag: Bauch, Beine, Poseidon

Seetage waren immer auch Denk- und Gedenktage. Öfter wurden die Gedanken ordentlich durchgeschüttelt, weil die Tage auf hoher See, bisher zumeist, stürmisch waren. Das mag daran gelegen haben, dass mehrere zusammenhängende Seetage uns quer über den Atlantischen und später über den Pazifischen Ozean führten.

Auf hoher See hatte man die Zeit, seinen Gedanken sprichwörtlich nachzugehen. Mit mir nutzten viele Mitreisende die Muße, während der Fahrt über die Meere auf Deck Drei einen Rundkurs auf dem Schiff herum zu absolvieren. Einige wenige im Eilschritt, die Mehrheit im Dauerlauf oder Bummeltrab. Die Engländer zumeist links herum, die Nichtbriten rechtsherum. Entgegenkommende begrüßte ich mit „Good Morning", die mich Überholenden mit „Guten Morgen". Gut, man konnte sich auch verschätzen, aber im Grunde erleichterte es die Begrüßung. Die Quereinsteiger, das waren jene Laufwilligen, die sich aus den Türen kommend in die Läuferschar einreihen wollten, zeigten sich in der Regel unentschlossen, was die Richtung betraf. Meist hörten sie kurz, aber genauestens hin, in welcher Sprache sich die Laufenden um Atem ringend unterhielten, um sich dann nationalitätsgerecht einzureihen. So hatte alles am Ende seine Ordnung, auch wenn diese zu ungewollten Zusammenstößen ab und zu führte. Das war ein schmerzlicher Grund, wieso man öfter mal aus seinen Gedanken gerissen wurde.

Der Pott fuhr jetzt vier lange Tage und Nächte Richtung Hawaii. Beim Anblick der stürmischen See hatte ich die Bilder aus dem Fernseher über die Riesenwelle auf Hawaii vor Augen. Ich hatte diese waghalsigen Wellenreiter, die Surfer auf Hawaii bestaunt und freute mich darauf, dieses Szenario live und in Farbe im Original bestaunen zu können.

In diesem Moment klatschte ein riesiger Wellenberg seitlich an den Rumpf des Schiffes und ließ das Wasser des Ozeans über das Deck laufen. Das Schiff, und ab jetzt schreibe ich ehrfurchtsvoll nicht mehr vom Pott, kämpfte sich tapfer durch die krachenden Wellen. Solange es sie mittendurch schneiden konnte, spürte man die Erschütterungen an Bord weniger. Nur ein Schaukeln des Schiffes brachte den wackeren Weltreisenden aus der Balance. Der Matrosengang war angesagt, ähnlich dem, was wir als Kinder im Gehen spielten. Vor, zurück, zur Seite, ran. Ein Spaß, wenn man die Balance halten konnte. An Bord waren jedoch leichtsinnigerweise viele gehbehinderte und teils gebrechliche Weltreisende, die ihren Groll gegen das Schiff artikulierten. Einige erklärten den anderen, dass unsere „Queen Victoria" im Gegensatz zu ihrem Schwesterschiff „Queen Mary" gar kein richtiger Ozeanriese sei. Das Gefühl hatte ich jedes Mal auch, wenn das Schiff über den Berg und das tiefe, tiefe Tal der Wellen quasi ritt. In den Augenblicken knirschte und knarrte es, als wehrte sich der Stahl mit lautem Schrei gegen den Angriff der Wassermassen. In dem Augenblick, in dem das tapfere Schiff im Wellental angelangt war, schien es sich einen kurzen Moment zu sammeln, um dann mit dem Bug übers Wasser auf den Berg zu klettern. Die permanente Wiederholung ließ befürchten, dass der Stahl ermüden würde. Aber wir älteren Bundesbürger mit ostdeutschem Migrationsuntergrund wissen, wie der Stahl gehärtet wurde. In solchen Momenten des Kampfes der Elemente denkt der Mensch, der sich wie ein Spielball mittendrin gefangen und ausgeliefert fühlt, wie ich in diesem Fall, an die Worte des Pawel Kortschagin aus dem Roman von Nicolai Ostrowski „Wie der Stahl gehärtet wurde" zurück, die wir im Literaturunterricht an unseren Schulen auswendig lernen mussten. „Das Wertvollste, was der Mensch besitzt, ist das Leben, es wird ihm nur einmal gegeben und nutzen soll er es so …", weiter kam ich nicht. Es war halt zu lange her. Ich, als gelernter Nichtgläubiger, glaube inzwischen, dass mit diesen Zeilen das Gebet eines ostdeutschen Atheisten beginnt. Auch Atheisten flehen in Zeiten ärgster Not und größter Angst, den Kopf gen Himmel reckend, eine imaginäre höhere Instanz an. Ist die Angst am nächsten, ist der Glaube am größten.

Phasenweise beruhigte sich die See. Aber der Schein trog. Die Wellen zogen sich nicht zurück, sie holten nur von hinten Anlauf. Kurzzeitig erschien die Sonne und sendete, als sei das Flehen erhört worden, einige Strahlen aus. Nein, es wies dem Gott der Meere Poseidon oder Neptun, je nachdem, ob er römischer oder griechischer Herkunft ist, den Weg zum Schiff. Am Ende der Urgewalten glaubte wohl jeder wieder an den Klabautermann. Sobald sich das Meer einigermaßen beruhigt hatte, ging an Bord alles wieder seinen Matrosengang. Der Kapitän sprach dann meist von mittlerem bis geringem Seegang. Er sagte noch etwas davon, dass wir bei unserem Kurs über den

Pazifik weiterhin unterschiedliche Seeberge passieren werden, deren Wassertiefe von mehreren tausend Metern bis zu einigen hundert Metern reicht. Wie der Name schon sagt, handelte es sich bei Seebergen um Unterwasserberge und teilweise ganze Gebirgszüge. Man sagt, dass der höchste Berg der Erde tatsächlich unter Wasser liegt. Wenn das der Reinhold Messner wüsste.

In dem Maße, wie die Stürme abflauten, verminderte sich die Furcht, und die Gedanken machten wieder Sprünge. Am zehnten Februar vor einhundertfünfundzwanzig Jahren wurde Bertolt Brecht geboren, neben Schiller und Goethe einer meiner sehr verehrten Dramatiker und Poeten. Ein Zitat von ihm kam mir in dieser Zeit wieder in den Sinn. „Wer ‚A' sagt, muss nicht immer gleich ‚B' sagen. Der kann auch verstanden haben, dass ‚A' nicht richtig ist."

Eben informierte uns der Kapitän wahrheitsgemäß, dass der Pazifik der größte der ozeanischen Bereiche der Erde ist. Er ist größer als die gesamte Landfläche der Erde zusammen. „Ohne Wasser, merkt euch das, wär' unsre Welt ein leeres Fass!" Noch ein Zitat. Eins aus irgendeiner Operette, glaube ich.

Am sechsunddreißigsten Tag in der Frühe sollten wir in südlicher Richtung an den Wellenbrechern vorbeifahren. Hoffentlich nur vorbei.

Was ich an einem Seetag noch anmerken möchte, ist die Tatsache, dass seit San Francisco zwei zusätzliche Tischdamen jeden Abend beim Dinner unseren Tisch zieren. Beide stammen, wie sie sagen, aus der Nähe von Münster. Das wäre nicht weiter erwähnenswert, alsodass sie aus in der Nähe von Münster stammen, sondern dass beide, obwohl sie aus der Nähe von Münster stammen, wahre Frohnaturen sind. Das Gesprächsklima beim abendlichen Dinieren hatte sich merklich verbessert. Nicht mehr meine bayerische Tischnachbarin zur Linken bestimmte die Auswahl der Gesprächsthemen, obwohl sie verzweifelt um die Tischhoheit beim Geplauder kämpfte, sondern sich abwechselnd eine der beiden mopsfidelen norddeutschen Damen. Die fröhliche gute Laune verbreitenden Damen zu meiner Rechten mischten die Runde derart auf, dass sich sogar die vorpensionierte stille Lehrerin, mir schräg gegenüber sitzend, gemüßigt fühlte, auch, sogar mit mehreren klug ausformulierten Gedankenketten, glänzen zu wollen. Sie berichtet den Neuankömmlingen zu gerne, dass sie schon zehnmal mit dieser Reederei kreuzfahrerisch unterwegs gewesen sei und man ihr, wie sie gern und oft hinzufügte, nichts vormachen könne. Selbst wenn man wollte nicht. Ich werde sicherlich später noch über hoffentlich turbulente Abende mit meinen jetzt vier Tischnachbarinnen zu erzählen haben.

Gestern Abend war wieder einer dieser Motto-Abende, der alle die, die in den Restaurants zu Abend essen, diesmal nötigte, sich in Schwarz-Weiß zu kleiden. Für die Herren wurde noch angeführt, dass es ein Smoking oder ein schwarzer Anzug sein sollte. Dazu ein Hemd und eine Krawatte oder Fliege. Was außer dieser Kleidung noch in Schwarz oder Weiß sein könnte, wurde freigestellt. Ich dachte, ich solle mir, um nicht aufzufallen, das Gesicht weiß anmalen und die Hände schwarz. Oder umgekehrt. Nein, Letzteres zumindest wäre eine sogenannte kulturelle Aneignung. Was die Reisedirektorin mit dieser Schwarz-Weiß-Malerei kundtun wollte, bleibt mir ein Rätsel. Eventuell wollte man erreichen, dass der eine so aussieht, wie der andere heißt. Meines Wissens hat das nur einmal geklappt, nämlich bei Roberto Blanco und Roy Black.

Heute Abend, so stand im „Tablabla" zu lesen, bat man die Herren, eine Hose und ein Hemd mit Kragen zu tragen. Die Damen sind mit Bluse und Rock willkommen. Ein Glück, dass die Kreuzfahrdirektorin dies angeordnet hatte. Am Ende wäre noch jemand auf die Idee gekommen, im Eva- oder Adamskostüm zu erscheinen.

Es könnte vorteilhaft sein, die sprachlichen Besonderheiten von Mitreisenden
zu beachten!

Sechsunddreißigster Tag: Hits of Hilo

Noch zu nachtschlafender Zeit nahm unser Schiff den örtlichen Lotsen an Bord, passierte dank seiner Navigationshilfe an den Wellenbrechern vorbei und machte an dem für uns vorgesehenen Liegeplatz im Hafen von Hilo auf Big Island, einer der Hawaii-Inseln fest. Die „Große Insel" von Hawaii ist auch als Vulkaninsel bekannt. Die Gipfel des Mauna Loa und des Mauna Kea bilden die Kulisse der Schönheit der Insel. Hawaii wird auch die Orchideeninsel genannt dank der farbenprächtigen Flora in den üppigen Regenwäldern. Ich bin auf meiner Busfahrt so gut wie keiner Orchidee ansichtig geworden. Das mag daran gelegen haben, dass wir nicht tief genug in den Regenwald vorgedrungen waren, die Vegetation noch nicht so weit war, die Orchideen sprießen zu lassen oder aber unser Ausflugsbus hatte sich mit seiner hohen Geschwindigkeit so rasant rasend durch die Straßen bewegt, dass wir Orchideen nicht so schnell ausmachen konnten. Bemerkt wurde in der Beschreibung des „Tablabla" ebenso noch, dass die Landschaft vom Aroma der Macadanianuss-Plantagen überflutet zu sein scheint. Ich fand das nicht.

Der Bus, den wir für unseren Ausflug gebucht hatten, harrte unser mit laufendem Motor auf dem Pier. Der Busfahrer, der sich uns später, er war Driver und Guide in einer Person, mit: „My name is Anthoni, with 'th'", vorstellte, sammelte unsere Tickets ein und bat uns in seinen Bus hinein. Ich setzte mich ans Ende des Busses. Einige deutschsprachige Ausflügler, so die Cottbuser, reisten mit mir. Es war, wie die meisten Ausflüge, ein in englischer Sprache Geführter. Nach der üblichen Zählung der Mitausfliegenden stellte Anthoni verwundert fest, dass wir weniger Leute an Bord waren, als er Tickets in seiner Hand hatte. Also wurden wir, wie beim Militär, einzeln mit Namen und Kabinennummer aufgerufen. Jeder Aufgerufene meldete sich militärisch kurz und laut mit einem „hier" auf Deutsch oder „here" auf Englisch. Es klang irgendwie gleich. Womit wieder einmal bewiesen wäre, dass die englische Sprache ein Konglomerat aus normannisch und angelsächsisch ist. Das ist hinreichend unwissenschaftlich. Ich weiß das. Aber die Sachsen behaupten bis heute, dass sie ein vielgereistes und sich weit verbreitetet habendes Volk seien. Bei der ersten großen Völkerwanderung stiefelten sie ohne bestimmtes Ziel voller Fernweh drauflos. Unterwegs teilten sie sich dann. Die einen trampten weiter durch die Gegend. Das wurden die Sachsen-Anhalter. Die anderen kamen weit über die Elbe hinaus und ließen sich in der Nähe des heutigen Hannovers nieder. Das wurden später die Niedersachsen. Die am weitesten gewanderten Sachsen kamen bis ans Meer, setzen über und gingen Fische fangen. Das sind die heutigen Angelsachsen. Die Verbreitung der Sachsen hält bis heute an. So die Mär von der Sachsen Reisefreundlichkeit, was sich in dem sächsischen Wort „rum mären" manifestiert.

Es blieb dabei, dass wir im Bus ein Ausflügler zu wenig waren. Eine Suchaktion nach dem Fehlenden begann. Im Bus und außerhalb wurde gefahndet. Die Suchaktion blieb erfolglos. So fuhren wir unterzählig, aber dennoch vollzählig gen Hilo, einer kleinen Hafenstadt. Der Ausflug stand unter dem Motto „Hits of Hilo". Die Annahme, dass man uns Ansichten und Menschen auf Big Island präsentieren würde, wie sie die Fotos von Hawaii auf Postkarten- und Hochglanzpapierkatalogen zeigten, wurde nicht im Geringsten bestätigt. Anthoni raste im Sprintertempo über die Insel, als wäre ein Vulkan ausgebrochen und die ausströmende Lava wäre hinter uns her. Es war ein Wunder, dass wir nicht schon vor den Haltestellen während der Fahrt aussteigen mussten.

Unser erster Halt war ein Aussichtspunkt, von dem aus wir auf Vulkankrater schauen konnten, die in weiter Ferne ein wenig rauchten. Ein Hauch von Rauch. Das Wetter war regnerisch, die Luft nach jedem Regenguss feuchtschwül. Durch diese Tatsache konnte man nicht unterscheiden, ob es sich um Dunst in der Luft oder um Rauch aus den Kratern handelte. Anthoni, ein hagerer, älterer und kauziger Mann, bewegte sich von seinem Bus nicht mehr als vielleicht fünf Meter weg. Er war nicht nur Driver und Guide, sondern auch gleichzeitig Security. Während er um seinen Bus patrouillierte, strolchten wir ein wenig durch die Gegend, um Fotos schießen zu sollen, wie uns Anthoni geheißen hatte. Lediglich häufig einsetzende Regenschauer hinderten uns daran.

Der nächste Halt ließ nicht lange aus sich warten. Der Bus spuckte uns an einer weit von jeder Ortschaft entfernten Macadamianuss-Plantage mit angeschlossener Verkaufshalle aus. Man kam sich wie auf einer Kaffeefahrt mit Pflichtkauf vor. Nur dass uns hier keine Lama-Decken aufgeschwatzt werden sollten, sondern Macadamianüsse in allen Varianten ihrer Verarbeitung. Sie lagen geröstet, gebrannt, in Schokolade gehüllt, als Chips verarbeitet und auf T-Shirt gedruckt, also nicht die Nüsse in Natura, sondern Abbilder davon, in den Regalen. Draußen regnete es wiederholt, sodass wir förmlich in dieser kleinen Verkaufshalle gefangengehalten wurden. Anthoni erwartete uns an der Bustür mit einem Regenschirm, was nicht nötig war, denn während des Rennens zum Bus waren wir eh schon durchfeuchtet. Anthoni, an der Bustür stehend, hatte die Grazie der Freiheitsstatue von New York City, bloß statt mit Fackel mit aufgespanntem Regenschirm in der Hand. Wir fürchteten, dass er durch Pfützen hüpfend singen würde: „I'm singing in the rain." Er verschone uns damit.

Wie gesagt, unser Ausflugsgefährt hatte die Attitüde eines Hopp-on-Hopp-of-Busses mit sehr weit auseinanderliegenden Haltepunkten. Die nächste Haltestelle war ein zoologischer Park, welchen wir ansteuerten. Wenn dankenswerter Weise nicht auf jedem der für die Busse vorgesehen Parkplätze sogenannte Verkehrsentschleunigungsschwellen auf den Asphalt verbaut worden wären, wären wir wahrscheinlich mit Karacho auf jedem Parkplatz übers Ziel hinausgeschossen. Der Zoo war ein weitläufiges, soweit es geht tiergerecht angelegtes Gelände. In der Eingangshalle angekommen, überraschte uns wieder ein Regenschauer. Man bot uns an, Regenpellen für drei Dollar zu kaufen, was viele Ausflügler dankbar annahmen. Nach dem Kauf selbiger wurden wir freundlich vom Zoopersonal darauf hingewiesen, dass am Eingang zum Zoo Leihregenschirme ohne Gebühr zur Verfügung stünden. So ist es richtig, dachte ich, erst uns Schwimmwesten verkaufen und danach darauf hinweisen, dass Boote mit Verdeck bereitstünden. Aber, dachte ich weiter, der Kauf der Regenpelle würde mir das Gefühl geben, eine gute Tat zugunsten der Pflege und des Unterhaltes dieses zoologischen Kleinodes geleistet zu haben. Immerhin bekam ich erstmalig in meinem Leben leibhaftig einen weißen Tiger zu Gesicht, konnte mit einem Papagei schnacken und einem Chamäleon bei seiner Renovierung, sprich beim Farbwechsel, zusehen. Andererseits sagte ich mir, dazu muss ich nicht bis nach Hawaii reisen, das könnte ich auch in Deutschland. Ich hätte liebend gern das Besondere, das Außergewöhnliche von Hawaii gesehen. Ich hätte gern von einheimischen Frauen Blumenkränze umgehängt bekommen und mir von Folkloregruppen auf der Nase herumtanzen lassen. Hula Hula im Original und Reggae-Musik auf Ölfässern. Ähnlich wie es Achim Reichel in seinem Song „Aloha heja" besungen hat.

Leider gänzlich Fehlanzeige. Es drang keine Musik an mein Ohr, und es „glänzten keine Leiber" in der Sonne. Vielleicht war ich gar nicht auf Hawaii, sondern sah ein Hologramm davon, das mir Außerirdische vorgaukelten. Ich las nämlich gerade in unserem schiffseigenen Nachrichtenblatt, dass die USA-Luftabwehr einige nicht identifizierte Objekte abgeschossen hätte. Nein, dachte ich mir dann doch, die Außerirdischen würden beim derzeitigen Zustand der Welt wohl lieber nicht landen, wenn sie lesen würden, dass wir Insekten essen dürfen.

Wir bremsten urplötzlich in Hilo, einer Stadt mit Hafen, mit einer Straßenzeile mit alten ungepflegten Häusern parallel zum Meer, einem Wochenmarkt mit überhöhten Preisen, Souvenirläden mit Kitsch und Krempel. Es gab vor Ort ein Burger-Restaurant mittlerer bis unterklassiger Ausstattung, in dem wir, nachdem uns Anthoni ausgeladen hatte, uns etwas zu Essen zukommen ließen. Immerhin dauerte unsere Fahrt insgesamt sieben Stunden. Gewohnt war ich es bisher von ähnlichen Kreuzfahrten, dass man einen Snack bereitstellte und Getränke im Bus vorhanden waren. Das war nicht der Fall. Ebenso nicht gewohnt war man es, dass Driver und Guide ein und dieselbe Person sind. Unser Anthoni erzählte unablässig eher unverständliche Geschichtchen, steuerte den Bus waghalsig und mit hohem Tempo durch die Serpentinen und Straßenschluchten und hielt sich streng an seinen Zeitplan.

Der vorletzte Halt allerdings sollte uns für vieles auf diesem Ausflug entschädigen. Zumindest unsere Sinne wurden verwöhnt. Eine sensationelle Sicht auf einen dreiarmigen Wasserfall von einer Höhe von schätzungsweise vierzig bis fünfzig Metern. Ein Augenschmaus, ohrenbetäubend und die Sprache verschlagend. Die drei Affen mal reziprok. Zu einem letzten Halt kam es, aber das Aussteigen war unmöglich, denn ein Regenguss überraschte uns. Ein Engländer fragte unseren Anthoni, ob dies der letzte Halt sein würde. Nein, antworte er, im Hafen am Schiff wäre unser letzter Halt. Ein Glück, dachte ich. Dennoch blieb der Bus am vorletzten Halt, ohne dass jemand aussteigen konnte, stehen. Ungefragt offenbarte uns Anthoni, dass er bis siebzehn Uhr vom Veranstalter bezahlt werden würde. Wenn er eher eintrudelte, gäbe es Abzug. So blieben wir zwanzig Minuten auf freier Wildbahn mit dem

Bus stehen, um unserem Anthoni nicht die Tour zu vermasseln. Ich gab ihm beim Verlassen des Busses einige Dollar in die Hand. Ich bemerkte nebenbei, dass es in Deutschland Kurzarbeitergeld gäbe. Anthoni lachte. Allerdings, glaube ich, uns aus.

Siebenunddreißigster Tag: Pearl Harbor – Mensch: Mahn mal!

Während der Nacht passierte unsere „Queen" südlich der Inseln Maui, Kaho'olawe, Lanai und Moloka'i. Dann fuhr sie in Richtung Honolulu. Aloha Honolulu, grüßte ich von Deck Drei die Stadt. Honolulu ist laut „Tablabla" nicht nur ein Synonym für beschwingte Musik und herrliche Strände wie das weltberühmte Waikiki, sondern auch für zahlreiche Geschäfte, Restaurants und eine Vielzahl historischer, kultureller und landschaftlicher Attraktionen. „Die größere Insel", und jetzt kommt's, „ist ein pazifischer Knotenpunkt und ein Wandteppich kultureller Vielfalt, von polynesischer Sinnlichkeit und orientalischer Mystik bis hin zu amerikanischem Pragmatismus." Wer hatte sich denn das erdacht? Bestimmt nicht Käpten Cook, der die Hawaii-Inseln wie viele andere Inseln im Pazifik auch entdeckt hatte.

Ich hatte einen Ausflug nach Pearl Harbour und Honolulu gebucht. Diesmal war ich der einzige German unter Engländern im Bus. Ich saß wie immer hinten auf den letzten beiden Plätzen. Der Busfahrer war wieder Driver und Guide in einer Person. Angekommen an der Gedenkstätte Pearl Harbour belehrte er uns dienstbeflissen über die strengen Sicherheitsvorschriften und die Kontrollen, die wir über uns ergehen lassen müssten. Am besten sei es, so versicherte uns unser Bus-driver-guide, wenn wir all unsere Dinge und Sachen im Bus beließen. Er bliebe an Bord des Busses und bewache unser Hab und Gut wie eine Löwin ihre Jungen, versprach er. Bis zum Eingang eskortierte er uns und nachdem wir alle im Chor dreimal unsere Busnummer wiederholt hatten, nämlich die einhundertvierundfünfzig, überließ er uns uns selbst.

Vorausschicken muss ich noch, dass ich als fröhlicher Pessimist und als militanter Pazifist mir den Besuch solcher Kriegsgedenkstätten zumeist erspare. Zu oft musste ich mir, stets anlässlich, das Mahnmal für die gefallenen Sowjetsoldaten im Großen Vaterländischen Krieg, welches in Berlin

Treptower Park errichtet worden war, anschauen. In der ehemaligen DDR passierte nichts zufällig, sondern immer anlässlich. Doch gerade in diesen den Frieden bedrohenden Zeiten wollte ich den gefallenen US-amerikanischen Matrosen und Soldaten, aber auch den japanischen Piloten, Matrosen und Soldaten, die beim Angriff der Japaner auf Pearl Harbour gefallen sind, meine Ehrerbietung erweisen. Bis auf die Fanatiker, die in jeden Krieg ziehen, sterben im Krieg immer die zum Kriege befohlenen Menschen. Die, die Kriege planen, erklären und befehlen, sind höchst selten unter den Toten. Und schon gar nicht jene, die an Kriegen gewinnen. Auch jene nicht, die sie ideologisch vorbereiten, sie propagieren, mit Lügen und konstruierten Vorwänden beginnen. Ich will, solange Leben in mir ist, denen, die den Frieden brechen, so oft ich kann, den Krieg erklären. So möchte ich in diesem Buch an dieser Stelle und immer wieder allerorts Friedensvorschläge machen.

Erster Friedensvorschlag: Alle Kriegstreiber dieser Welt sollten sich in einem von ihnen angezettelten Krieg auf dem Schlachtfeld persönlich gegenüberstehen müssen. Die würden sich garantiert sofort friedlich einigen.

Zweiter Friedensvorschlag: Jede „Ja-Stimme" in egal welchem Parlament der Welt für Kampfeinsätze der eigenen Soldaten in Kriegseinsätzen, sollte mit einem persönlichen Marschbefehl derer, die mit „ja" gestimmt haben, verbunden sein. Ich glaube, diejenigen ließen sich dann lieber die Hand abhacken, als diese zum „Ja" emporzuheben.

Dritter Friedensvorschlag: Allen Kriegstreibern auf dieser Welt sollte man einen Spruch, der Konfuzius zugeschrieben wird, über ihre Schreibtische hängen: „Erst wenn eine Mücke auf deinen Hoden landet, wirst du lernen, Probleme ohne Gewalt zu lösen."Wissend, dass ich Kriegstreiberinnen darunter aus biologischer Kenntnis der Dinge nicht erfasst habe, füge ich hinzu, dass ich diesen Kriegstreiberinnen Hämorrhoiden wünsche und dazu ganz kurze Arme.

Ich habe aller Toten von Pearl Harbour stellvertretend für alle Opfer von Kriegen und Gewaltherrschaft, besonders jener Toten, die durch Kriege der selbst ernannten Großmächte zu beklagen sind, still gedacht. Möge man die Täter und ihre Hintermänner bestrafen, verurteilen, für immer ächten und für ewig aus der Weltgemeinschaft verbannen. Und ich wünschte mir mit Wonnen und Freunde Denkmale für die Helden des alltäglichen Friedens.

Trotz des im US-Amerikanischen üblichen Verkitschens und trotz der Mickymausierung ihrer Gedenkstätten und deren einseitig nationalistischer Ausrichtung weiß ich, dass hinter jedem Namen auf den Tafeln ein Mensch steht. Ein Mensch, bei dem niemand das Recht hat, ihn wissentlich in den Tod zu schicken. Kriege werden stets, so propagieren es die, die die Kriege vom Zaune brechen, im Namen des Volkes geführt. Und wenn ich mich wiederholen sollte, Kriege sind nie im Sinne des Volkes. Und im Sinne des Lebens schon gar nicht.

Honolulu ist eine angenehm anzuschauende Stadt, wohnlich und nicht überdimensioniert. Ich verweise wieder auf meine naseweise Wiki Pedia und den allwissenden Onkel Google, die übrigens beide ihre Multiplikation nur für Friedenszwecke nutzen sollten.

Unser Busfahrer fuhr uns zu einem Aussichtspunkt hoch über Honolulu, von dem aus man die ganze Schönheit dieser Insel Hawaii überschauen, seine Augen weiden und seine Sinne laben konnte. Es hieß, man könne sich an diesem Punkt der Insel etwas wünschen, und es würde in Erfüllung gehen. Meinen Wunsch kann man sich denken. Frieden, Peace, Mir ... in allen Sprachen Frieden.

Übrigens, der Pazifische Ozean wurde von dem portugiesischen Seefahrer Ferdinand Magellan so benannt. Warum erwähne ich das? Das wird in der Pointe deutlich werden. Magellan überquerte im Auftrage Spaniens den Atlantischen Ozean auf der Suche nach einer westlichen Route zu den Gewürzinseln. Er durchquerte das, was heute als Magellan-Straße bekannt ist, bevor er in einen ihm unbekannten Ozean eindrang. Weil die See des Ozeans zu dieser Zeit ruhig war, nannte er ihn Ozean Pazifik, abgeleitet vom lateinischen Wort „Pace", was so viel wie friedlich bedeutet.

Achtunddreißigster Tag: **Das Schweigen der Belämmerten**

Keine besonderen Vorkommnisse. Außer Spesen war nichts gewesen. Ich hatte schmarotzt. Meine Tischnachbarinnen zur Rechten hatten Getränkepakete gebucht. Die beiden begannen den Tag mit Sekt, füllten ihn mit Cocktails aus und beendeten ihn mit Tee. Tee, das habe ich den Damen beigebracht, ist unser Geheimcode für Te…quila. Tequila ist süffig, aber tückisch. Plötzlich, der Kopf ist noch ganz klar, will man aufstehen, doch die Beine gehorchen nicht. So wankte ich mit schweren Beinen in die Koje und wachte mit schwerem Kopf wieder auf. Daher kommt wohl die Redewendung, „dass einem der Alkohol zu Kopf gestiegen ist."

Ein Tag auf See. Selbst die „Queen" hielte sich, wenn sie kein Schiff wäre, sondern halt eine Queen, die Ohren bei dem Krach an Bord zu. Schweigend lauschte ich dem Sprachwirrwarr, der Beschallung durch die Lautsprecher mit Musik, die nur fetzenweise ans Ohr dringen kann, und dem Klappern von Geschirr, dem Klirren von Gläsern und dem Klappen von elektronisch öffnenden und schließenden Türen. Zwischendurch andauernd die Ansagen der Endlosschleife aus den Fahrstühlen, in welcher Etage der Lift angekommen war. Ich dachte mich dann einfach wieder weg. Das ging, wenn man sich konzentrierte. Ich dachte an zu Hause. Hören Sie sie manchmal dort auch? Die Stille in Deutschland? Sie herrscht nicht nur, weil die Leute im Ausland Urlaub machen, sondern weil viele aus Angst oder Ohnmacht vor der flächendeckenden Überwachung schweigen. Man wird an jeder Ecke gefilmt, die Telefonate werden abgehört, die E-Mails gelesen und manche Gedanken werden heutzutage schon durch Mund-zu-Mund-Beatmung übertragen. Glaubt man. Und deshalb, so behaupte ich kühn, ziehen sich immer mehr Menschen in sich zurück. Sie gehen in sich. Die innere Einkehr halten nennt man das wohl. Doch Einige, die in sich gehen, treffen dort leider niemanden mehr an und andere finden auch nicht mehr heraus. Nicht jeder findet seinen Faden wieder. Schon gar nicht im Kopf. Und wer hat schon eine Ariadne. Immer mehr ehemals mündige Menschen halten heutzutage den Mund. Sie schweigen. Gut, manche schweigen immer dasselbe. Andere schweigen besonders, und zwar in mehreren Sprachen. Schweigen ist jedoch mehr als nicht reden. Allerdings, wenn einige Regierende in Deutschland mal nicht reden würden, sollte man sie dabei möglichst nicht unterbrechen. Manche dieser Genannten schweigen nur deshalb, weil sie sich selbst nicht hören wollen, wie und was sie beim Reden lügen. Schweigen auf Dauer allerdings gefährdet die Gesundheit. Denn wenn man alles nur herunterschluckt, was einem aufstößt, wird man sich irgendwann übergeben müssen. Daher der Ausdruck: Man muss sein Schweigen brechen. Ich suche neuerdings immer wieder nach Möglichkeiten, denen, die man nicht mehr hören kann, den Mund zu verschließen. Letztens ist mir ein Zitat zu lesen gegeben worden. Der wohl sanftmütigste Mensch, der je gelebt hat, Klaus Kinski, sagte einmal: „Ein Kuss ist der beste Weg, jemand zum Schweigen zu bringen." Also setzen wir auf die Liebe! Ein Kuss für's Schweigen soll niemand vergeigen. Halt! Der Kinski hat noch etwas angefügt: „Ein Schlag in die Fresse tut es aber auch." Der Rest ist Schweigen. Ich wünschte, es werde Landgang, und die Weltreisenden gingen. Und zwar von Bord. Es wäre eine Stille auf dem Schiff. Man könnte schreien. Vor Freude.

Neununddreißigster Tag: **Ein ausgefallener Tag**

Heute um dreiundzwanzig Uhr neunundfünfzig überquerten wir die internationale Datumsgrenze. Um diese Uhrzeit werden die Uhren um 24 Stunden vorgestellt. Heute ist Donnerstag, der sechzehnte Februar 2023. Wenn wir morgen früh aufstehen werden, wird es Samstag, der achtzehnte Februar 2023 sein. Für alle diejenigen, die am siebzehnten Februar Geburtstag haben, fällt selbiger aus, und sie sind nicht um ein Jahr älter geworden, weil es den Tag nicht gibt. Ich verweise wieder auf meine inzwischen guten Bekannten Wiki Pedia und den Onkle Google. Und andere diverse.

Ungefähr achtzehn Uhr hatten wir heute den Äquator überquert. Stellvertretend für all jene, die zum ersten Mal den Äquator überquert hatten, wurden einige Neulinge von Neptun persönlich … wie nennt man das Waterboarding in der Kirche noch mal gleich? Taufe! Richtig. Neptun hatte die Äquatortaufe an Bord persönlich abgehalten. Er gab sich schon vierzehn Uhr die Ehre an Bord. Neptun, der römische Meeresgott und König, hielt mit seinen Nixen Hofstaat. Und das an Bord eines königlichen englischen

Schiffes. Ein Frevel. Die Überquerung des Äquators nennt man „Crossing the Line". Sie ist ein Initiationsritus in der britischen Handelsmarine. Eigentlich auf den Handelsschiffen aller seefahrenden Nationen. Aber wer hat's erfunden. Nein, natürlich nicht die Schweizer. Die Engländer. Diese Tradition soll der Legende nach ihrem Ursprung in den Zeremonien beim Passieren von Landzungen haben und zu einer Torheit geworden sein, die zur Stärkung der Moral sanktioniert wurde. Oder sie wurde als ein Test erfahrener Seeleute geschaffen, um sicherzustellen, dass ihre neuen Schiffskameraden in der Lage sind, lange raue Zeiten auf See zu überstehen. Seeleute, jetzt habe ich selbst mal Onkel Googles bemüht, die den Äquator schon mehrere Male überquert haben, tragen den Spitznamen (*Trusty* oder *Honourable*) *Shellbacks* oder werden oft auch als Söhne Neptuns bezeichnet. Diejenigen, die das noch nicht getan haben, werden (*Slimy*) *Pollywogs* genannt. Ob die *Shellbacks* ehemalige Mitarbeiter des Shell-Konzerns und die *Pollywogs* eine Dame namens Polly ist, die die chinesische hochrunde Bratpfanne (Wok) erfand, ist nirgends verzeichnet. Jedenfalls wird so eine Äquatortaufe als furchteinflößende, martialische und übelriechende Sauerei eingestuft. Nur masochistische Exhibitionisten tun sich sowas an. Davon waren einige an Bord. Als Ausgleich gab es heute Abend im Theater sinnigerweise die Show „Land of Make Believe" (Land der Illusionen). Die Illusion, von nun an von Neptun beschützt zu werden, hatten einige Täuflinge übelriechend und ekelerregt überstanden. Dass Neptun sich unter den Probanden neue Meerjungfrauen auserwählt hatte, ist nicht überliefert worden. Aber so wie der Neptun, ein braungebrannter, muskulöser, junger Mann, aussah, blieben seine ihn begleitenden Damen nicht lange mehr Meerjungfrauen und werden zukünftig nur noch Meerfrauen sein.

„Ich wäre aus Gründen der Gleichberechtigung bei der nächsten Taufe für eine Neptunine und Mehrjungmänner", sagte eine Dame, neben mir stehend, lüstern aber beiläufig. Ohne „bei" träfe läufig auch zu.

Wie bei allen Anlässen, bei denen Könige und andere Monarchen Reden halten, wurden diese von königlichen Hofschreibern ausformuliert und dann den Hofberichterstattern und Kolumnisten ausgehändigt. Mir ist es gelungen, an das Manuskript zu kommen und Teile davon ungenehmigt zu veröffentlichen.

„An alle Untertanen des Reiches der tosenden Flut, an alle Haie und Schwertfische, an alle Seeschlangen und Wale, an alle Meerjungfrauen, Najaden, Sirenen und lockenden Schönheiten der Buchten, seid gegrüßt. Ihr sollt wissen, dass Königin Victoria an diesem Tag versuchen wird, das königliche Reich seiner Ozeanischen Majestät zu betreten, ohne die erforderliche Genehmigung zu erhalten oder die übliche Ehrerbietung zu leisten, und dass sie Prüfung und Inquisition der unergründlichen Tiefe unterzogen wird ... Seine königliche Majestät, Neptun der Tiefe, seine Königin und sein Seegrashofstaat aus zahlreichen Meerjungfrauen, fähigen Helfern und allen anderen Schwimmern laden sie zu einer Taufe auf See ein. Seine Majestät hofft, dass viele Bewerber den Sprung vom Pollywogs zum Shellback schaffen werden."
Heute beim Dinner blieben einige Tische leer.

Vierzigster bis zweiundvierzigster Tag: Veni, Vidi, Fidschi – Lautoka

Nach den ereignislosen Seetagen, die im Rhythmus der Mahlzeiten verliefen und von Gesprächen mit Freunden, dem Sonnenbaden und den abendlichen Besuchen diverser Bars an Bord bestimmt wurden, landeten wir heute Morgen auf einer der rund, genau weiß man das scheinbar nicht, dreihundertvierzig Fidschi-Inseln im Hafen von Lautoka an. Lautoka ist nicht nur die zweitgrößte Stadt nach der Hauptstadt Suva auf den Fidschi-Inseln, sondern auch das zweite Tor zum tropischen Paradies Fidschis. Laut „Tablabla" ... „führen idyllische Strände zu den kristallklaren Gewässern der Lagune, die das Land kreisförmig umgibt." „Speerschlag" ist die wörtliche Übersetzung des Namens Lautoka aus der Sprache der Fidschianer, die einen Einblick in die Geschichte dieser Stadt gibt. Während eines Duells zweier Häuptlinge wurde der eine von einem Speer in die Brust getroffen und soll im Sterben „Lautoka" gerufen haben.

Auf der Fahrt unseres Schiffes zu den Fidschi-Inseln passierten wir Inseln, die für jeden Fernsüchtigen wie Musik klingen mögen. Tuvalu, Wallis und Fortuna sind Traumziele, die durch ihren Klang magische Anziehungskraft haben. Die Fidschi-Inseln sind in meiner romantischen Vorstellungswelt Paradiese der Glückseligkeit.

Als ich jedoch frühmorgens die Gardinen vor meinem Kabinenfenster aufzog, wurde mein Blick von rostigen Containerstapeln verstellt. Das triste Grau dieses unaufgeräumten, vor sich hinammelnden Hafens ließ meine bunten Träume wie Seifenblasen zerplatzen. Der strahlende Sonnenschein und die sich direkt vor meinem Fenster auf dem Pier aneinanderreihenden, primitiv hingezimmerten, aber knallfarbigen Souvenirbuden übertünchen einigermaßen die Tristesse dieses Anblicks. Es war ein krasser Gegensatz, der sich zwischen dem majestätisch stolzem Luxusschiff und der Ärmlichkeit der Hafenanlage auftat. Wären im Hintergrund nicht die stolzen, dunkelgrün schimmernden Hügel der Insel zu erkennen gewesen, könnte man glauben, dass die „Queen Victoria" einen Besuch in einem Armenviertel abhielte. Der Kontrast zwischen Arm und Reich könnte deutlicher nicht sein. Das pseudofröhliche und marktschreierische Treiben auf dem Pier mit dem Luxusliner als Kulisse im Hintergrund ließ einen glauben, man wäre an einen Drehort für einen sozialkritischen Low-Budget-Film geraten, deren Filmemacher das ungeplante Anlanden der „Queen Victoria" für ihre Zwecke nutzten. Ein Bild, bei der die ärmlich aussehenden, aber geschäftig hantierenden Souvenirverkäufer zu Statisten für die protzige Zurschaustellung des Überflusses durch braunverbrannte, geringschätzig dreinschauende Reichendarsteller gemacht wurden, prägte sich mir ein. Und es ließ mich nicht mehr los. Wieder fiel mir Bertolt Brecht ein: „Reicher Mann und armer Mann standen da und sahn sich an. Da sagt der Arme bleich: Wär ich nicht arm, wärst du nicht reich."

Ich fragte mich beim Verlassen des „Wales": Stelle ich für diese jeden Tag im Hafen, sobald ein Kreuzfahrtschiff einläuft, ihre Stände aufbauenden Insulaner den Inbegriff eines Reichen dar? Bin ich für diese unablässigen und unermüdlichen Krims-Krams-Händler das obskure Objekt der Begierde? Sehen sie in mir den dummen Geldmann, dem sie ihre billigen Plagiate als Originale anpreisen und übteuert verkaufen können? Gehöre ich wirklich jetzt zu denen, welche diese Billigwarenhändler misstrauisch, dabei ihre Taschen fest an ihre Körper pressend, beäugen? Stelle ich den Typ Kolonialherr dar, der für diese Menschen nicht mal ein Lächeln hat, während sie mir ihr Lächeln schenken? Habe ich wahrhaft einen Platz am Ende der Nahrungskette? Entscheide ich mit dem Habitus eines Wohltäters darüber, ob die Familie dieses einheimischen Händlers, dem ich mildtätig und großherzig etwas abkaufe, seine Familie ernähren kann? Nein, aber in deren Augen bin ich es und zwar, seit ich meinen Fuß auf ihre Insel gesetzt habe. Aus Angst, man könne mir meine Zweifel ansehen, habe ich daraufhin meinen heutigen Besuch der Insel auf Morgen verschoben und meinen Ausflug dementsprechend umgebucht.

Neulich hatte ich gelesen, dass das System der Teilung der Menschheit in Arm und Reich besonders auch durch den Drill zur Gehorsamkeit der Armen und vor allem durch die Verbreitung von Angst unter ihnen aufrechterhalten werden könne. Und dass die Reichen, darum wissend, mit allen Mitteln ständig aufs Neue bemüht sind, Gehorsamkeit zu befehlen und Ängste zu schüren. Überall das Gleiche wieder und nur graduell unterschiedlich.

Gestern ging beim Dinner im Restaurant kurz das Licht aus. Nicht vollständig, sondern es flackerte hin und her. Das machte es jeden Abend beim Dinner. Keiner wusste so richtig, warum? Es hinterfragte bisher auch noch keiner. Heute nun ging das Licht im Saal für zwei oder drei Sekunden gänzlich aus. Ein Raunen ging durch den Saal. Jemand sagte, nachdem es wieder hell wurde, es sei die Sicherung gewesen. Ein anderer verneinte das und meinte, dass hinten in der Ecke wohl jemand Geburtstag habe und man ihm eine Torte mit brennenden Kerzen servierte. Die sollte durch die Dunkelheit in hellerem Licht erstrahlen. Eine sehr alte Dame versicherte, dass die plötzliche Verdunkelung an finstere Zeiten erinnere und Angst einflöße. Zurückdenkend an das, worüber ich heute beim kurzzeitigen Verlassen des Schiffes sinnierte und das, was die sehr alte Dame sprach, schreibe ich das hier auf. Die sehr alte Dame fügte noch hinzu, dass sie diese Angst häufig lähmt. Angst lässt Menschen erstarren, lässt sie flüchten oder zum Angriff übergehen.

Ich habe eine sicherlich pseudopsychologische Theorie, dass sich Menschen in ihrem Antiangstverhalten in Fluchttiere und Kampfschweine einteilen lassen. Die einen glauben, die Angst besiegen zu können, indem sie vor ihr davonlaufen und die anderen, indem sie sich der Angst stellen. Aber zu welchem Zweck kann Angst, und ich meine die bewusst geschürte Angst, überhaupt genutzt werden? Angst stärkt immer nur die Position derjenigen, die sie verbreiten lassen. Darum machen zum Beispiel die Reichen den Armen Angst, und zwar so lange und so oft, bis den Armen am Ende jede

Lösung recht ist. „Angst einjagen, Schrecken verbreiten, den Teufel an die Wand malen", das ist ein neues Herrschaftsprinzip. Angsthaben ist eines der ältesten Gefühle im Menschen. Selbst der liebe Gott hatte schon eine Heidenangst. Als er hörte, dass sein Sohn Christ geworden ist, hat er vor Schreck ein neues Testament geschrieben. Doch die Ängste ändern sich. Die jüngste Generation heute hat zum Beispiel mehr Angst vor einem leeren Akku als vor dem Atomkrieg. Motto: Und geht die Welt auch krachen, ich muss erst noch ein Selfie machen. Erst twittern, dann zittern. Und vor wem oder was haben wir denn inzwischen alle Angst? Vor Islamisten, Terroristen, Russen usw. haben wir Angst. Und vor Piraten. Am Kap Horn, befürchtete neulich ein Herr an Bord, gäbe es moderne Piraten. Mit Schnellbooten. Das flöße Angst ein. Und spätestens, seit wir an Bord unseres Luxusliners nur RTL als das eigentlich wahre deutsche Fernsehen gezeigt bekommen und uns aus Langeweile oder Schlechtwetterlaune die geistigen Blindgänger im „Dschungelcamp" reinziehen, spätestens seitdem weiß die ganze Welt: Deutschland hat Biowaffen. Vor Angst, die man uns einjagt, macht man sich in jede Hose, die man uns hinhält. Und die Medien senden dann den Inhalt.

Diese Pointe erdachte sich einst Dieter Hildebrandt, und sie ist heute wahrer denn je. Denn früher hat das Fernsehen uns noch sprichwörtlich gezeigt, was gehauen und gestochen ist. Heute nur noch, wie gehauen und gestochen wird. In allen Kanälen fließt Blut. Hektoliterweise. Früher hat man in den Nachrichtensendungen mit dem Wetterbericht am Ende Schrecken verbreitet, heute werden in den Nachrichtensendungen Schrecken ohne Ende verbreitet. Natürlich wird, egal in welchen Medien, die Angst differenziert verbreitet. Je nach Interessenlage. Es ist nicht egal, wessen Blut es ist, dass da fließt, aber fließen muss es. Der Tag ist nicht mehr fern, da beginnen wir die Nachrichten mit dem Hinweis: Diese Sendung ist für Jugendliche unter sechzehn Jahren voll krass geeignet. Und die Vorspannmusik wird ersetzt durch: Spiel mir das Lied vom Tod! Und danach gibt's Krimis. Jede Menge Krimis. In Deutschland hat inzwischen jede Stadt ihre eigene Krimiserie im TV. Nicht mehr lange, und wir haben mehr Krimiserien als Städte in diesem Land. Ich weiß gar nicht, wie viele Einwohner Wismar hat. Es liefen über einhundertfünfzig Folgen von SOKO Wismar und jedes Mal gab es mindestens eine Leiche. Inzwischen hat das ZDF Wismar leergemordet. Sie werden sich fragen, warum macht man uns Angst? Warum soll man vor Angst zittern? Ganz einfach: Mit schlotternden Knien ist es sehr schwer, das Hinterteil zu treffen, in das man treten möchte. Man sagt: Angst essen Seele auf. Heute soll sie auch noch den Verstand fressen. Das macht Ihnen Angst? Dann ist die Mission erfüllt. Eines jedoch könnte uns Mut machen, nämlich, dass die, die Angst schüren, selbst eine Scheißangst haben. Und zwar davor, dass wir eines Tages ohne sie zurechtkommen könnten.

Aber was sind unsere vermeintlichen Ängste gegen die Ängste der armen Händler im Hafen um ihre erbarmungswürdige Existenz, weil sie heute nicht wissen, wie sie morgen überleben sollen.

Denken wir auch bitte daran, wenn wir den Paradiesen dieser Welt unseren Besuch abstatten.

Dreiundvierzigster Tag: Juwel von Fidschi

Suva ist zwar die Hauptstadt der Fidschi-Inseln mit fünfundachtzigtausend Einwohnern, aber die entspannte Atmosphäre, die spektakuläre Landschaft und die örtliche Gastfreundschaft sind so etwas wie der Gegensatz zur typischen Vorstellung vom Stadtleben. Die Stadt liegt an Fidschis berühmter Küste, ist aber kein Badeort. Suva ist von Mangroven gesäumt, was dieser Stadt eine üppig grüne Kulisse verleiht.

Frühmorgens zog ich die Gardine vor meinem Kabinenfenster auf und blickte wie tags zuvor auf hochaufgestapelte Containerreihen. Wie zu einer Barrikade aufgetürmt, versperrten sie mir nicht nur die Ansicht von Suva, sondern es schien so, als wolle sie das Eindringen von anrückenden Kreuzfahrtpassagiermassen in die Stadt verhindern. Dem war aber nicht so. Es liegt in der Natur von Inseln, dass ihre Häfen in erster Linie dem Schiffsverkehr für den Handel mit der Welt und der Versorgung der Insulaner mit notwendigen Gütern und Lebensmitteln dienen. Der Ausbau des Hafens gestattet es dennoch, dass Kreuzfahrtschiffe dort anlanden können und diejenigen auf die Inseln transportieren, die Geld auf dieselbe spülen sollen. Die Kreuzfahrtschiffe werden aus diesem Grunde mit dem Tschingderassabum von Blaskapellen und von Folkloregruppen tanzend und singend herzlich empfangen. Die Freude über die Ankunft eines Geldschleppers ist echt, verheißt sie doch den ortseigenen Bus- und Reiseunternehmen, den Reiseführern, Händlern und Souvenirverkäufern Einnahmen für ihr Auskommen.

Wie auf meinem Ausflugsberechtigungsschein vermerkt war, hatte ich einen Ausflug zu den „Juwels of Fidschi" gebucht. Der Bus, der alle Ausfliegenden zu den Juwelen bringen sollte, sah etwas abgefahren aus und verhieß nichts Gutes. Die Klimaanlage wurde durch die geöffneten Fensterscheiben ersetzt. Ich empfand dies als Fortschritt und angenehm, denn die sonst meist zu weit heruntergekühlte und stark zugige Aircondition in den Bussen verursacht bei den Fahrenden triefende Nasen. Das ist übrigens das Kuriose am Älterwerden eines Menschen: Die Füße wollen nicht mehr gehen, aber die Nase läuft. Das aufgeheizte Businnere bekam durch die Kühle des Fahrtwindes, der durch die geöffneten Busfenster hineinwehte, eine angenehme Temperatur. Zudem wurde das Fotografieren aus dem fahrenden Bus heraus nicht durch das Spiegeln der geschlossenen Fensterscheiben behindert.

Der Reiseführer, ein rundlicher und freundlich dreinschauender Insulaner mittleren Alters, begleitete uns auf diesem Ausflug. Mit fröhlicher Stimme erklärte er uns, was wir im Vorbeifahren von Stadt und Land zu sehen bekamen. Sobald wir Suva, eine, wie ich fand, zwar aus der bunten Architekturkiste zusammengewürfelte, aber saubere und helle Stadt, verlassen hatten, nahm die Unaufgeräumtheit der bewohnten und verlassenen Gegenden zu. Aus Mangel an Entsorgungsmöglichkeiten verschandelt überall Zivilisationsmüll die Landschaft und das Meer. Würde nicht der immer wieder üppige wilde Urwald wuchern, der den illegal entsorgten Schrott, die Berge von alten Autoreifen, die Massen von Plastiktüten und den vergammelten Alltagsmist bedeckt und unsichtbar werden lässt, sähe die Landschaft wahrscheinlich wie eine unsortierte Deponie aus. Ich erwähne dies nicht als Vorwurf, den man oft von hochnäsigen, wohlstandsverwahrlosten Mitteleuropäern an die ach so umweltmissachtenden Insulaner hört, sondern möchte uns ins Gedächtnis rufen und ins Gewissen reden, um dann fragen zu können, ob wir zu Hause tatsächlich Umweltprobleme hätten. Hier auf Fidschi spricht keiner der Inselbewohnenden von Ökobilanzen, CO_2-Immissionen oder Elektromobilität. Hier sind die Menschen mit dem täglichen Kampf um eine minimale Verbesserung ihrer Lebensverhältnisse beschäftigt.

Grüner zu werden ist hier keine politische Ideologie, sondern eine Frage der Bewässerung. Inseln heißen nämlich Inseln, weil sie gänzlich von Meerwasser umgeben sind. Aber auf den Inseln selbst herrscht in der Regel Mangel am Trinkwasser. Das sind existenzielle Fragen, denen sich die Menschen hier stellen müssen. Um den freien und kostenlosen Zugang zum Trinkwasser wird es in Zukunft gehen. Wasser ist auf dieser Welt inzwischen zu einem raren Grundnahrungsmittel geworden. Schon heute werden mit dem Verkauf von Trinkwasser Milliardenprofite gemacht, während man täglich Kolonnen von Wasserträgerinnen kilometerweit bei Hitze und Kälte zum einzigen noch freizugänglichen Brunnen marschieren sieht. In Fidschi ist durch die geographische Lage die Situation für Trinkwasser noch entspannt. Anderorts gibt es und wird es Revolutionen und Kriege um Trinkwasser geben.

Wenn wir die Welt als Ganzes betrachten, sind Klimawandel und Umweltkatastrophen auf dieser Welt nur komplex anzugehen. Wobei die sogenannten reichen den armen Regionen dieser Welt mit allen Mitteln und politischem Willen helfen müssen. Die Rettung unserer Welt ist alleinig ein Verteilungs- und Umverteilungsproblem. Aber allein das Wort „Verteilung" hat bei den Menschen in der westlichen Welt den Ruch von Wegnehmen, Zwangseinziehung und Enteignung. Und wir, die wir die Lebensmittel produzieren, horten sie, um sie dann doch achtlos wegwerfen zu müssen. Während wir uns noch um die Rechtmäßigkeit des sogenannten Containerns von Lebensmitteln streiten, führen die Weltmächte Kriege um die geostrategische und ökonomische Neuaufteilung der Welt. Und wir rümpfen die Nasen über die Entsorgung des Mülls der Fidschianer in die Natur und verdrängen, dass wir unseren Wohlstandsmüll zur Entsorgung in diese Dritte- Welt-Länder exportieren. Die Fidschianer sollten mal unsere Umweltsorgen haben, aber dann würden die sofort eine grüne Partei gründen und werteorientierte Müllentsorgung als Doktrin propagieren. Ich vermute jedoch, dass die Vorsitzende dieser fidschianischen Grünen Partei, im Unterschied zu der in Deutschland, sicher tragbar wäre. Politisch gesehen.

Unser Ausflug in die Insel hinein hatte sich seinem Ziel genähert. Wir fuhren in eine Art Freilichtmuseum eines fidschianischen Dorfes ein. Schwarz bemalte, muskulöse, wie gerade dem Fitnessstudio entstiegene junge Männer in Baströckchen, mit Speeren und Äxten bewaffnet, empfingen uns. Wir betraten, nachdem wir die Schuhe ausgezogen und uns der Kopfbedeckungen entledigt hatten, einen großen Raum, in dem religiöse Kulthandlungen vollzogen wurden. Wir durften diesen beiwohnen. Gesänge und Tänze wurden vorgeführt, während zwischendurch uns ein Erklärer auf die Bedeutung der Handlungen hinwies. Ein Teil des weiter vorn sitzenden Publikums durfte ungewollt aktiv bei den Ritualen mitwirken. Das Brauen eines Trankes, der am Ende einer braunen, schlammartigen Brühe ähnelte, wurde uns als Höhepunkt der rituellen Handlungen angekündigt. Dieses Gebräu soll eine Art Aphrodisiakum sein. Mein Cottbuser Freund, der davon getrunken hatte, bekam nach dem Genuss eine pelzige Zunge, meinte er. Außer der Unfähigkeit, deutlich artikulieren zu können, verspürte er anscheinend weiter keine Wirkung.

Dann gab es einen von den Frauen des Dorfes zubereiteten Lunch, der an Hamburger auf Fidschianisch erinnerte, zumal man die Zutaten der Belegung der Weißbrothälften selbst wählen konnte. Dazu gab es traditionelle rituelle Getränke der Neuzeit, Cola und Sprite. Es wurden uns einige Gesänge zu Gehör gebracht und anschließend sollten wir das absolute Juwel von Fidschi zu sehen bekommen.

Den Weg dorthin legten wir in sogenannten Langbooten auf einem zuerst noch ruhigen fließenden, später aber wild strömenden Fluss zurück. Drei Stromschnellen durchquerten wir. Vor der letzten Stromschnelle, die in Angriff genommen werden sollte, wurden die ängstlicheren Abenteurer unter uns gebeten, den Weg doch an Land fortsetzen zu sollen. Einige machten davon Gebrauch. Die Cottbuser und ich blieben tapfer. Unsere Belohnung für diese Tapferkeit war der Kick, arg durchgeschüttelt und gänzlich durchnässt zu werden.

Nach der ansonsten unbeschadeten Ankunft ging es noch einige Schritte bergauf. Am Ende des Weges tat sich ein schätzungsweise siebzig Meter hoher Wasserfall vor uns auf, dessen Geräuschkulisse wir schon vorher erwartungsvoll vernahmen. Wundervoll rauschend und ins Wasser knallend hörte es sich an. Wasser, sauber, trinkbar, Gischt weiß und hellblau, verbreitete sich zu einem kleinen See. Einheimische Kinder stürzten sich unter dem Beifall der Zuschauenden wagemutig am Wasserfall entlang hinunter in den See. Es war ein berauschendes Schauspiel. Mensch und Natur in Symbiose. Ohne Eintritt zahlen zu müssen, für jeden zugänglich zu sein und von jedem genießen zu können. Möge es im Sinne der Menschen, die hier leben und derer, die weiterhin hierher kommen werden, auf immer so bleiben.

Durch die Stromschnellen ging es flussabwärts noch rasanter und Wasser aufspritzender zurück zum Dorf. Es war uns eine überschäumende Freude und Lust gewesen, dies erleben zu dürfen.

Die Cottbuser und ich trafen uns, reichlich müde zwar, aber glückselig, nach dem Dinner an Bord zu einem Absacker im Pub. Der Cottbuser verabschiedete sich, seine Cottbuserin vor sich herschiebend, plötzlich vorzeitig, eilig und komisch grinsend vom abendlichen Umtrunk. Wahrscheinlich setzte doch die Wirkung des Aphrodisiakums etwas verspätet ein.

„Nun meckere nicht! Es war schließlich dein Wunsch,
andere Völker und deren Kulinarik kennenzulernen!"

Vier- und fünfvierzigster Tag: Die Katze im Sack

Wieder lagen zwei dieser Tage auf See hinter uns. Von besonderen und des Beschreibens würdigen Ereignissen keine Spur. Nicht einmal das Schiff hinterließ im Meer, abgesehen von den aufwirbelnden Wassermassen durch die Antriebsschrauben des Schiffes, eine nachhaltige Spur. Am dritten Tag in Neuseeland werden wir, laut Ankündigung eines Schreibens von der Schiffsleitung, in der Bay Of Islands vor Anker liegen und an Land mit Booten tendern. Hoffentlich gendern wir nicht dabei. Mit „gendern" habe ich „kentern" in der sächsischen Intonierung aufgeschrieben. Nur des Witzes wegen.

Ein Tender ist ein kleines Wasserfahrzeug mit einer Kapazität von hundert Gästen. Wir wurden in diesem Schreiben darauf hingewiesen, dass es je nach Wetterlage zu unerwarteten Bewegungen auf den kleinen Booten kommen könnte, weil sich Gezeitenströmung und Umgebungsbedingungen im Laufe des Tages ändern könnten. Deshalb sei es erforderlich, wurden wir ermahnt, beim Einsteigen, aber auch im umgekehrten Fall, denn beim Verlassen des Bootes gelten die gleichen Vorsichtsmaßnahmen, vorsichtig zu sein. Aha. Weiter hieß es, dass wir, sobald wir in den Tender eingestiegen sind, den Anweisungen der Crew Folge leisten und uns einen Sitzplatz suchen sollten. Und wortwörtlich: „Bitte steigen Sie nicht aus, bis Sie dazu aufgefordert werden!" Es soll schon berühmt-berüchtigte Reisende gegeben haben, die den Anweisungen der Crew nicht Folge geleistet hatten. Bisher sind sie nicht wieder aufgetaucht.

Des Weiteren erhielten wir noch vom Kapitän über die Bordlautsprecher die Information, dass wir auf unserem Weg nach Neuseeland das Minerva-Riff etwa zweihundert Meilen an unserer Backbordseite passiert hatten. Das Minerva-Riff ist eine Gruppe von zwei versunkenen Atollen im Pazifik zwischen Fidschi, Niue und Tonga. Tonga sollte das Schiff eigentlich auch anlaufen, aber das Anlanden dort wurde gestrichen. Man hat uns keine Gründe genannt. Ist Tonga eigentlich ein Atoll? Und wenn ja, warum liefen wir Tonga nicht an?

Und noch eine Information, die ich nicht vorenthalten sollte. Die Vorrichtungen, die helfen, dass bei hohem Wellengang das Schiff ruhig bleiben kann, heißen Schiffsstabilisatoren. Wer hätte das gedacht? Diese sind Teil der

Schiffskonstruktion, um den Wellengang zu dämpfen und so eine ruhigere und komfortablere Fahrt durch das Meer zu ermöglichen. Das beruhigte mich. Bei großen Schiffen sind Kreiselstabilisatoren in Fächern im Rumpf unterhalb der Wasserlinie einziehbar und werden so verstaut, wenn sich das Schiff in engen Gewässern, im Hafen oder im ruhigen Seegang befindet. Hoffentlich vergisst das mal keiner. Aber dann wäre die Katze aus dem Sack. Wie kommt denn jetzt eine Katze an Bord? Ganz einfach. In einem Behältnis. Bei der Marine wurden in früheren Zeiten ernsthafte Vergehen mit Auspeitschen bestraft. Die Peitsche wurde häufig Katze genannt. Sie war meist siebenschwänzig und wurde in einem Leder- oder Leinensack aufbewahrt. Insofern war es für den zur Auspeitschung verurteilen Matrosen eine schlechte Nachricht, wenn die Katze aus dem Sack gelassen wurde. Es gibt noch andere Interpretationen, woher diese Redewendung stammen könnte. Und dafür gibt es ja … das weiß man doch. Deshalb heißt es wohl auch, dass man nie die Katze im Sack kaufen soll.

Sechs- bis achtundvierzigster Tag: Auckland – Manhattan für Hobbits

Drei Tage insgesamt hatte unsere „Queen" auf, in und vor New Zealand, wie Neuseeland in der Landessprache geschrieben wird, auf unserer Reise um die Welt Station gemacht. An jedem der drei Tage war ich von Bord auf Landausflug gegangen. Das ist nicht ganz richtig, wie ich später noch erzählen werde. Soeben war ich vom letzten Ausflug mit dem Tenderboot vom Ufer der Bay Of Islands auf unsere „Queen" zurückgeschifft worden.

Am achtundvierzigsten Tag in aller Frühe steuerte unser Kapitän Auckland / Neuseeland an. Der Hafen liegt nah beim Stadtzentrum. „In Neuseeland, in dem atemberaubende Landschaften eine Selbstverständlichkeit sind", so berichtete das „Tablabla" den Weltreisenden, „ist Auckland ein echter Hingucker. Auckland ist ein Wasserwunderland auf der Nordinsel Neuseelands, in dessen Hafen und dem angrenzenden Golf von Hauraki reihen sich Yacht an Yacht." Das kleine Schnellboot und die überdimensionierte Luxusyacht schaukeln gemeinsam im Wellentakt hin und her. Vorrangig aber prägen Windjammer die Hafenansicht. Kein Wunder also, dass Auckland die „Stadt der Segel" geheißen wird. Ganz Auckland ist von achtundvierzig erloschenen

Vulkanen umgeben. Wenn das Wort nicht eine völlig andere Bedeutung hätte, könnte im Reiseführer über Auckland stehen, dass die Stadt „vulkanisiert" sei. Und für ihren Hintergrund mit wilder und bergiger Landschaft ist Neuseeland berühmt.

Die Ansicht der Skyline von Auckland, die sich mir beim ersten Blick vom Heck des Schiffes bot, ließ in mir spontan den Gedanken aufkommen, dass Auckland eine Art New York City für Hobbits ist. Ich sollte erklären, wieso ich zu dieser Beschreibung gelange.

Im Wissen darum, dass auf Neuseeland der überwiegende Teil der Außenaufnahmen der filmischen Fantasy-Trilogie „Herr der Ringe" und „Der Hobbit" gedreht wurde, in der die „Hobbits" eine besondere, die Story prägende Rolle spielen, kam diese Art Gleichnis in mir auf. Hobbits sind, wie man noch zu unaufgeregten Zeiten sagte, Zwerge. Deren Besonderheit ist, dass diese im sogenannten Auen-Land lebenden kleinwüchsigen Menschen, unpassend zu ihren sonstigen Körpermaßen, überdimensionierte Füße haben, dennoch aber nicht tapsig wirken. Ich hoffe, dass ich mit dieser Beschreibung der Romanfiguren „Hobbits" nicht diesen politisch überkorrekten, moralisierenden Gerechtigkeitsaposteln oder gar den „Kleinwüchsigen" selbst auf den Schlips trete. Was leicht möglich sein könnte, denn die örtliche Krawattenindustrie produziert meines Wissens nach immer noch keine Krawatten für Kleinwüchsige.

Nebenbei erwähnen möchte ich, dass ich seinerzeit einen Text für das Kabarett über den Umgang mit unserer Sprache geschrieben habe, der den Druck, den gewisse Sprachoptimierer auf das Umformulieren von gängigen und üblichen Bezeichnungen ausüben, unbeschreiblich ist. So müssen auch bei den Grimm'schen Märchen Änderungen ins Absurde vollführt werden. Dies hatte ich versucht, satirisch zu skizzieren. Man möge mir gestatten, aus dieser Satire zu zitieren, um die Pervertierung aufzuzeigen, die in der Konsequenz aus dieser sprachverändernden Zwangsvollstreckung entstehen könnte. Es handelt sich um einen stark gekürzten Dialog der Gebrüder Grimm, der im Bayerischen Rundfunk in der Sendung „Schleichfernsehen" ausgestrahlt wurde.

Die Gebrüder Grimm, Wilhelm und Jacob, geraten über eine Zeitmaschine in die heutige Zeit.

JACOB: Bruder Wilhelm! Wo sind wir gestrandet?

WILHELM: Bruder Jacob, mich deucht in einer finsteren Zukunft. Jacob, wir sind aus der Zeit gefallen. Hier, lies doch mal!

JACOB: „… dann erzählen sie immer noch diese verdammt verkehrte Geschichte über sieben Zwerge, die zusammen in einer Höhle leben."

WILHELM: Unser Märchen „Schneewittchen und die sieben Zwerge" hat ein gewisser Peter Dinklage gescholten. Schau in diese Postille.

JACOB: Der ist ja selbst ein Zw…

WILHELM: Sprich es nicht aus. Das ist eine Diskriminierung von Minderheiten.

JACOB: Ein Zwerg ist vielleicht eine Minderheit. Aber sieben sind keine. Und damit schänden wir die Sprache?

WILHELM: Nein, die schändern die Sprache.

JACOB: Wie müsste demnach unser Märchen heißen: Schneewittchen und die sieben Kleinwüchsigen?

WILHELM: Kinder sind auch Kleinwüchsige. Und die wohnen dann mit Schneewittchen unter einem Dach?

JACOB: Oh Gott. Das geht auch nicht.

WILHELM: Am Ende unterstellt man uns noch, dass Schneewittchen ein als Frau verkleideter katholischer Priester ist, der mit kleinen Jungs …

JACOB: Lassen wir die Zwe…die kleinen Körpergrößen gänzlich weg.

WILHELM: Aber auch das „Schnee" vom „wittchen" ist sehr fragwürdig. Schnee ist auch ein anderes Wort für unerlaubte Rauschmittel.

JACOB: Wenn wir alles in unseren Märchen abändern müssten, was politisch und moralisch nicht korrekt sei, dann dürften Rotkäppchen und ihre Großmutter nicht aus dem Bauch des bösen Wolfes per Kaiserschnitt geholt werden, weil der Wolf unter Naturschutz steht.

WILHELM: Dazu würde es erst gar nicht kommen, weil die Mutter von Rotkäppchen, die ja ihr Kind mit einem Korb voll Kuchen und Wein auf den Weg zur Großmutter geschickt hat, verhaftet werden müsste, denn die Abgabe von Alkoholika an Minderjährige ist ein Verstoß gegen das Jugendschutzgesetz.

JACOB: Nein, Wilhelm, an den Kragen lassen wir uns nicht kriegen. Dann erklären wir unser Schneewittchen einfach für tot.

WILHELM: Und nennen unser Märchen jetzt: „Schlafittchen und die sieben Särge"

JACOB: Dafür kriegen wir hier den Grimme-Preis.

WILHELM: Mit der Begründung: Sie waren ihrer Zeit voraus!

JACOB: Und wie enden zukünftig unsere Märchen?

WILHELM: Es wird einmal!

Diesen satirischen Dialog habe ich hier eingefügt, um nicht von den Kritikern meiner Reiseerzählungen als Ketzer der zeitgeistigen Sprachoptimierung angeprangert werden zu können.

Wie kam ich jetzt eigentlich darauf? Ach ja, durch den Anblick, der sich mir mit Auckland bot. Auckland beschrieb ich gerade als New York City für Hobbits. Und das ist liebenswert gemeint. Der Stadtkern von Auckland ist mit Wolkenkratzern vollgestellt, aber diese haben eine Größe bzw. Kleine, die für Hobbits gedacht sein könnte. Sogar der alles überragende Tower von Auckland ist zum Beispiel niedriger als der Fernsehturm in Berlin. Diesem Berliner Fernsehturm wird gern unterstellt, dass er die Rache des Lieben Gottes an Erich Honecker sei, weil bei Sonnenschein stets auf der glänzenden Kuppel ein goldenes Kreuz erscheint.

Die Architektur dieser Miniwolkenkratzer in Auckland ist vielfältig und sehr einfallsreich. Kein Gebäude gleicht dem anderen, vermute ich. Vielleicht ähnelt einer dem anderen. Die Bauten und Häuser aus der Victorianischen Zeit wurden in origineller Weise in das Stadtbild integriert. Man läuft praktisch durch ein Freilichtmuseum der Baukultur unterschiedlicher Epochen, ohne dass die Architekten dem Kitsch der Zuckerbäckerstilistik verfallen sind.

Unser Ausflugbus verließ die Innenstadt und durchfuhr die Außenbezirke, die stellenweise übergrünt wirkten. Die höchstens vierstöckigen Wohnhäuser, meist aus Holz und Beton gefertigt, durchbrechen mit ihren meist grauweißen Dächern das Grün der Bäume, Büsche und Sträucher. Ich versuche das Stadtbild als Ganzes zu beschreiben und verliere mich doch in Einzelheiten. In diese Stadt bin ich ein wenig verschossen. Besonders in ihre Sommersprossen, womit ich die grünen Oasen, die das Auge beruhigen, meine.

Einige Wochen vor meinem Besuch wurde diese anheimelnde Stadt von einem Orkan heimgesucht und teilweise mit Wasser und Schlamm überschwemmt. Bei unserer Stadtrundfahrt jedoch war nichts mehr von den Schäden und Brüchen zu bemerken. Vielleicht zeigte man uns diese noch nicht wieder hergestellten Teile der Stadt einfach nicht, weil sich die Stadt für die Natur schämte, die ihr dieses Ungemach zugefügt hatte.

Auckland wirkt auf mich als besonders aufgeräumt und sauber. Ich könnte einer der Leute sein, die dort als Reinigungskräfte angestellt sind. Denn ich bin als pedantischer Pedant in Sachen Ordnung und Sauberkeit bekannt. Mir wird nachgesagt, dass ich die Wohnung nicht saubermachen würde, sondern ich sterilisiere selbige. Nein, ich habe keinen Ordnungsfimmel, ich verharre im Ordnungswahn. Es hatte sich schon ein Schlafgast bei mir gewundert, dass er, als er des Nachts bei mir zur Toilette gegangen war, beim Wiederkommen sein Bett gemacht vorfand. Vielleicht können sie sich ein wenig vorstellen, warum mich Auckland gefangengenommen hat. In der Serie „Monk", von der ich Ihnen schon erzählte, hätte Auckland dem Sauberkeitsfanatismus der Figur des „Adrian Monk" besser gestanden als San Francisco, obschon San Francisco die Sauberkeit von Auckland nicht erreicht. Aber selbst in Auckland würde Monk noch etwas finden, was nicht in Ordnung ist oder in Reih und Glied stünde. Vielleicht ist mir diese Serienfigur deshalb so nah, weil ich auch einen Hang zu geraden Linien und zu gleichen Größen habe. Aber steckt nicht in uns allen ein bisschen Monk?

Neunundvierzigster Tag: Maori auf Tauranga

Der Ausflugstag in Tauranga, Neuseeland, war nicht der Rede wert. Die Chronistenpflicht verbietet mir jedoch das Verschweigen von Wahrheiten. In diesem Kontext zähle ich mich nicht zur Kaste der Politiker.

In der Nacht zuvor passierte unsere „Queen" den Colville-Kanal und fuhr, zur Information für an Nautik Interessierte, an Mayor Island und Penguin Shoal vorbei und legte im Hafen von Tauranga an. Tauranga ist der wichtigste Hafen in der Region Bay of Plenty. Welcher Art Ausflug ich lange vor der Weltreise in Tauranga gebucht hatte, wusste ich nicht mehr. Ich wollte nach allerlei Seetagen bei Ausflügen gern stets an Land. Doch kaum war ich vom Schiff herunter, bestiegen wir einen Bus, der, oh welche Freude, uns zu einem Schiff brachte. Nur in der Qualität des Wassers, das um uns herum war, gab es einen Unterschied. Denn anders als auf dem Ozean schifften wir über einen Süßwassersee. Mehr noch, wir besuchten ein Thermalwunder.

Das Schiff war ein etwa zehn Meter langes und zweistöckiges Boot. Der Skipper, ein älterer Kapitän mit nahezu braungeräucherter Haut, empfing uns fröhlich mit einem Witz. Es musste ein Witz gewesen sein, denn meine englischsprachigen Begleiter lachten herzhaft. Ich lachte nicht. Schon wurde ich als Germans ausgemacht und die anderen Nichtlachenden ebenso. Die Bootsfahrt führte uns auf den Lake Rotoit. Auf dem Boot gab es Sandwiches und, je später der Tag wurde, heiße bis kalte Getränke.

Rings um den See herum breitete sich Urwald aus. Unberührt und nie betreten schien er zu sein. Da wir nah am Ufer entlangfuhren, hörte man das unablässige Zirpen von allerlei Insekten. Manchmal mischten sich undefinierbare Grunz- oder Schnauflaute darunter, deren Identifizierung uns nicht gelingen konnte, weil der Urwald, wie gesagt, ursprünglich war und blieb. Auch die Vegetation war unbeschreiblich vielfältig und für ein mitteleuropäisches Auge ungewohnt anzuschauen. Ich bewunderte diese Vielfalt, fühlte mich aber beim Hinschauen überfordert. Geht man durch einen heimischen Wald, kann man Baum von Baum kaum unterscheiden, geschweige denn, die einzelnen Bäume beim Namen nennen. Wie froh war ich, als der Kapitän auf eine kleine Bucht zuhielt. Endlich Land in Sicht.

Tauranga soll seinen Namen aufgrund der zahlreichen Strände, des fließenden weißen Wassers, der heißen Mineralquellen und der Kiwi-Plantagen zu Recht tragen, meinte der Kapitän. In besagter Bucht durften wir durch das Wasser watend an den klitzekleinen Strand gehen. Beim Eintauchen der Füße bemerkten wir die Wärme, nein, Hitze des Wassers. Es war eines der besagten Thermalwunder von Rotoit, wo kleine Geysire an die Oberfläche des Sees sprudeln. Am Ufer im flachen Wasser lagen einige Kinder, die sich offenbar nach dem Schwimmen durch den kalten See im warmen Sprudel des Geysirs aufwärmten. Das Wasser roch nach Schwefel, dessen Geruch ich am Abend beim Dinner immer noch in der Nase hatte. Oder kam er von meinen Füßen? Es gibt auch Stellen am See, wo der Schlamm nahezu kocht.

Ein Schlammbad darin soll heilende Wirkung versprechen. Seit dem vierzehnten Jahrhundert, so berichtete der Kapitän, nutzen die Maori, die Ureinwohner Neuseelands, diese heilenden heißen Quellen. Anscheinend, so dachte ich, ohne es auszusprechen, können die heißen Quellen so heilend nicht sein, denn ich habe in der ganzen Zeit unseres Aufenthaltes auf Neuseeland keinen einzigen Maori gesehen. Hat der heilende Schlamm Nebenwirkungen? Jemand hätte doch den Arzt oder Apotheker fragen können. Oder wie heißt es in der Werbung? Zu riesigen Nebenwirkungen jagen sie den Arzt zum Apotheker. Man fragte sich dennoch, warum wurden wir der Maori nicht ansichtig. Verbarg man sie vor uns? Haben die Maori Furcht vor Ausländern, weil diese, nachdem James Cook sie besichtigt hatte, von seinen Nachkommenden systematisch, wie bei Eroberungen so üblich, ausgerottet wurden, ihre Kultur zerstört worden war und man sie selber zu Sklaven oder zumindest zu Bediensteten gemacht hatte?

Was wissen wir von den Maori überhaupt? Nur, dass deren Rugbyspieler vor jedem Wettkampf ihre Gegner mit wilden Tänzen und wütendem Geschrei einzuschüchtern versuchen? Und dass die Frauenrugbynationalmannschaft, zumeist aus Maoridamen bestehend, Olympiasiegerinnen geworden sind? Mehr doch eigentlich nicht, oder? Resultiert unser Unwissen aus Desinteresse oder aus Überheblichkeit? Wahrscheinlich eine Mischung aus beiden! Ich bezichtige mich der Uninformiertheit aus der Tatsache heraus, dass Neuseeland für mich ein unerreichbares Land am Ende der Welt war.

Übrigens entweichen die heißen Dämpfe auch durch Risse des Straßenbelages. Da fragte ich mich, warum unsere Straßen so viele Risse haben, wo doch die heiße Luft bei uns nur aus den Mündern bestimmter Politiker kommt.

Fünfzigster Tag: „Der Schrecken der Karibik"

Wer bloß meine Ausflüge gebucht hat? Die Antwort ist eine Selbstanzeige: ICH. Denn auch am dritten Tag unseres Aufenthaltes im Inselreich von Neuseeland stieg ich vom Schiff in ein Boot um. Das stimmt auch nicht so ganz. Dazwischen war noch ein Tenderboot geschaltet. Und das Boot, das an Land auf uns wartete, war ein Katamaran. Das Tendern war mühselig. Ich bestieg ein Rettungsboot unserer „Queen". In ihm ist es eng, die Sitzplätze hart und der Geruch von eng aneinandergepressten Menschen nimmt von Minute zu Minute herbere Züge an. Die Überfahrt von unserer „Queen" dauerte zwanzig Minuten. Im Hafen der Bay of Islands/Neuseeland wartete der Katamaran auf uns. Ich krabbelte, da ich als einer der ersten Ausflügler das Tenderboot bestiegen hatte, als einer der letzten aus dem Rettungsboot heraus. Demzufolge war ich einer der letzten, der sich auf dem Katamaran einen Sitzplatz suchen musste. Dies bestätigt die Richtigkeit des Sprichwortes, dass die Ersten die Letzten sein werden. Und auch, wer zuletzt lacht, lacht am besten, ist nicht wahr, sondern richtig ist, dass, wer zuletzt lacht, den Witz der Sache bloß nicht eher verstanden hat.

Dass ich nur noch einen Platz in der Mitte des Katamarans fand, war kein Witz, sondern eine ernste Angelegenheit. Ich zwängte mich zwischen zwei Damen, einer korpulenten und einer sehr feinen, aber noch mehr körperlich ausgewuchteten Dame in meinen Sitzplatz, von dem mir nur noch fünfzig Prozent der Sitzfläche blieben. Nach zehn Minuten, der Katamaran hatte noch nicht abgelegt, flutschte ich aus meinem Sitz. Ich hatte mich entschlossen, die Fahrt über lieber zu stehen, als zwischen den Damen zerquetscht zu werden. Anscheinend waren einige männliche Weltreisenden in eine ähnlich missliche Sitzposition geraten, denn plötzlich standen weitere Männer in den Gängen des Katamarans herum. Aber nein, sie hatten sich nur den richtigen Standplatz zum Fotografieren gesucht. Der Katamaran bewegte sich schleichend fast von seinem Liegeplatz, um im nächsten Moment Vollgas zu geben. Durch die in den Gängen stehende Männermasse ging ein Ruck, sodass Bewegung in selbige kam. Einer fand sich auf dem Schoß einer Frau wieder, die nicht seine war. Ein anderer Mann saß auf dem Schoß eines Mannes, der seiner war.

Wir fuhren in die Bay hinaus und kamen in circa fünfzig Metern Abstand an unserer „Queen" vorbei. Mein Nebenmann bemerkte, dass der Katamaran auch an der „Vicky", so nannte er unsere „Queen", hätte festmachen können. Die Bay of Islands beherbergt 150 Inseln und bezaubernde Feuchtgebiete, in denen Vögel, Fische, Robben, Delphine und sogar Wale leben. Kein Wunder, dass sie eines der beliebtesten Reiseziele Neuseelands ist.

Ich muss noch erwähnen, dass es an Bord der „Queen" einen allein reisenden Herrn gibt, den einige Damen, besonders jene an meinem Tisch, den

Schrecken der Karibik nennen. Warum er so getauft wurde? Ich kann es nur mutmaßen. Die Damen haben mich bisher nicht eingeweiht, wie es zu diesem Spitznamen kam. Dieser Herr ist schwer seh- und gehbehindert, aber dennoch der erste und eifrigste Tänzer auf jedem Tanzboden des Schiffes. Er tanzt, auf einen Stock gestützt, nur mit dem Oberkörper. Sehr rhythmisch sieht es aus und ist es auch. Man tanzt aus diesem Grund gern mit dem Herrn. Das Problem für die Damenwelt ist der Akt der Tanzaufforderung des Herrn gegenüber den Damen. Diese müssen den Schrecken der Karibik nach dem „Darf ich bitten?" ihn stützend und führend bis zur Tanzfläche begleiten. Ehe beide dort angekommen sind, ist der erste Titel bereits abgespielt. Ab dem zweiten wird erst getanzt. Das heißt, dass sie tanzt und er lässt fest am Platz stehend seinen Oberkörper sehr elegant schwingen. Die Damen, die mit dem Schrecken der Karibik tanzen, fragen sich, wie lange es dauern und wie beschwerlich es sein würde, den Herrn wieder an seinen Platz zurückzubringen und schützen nach Beantwortung der Frage vor, dringend zur Toilette zu müssen. Jedenfalls steht der Herr am Ende jedes Mal allein und ohne Tanzpartnerin auf dem Parkett. Ihm scheint das nichts auszumachen. Er tanzt allein und munter weiter. Schlussendlich sieht sich irgendeine mitleidige Dame gemüßigt, dem Herrn von der Tanzfläche zu helfen. Der will aber nicht. Zumeist tanzt er als einziger Herr den Abend durch. Nur die Damen wechseln.

Warum erwähne ich das so ausführlich? Dieser nette Herr befand sich auch an Bord des Katamarans und stand ebenfalls, um fotografieren zu können. Er stand jedoch so zentral auf dem Katamaran, dass jeder, was auch immer er fotografierte, den Schrecken der Karibik auf dem Foto haben musste. Dieser Herr wurde an diesem Tag zum am meisten fotografierten Herrn an Bord.

Ich erzähle das, weil sonst auf und um diesen Katamaran herum nicht Aufregendes geschah. Der Katamaran jagte so dahin. Plötzlich bremste er. Falsch, der Katamaran drosselte die Geschwindigkeit abrupt herunter. Wieder falsch, die Kapitänin tat das. Ein Zauberwort rauschte durch den Lautsprecher ans Deck. *Dolphins*. Delphine in Sicht. Wo? Voraus, rechts oder links, fragten sich alle. Die Kapitänin hatte mit Absicht keine Ortsangabe gemacht. Denn hätte sie die Delphine rechts verortet, wären vielleicht die links sitzenden oder stehenden Mitreisenden nach rechts gestürmt und umgekehrt. Das hätte vielleicht ein Kentern des Schiffes zur Folge gehabt, dachte ich noch, da fiel mir ein, dass es sich bei dem Schiff ja um einen Katamaran handelt. Katamarane sind wie der „Schrecken der Karibik" schwer umzuhauen. Alles im Leben macht irgendwie letztendlich Sinn.

Die Delphine schwammen unserem Schiff voraus. Ich hatte einen Stehplatz hinten links an der Reling ergattert. Aber sah keinen Delphin. Alles stürmte zum Bug. Das ging nicht ohne weiteres, denn dazwischen lag der Kapitänsraum zum Führen des Katamarans. Ich stand allein an meiner Reling links. Plötzlich tauchten zwei Delphine an der Backbordseite auf und verschwanden wieder in den unendlichen Weiten des Meeres. Dann tauchten sie wieder auf. Das wiederholte sich mehrere Male. Ich fotografierte und filmte wie wild. Selbstredend gab ich niemandem an Bord kund, dass diese beiden Delphine mittschiffs nebenher schwammen. Es war eine helle Freude, diesen munter dahingleitenden eleganten Schwimmern zuzuschauen. Lange blieb ihre Anwesenheit allerdings nicht verborgen. Ehe ich mich versah, war ich in die zweite Reihe weggedrängelt worden. Doch auch die Delphine waren, so schnell wie sie gekommen waren, wieder verschwunden. Ich hatte meine Fotos, ein Video und eine Sitzbank ganz für mich allein. Inzwischen war die Sitzordnung durch den Delphinbesuch soweit verändert worden, dass niemand mehr auf seinen angestammten Platz pochen konnte, weil sonst das Schiff neusortiert hätte werden müssen.

Ähnlich spielte es sich auf dem Katamaran ab, als er auf das sogenannte Höllentor zusteuerte. Durch einen aus dem Meer hoch herausragenden Fels hatte die Kraft des Wassers, des Windes und des Wetters in wahrscheinlich tausenden von Jahren ein Tor durch das Gestein gewaschen, gespült oder was weiß ich wie. Es kann auch durch eine tektonische Bewegung entstanden sein. Die Kapitänin versuchte, den Katamaran durch dieses Tor zur Hölle zu steuern. Sie fuhr das Schiff voran und wieder zurück, voran und wieder zurück. Alles starrte gespannt und still auf die Vorderkante des Katamarans. Ist er exakt ausgerichtet, um hindurchkommen zu können, fragte man sich? Oder ist das Höllentor überhaupt breit genug? Nach einem dritten Versuch brach die Kapitänin das Vorhaben ab. Die einen fanden es schade, die anderen waren beruhigt, denn es hätte auch schief gehen können. Was für ein Abenteuer.

Wie ich später erfuhr, war dieses Manöver ein Fake. Nervenkitzel sollte erzeugt werden. Das Ziel der Aktion war erreicht. Alle an Bord befindlichen Menschen diskutierten darüber in ihren Landessprachen. Es war ein Stimmengewirr wie beim Turmbau zu Babel. Ich war bei diesem zwar nicht dabei, aber so muss es geklungen haben.

Der Schrecken der Karibik stand immer noch an der gleichen Stelle auf dem Katamaran. Ich fragte ihn mit meinem brüchigen Englisch nach dem Warum? Und soweit ich ihn verstanden habe, antwortete es sinngemäß: Vieles im Leben muss man einfach durchstehen. Eine herrliche Selbstironie eines gehbehinderten Mannes.

Ein- und zweiundfünfzigster Tag: Gedankenwanderung auf See

Sie vermuten richtig. Über zwei Seetage waren wieder ereignislos die Wellen geschlagen. Meinen Eintrag in dieses Buch schrieb ich am Vorabend der Einfahrt unseres Schiffes in den Hafen von Sydney. Morgen in aller Frühe, freute ich mich, wird unser Dampfer in den Hafen von Sydney/Australien hineingelotst werden. Der für unsere „Queen" standesgemäß vorgesehene Kai im Hafen von Sydney ist am königlichsten Ort in der Stadt gelegen. Vor uns werden die Wolkenkratzer, neben uns die Oper von Sydney und schräg gegenüber die Harbour Bridge zu bewundern sein. Die Wiedersehensfreude auf Sydney ist eine hoch emotionale für mich.

An Vorabenden von Anlandungen saß ich gern auf dem breiten Sims meines Kabinenfensters, schaute auf das weite Meer hinaus und ließ meinen Gedanken freien Lauf. Besser gesagt, ich ließ sie mit den Wellen treiben. Was für ein Privileg hatte ich, einmal um die Welt reisen und, so der Klabautermann es will, wohlbehalten wieder zu Hause ankommen zu können. Alles wird nach einer kurzen Umstellung und einer wahrscheinlich länger dauernden Wiedereingewöhnungsphase seinen gewohnten Gang gehen. Es sei denn, ich entscheide mich für einen neuen, einen letzten Weg in meinem Leben, ohne zu wissen, ob er der richtige sein wird.

Die See lag ruhig, der Wellengang war moderat, sagte der Kapitän bei seiner mittäglichen Durchsage. Meine Gedanken kreisten. Ich hatte heute in unserem, aus einer deutschen Tageszeitung abgeschriebenen „Nachrichtenblatt" von einem gesunkenen Flüchtlingsboot gelesen. Bei dieser Katastrophe sind dutzende aus ihrer Heimat Fliehende im Meer ertrunken. Dieses mit dem Tod endende Schicksal von armen Menschen, die nichts anderes suchten als einen Platz auf der Welt für ein menschenwürdiges Leben, berührt einen, auch wenn es tagtäglich geschieht, immer wieder aufs Neue.

Nebenbei, ist ihnen schon aufgefallen, dass kaum noch einer über Flüchtlinge spricht, die sich auf den Weg gemacht haben, um, wie es bei den „Bremer Stadtmusikanten" heißt: „Was Besseres als den Tod, können wir überall finden"? Was aber noch eklatanter ist, dass kaum jemand mit Flüchtlingen redet. Es gibt keine Kultur des Miteinanders. Sicher, mit allen kann keiner allein reden. Weltweit sind über sechzig Millionen Flüchtlinge unterwegs. Und in Schwarzafrika ist die Dunkelziffer noch höher. Jeder, der in Deutschland von Obergrenzen für Flüchtende redet, wird sofort als Populist abgestempelt oder in was weiß ich für eine Ecke gestellt. Wir haben in Deutschland so viele Ecken, und trotzdem will keiner anecken. Deshalb brauchen wir Eckpunkte, sagen die Verantwortlichen. Schon der Begriff Eckpunkte beschreibt doch die Unmöglichkeit einer Lösung. Was ist ein Eckpunkt? Ein spitzes Rundes, eine Kugel mit Kanten, ein quadratischer Kreis. Soll heißen, wir kennen Flüchtlinge nur flüchtig. Natürlich kann Europa nicht alle Flüchtlinge der Welt aufnehmen. Aber warum schotten wir die Flüchtlinge, die wir aufgenommen haben, ab und errichten beispielsweise Flüchtlingscontainer oder bauen sogar ehemalige Gefängnisse zu Flüchtlingsheimen um? Natürlich werden dort die Zellentürschlösser ausgetauscht. Sie schließen nicht mehr richtig. Warum eigentlich bringen wir die Geflüchteten nicht in den Villenvierteln unter, wo sich jene Großaktionäre verschanzt haben, die sich am Ausbeuten, Ausplündern und Ausbluten der Herkunftsländer der Flüchtlinge nicht nur dumm, sondern sogar dämlich verdient haben, sodass die Gattinnen dieser Geldsäcke, also deren Finanzlöcher, wie Affen rumlaufen, weil die Schwere der Goldketten einen aufrechten Gang nicht mehr zulässt? Entschuldigung, das mit den Affen war wieder eine Beleidigung. Für die Affen. Die Bundesrepublik hatte es geschafft, in den Neunzigerjahren drei Millionen Russlanddeutsche zu integrieren. Drei Millionen Russlanddeutsche? Das war doch ein fairer Tausch gegen einen ehemaligen SPD-Bundeskanzler. Man rätselt inzwischen, welchen Himmelhund man gegen die Millionen Flüchtende aus der Ukraine eintauschen könnte. Haben wir nicht gerade wieder einen Kanzler von den Sozialdemokraten?

Die Bundesrepublik Deutschland konnte schon mal einen ganzen Staat in den ihrigen integrieren. Mit welchem Resultat auch immer. Denn im Grunde waren die ehemaligen DDR-Bürger, die 1989 in den Westen gemacht sind, im eigentlichen Sinne auch Flüchtlinge, sechzehn Millionen sogar. Mit dem Unterschied: Die sechzehn Millionen haben ihr Land mitgebracht. Über diesen kostenlos dazugewonnenen Arbeits- und Konsummarkt im Osten hätte man sich doch im Westen freuen können. Aber nein, stattdessen hörte ich hier auf dem Schiff, wenn ich mit einem Altbundi zusammenstieß und mich als Neubundi outete, dass der Osten dem Westen teuer zu stehen gekommen ist und noch immer kommt. Die mildeste Anklage von den Leuten aus den gebrauchten Ländern gegenüber uns ausgebrochenen DDR-Häftlingen lautet, dass wir uns vom Westen alimentieren lassen. Aus Dankbarkeit, so die Forderung, sollten wir uns gefälligst endlich ossimilieren. Inzwischen haben wir Ostdeutschen uns auf der nach oben offenen Antisympathieskala in den Augen unserer westdeutschen Besitzstandswahrer hochgearbeitet. „Waren wir früher Menschen mit ostdeutschem Migrationshintergrund, sind wir heute Migranten mit ostdeutschem Menschenhintergrund", wetterte neulich ein Leipziger auf unserem Schiff. In Sächsisch.

Eins eint uns in West und Ost, und das ist neben unserer Liebe zu Kreuzfahrten besonders die Lust am Wandern. Wir Deutschen wandern so gerne. Mit schicker Presswurstbekleidung und Skistöcken mit Gummispitzen. Sogar im Sommer. Neulich hat man eine männliche Leiche im Wald gefunden. Achtzehn Einstiche. Ein brutaler Mord? Nein, der Mann ist in eine Nordic-walking-Gruppe geraten. Im Harz wurde sogar ein Nacktwanderweg eingerichtet. Der führt direkt vom Finanzamt nach Hause. Wir Gesamtdeutschen sind regelrechte Wandervögel. Und dabei sind wir arbeitsteilig. Die einen gehen wandern, die anderen fliehen lieber. Ins Ausland. In den ersten zwei Jahrzehnten des 21. Jahrhunderts sind ungefähr 800.000 Deutsche für immer aus Deutschland ausgewandert. Besonders Ostdeutsche. Nach Australien, Brasilien, Südafrika und in die, wie heißt diese benachbarte zänkische Bergrepublik? Bayern. Dagegen sind Millionen Flüchtlinge seit 2015 nach Deutschland gekommen.

Um wieder Gleichstand erzielen zu können, könnten also noch Millionen Deutsche auswandern. Mir fielen da spontan einige Namen ein.

Damit nicht mehr so viele Wirtschaftsflüchtlinge nach Deutschland kommen, fordern tatsächlich deutsche Politiker, dass Deutschland die Entwicklungshilfe, die in die Herkunftsländer der Flüchtlinge geht, erhöhen müsste. Sehr guter Vorschlag. Doch was heißt eigentlich Entwicklungshilfe? Man nimmt das Geld der Armen in den reichen Ländern und gibt es den Reichen in den armen Ländern.

Nein, ganz deutlich; wir Deutschen haben nichts gegen die neue große Völkerwanderung. Deutschland ist ja im Endeffekt erst durch Völkerwanderung entstanden. Bei der letzten großen Völkerwanderung hatte es den germanischen Stämmen nicht mehr am Ort gefallen. Und da sind sie losgewandert. Mit Beutel und Sack. Deshalb spricht man auch heute von Beuteldeutschen und Sachsen. Und wenn der Deutsche nicht auswandert, dann fällt er im Ausland ein. Als Touristenflut. Tourismus ist auch eine Art Flucht. Mit dem gewaltigen Unterschied: Beim Tourismus flüchten die Reichen zu den Armen. Aber der deutsche Tourist benimmt sich im Ausland so, als würde er den Zweiten Weltkrieg nachträglich gewinnen wollen. Und zwar *last minute*. Nicht mehr im Tiefflug, sondern im Billigflug. Er belegt die Flächen nicht mehr mit Bomben, sondern mit Handtüchern. Er marschiert nicht mehr ein in Stiefeln und Fußlappen. Sondern in Sandalen und Tennissocken. Fünf Tage dieselben Tennissocken und dieselben Sandalen. Das ist ein Gasangriff. Nein, der Deutsche hat nichts gegen den Ausländer, solange er im Ausland bleibt, er ihm das Essen serviert, die Straßen fegt oder in seinem Bundesligaverein Tore schießt.

Die neue große Völkerwanderung stört die Deutschen nicht, solange die Wanderer nicht bei ihm Station machen. Und wenn doch, dann hocken sich die Deutschen vor den Fernseher und lassen sie an sich vorüberziehen. Wenn Menschen in diesen medialen Menschenzooanstalten regelrecht vorgeführt werden, frage ich mich: Ist der Artikel Eins im Grundgesetz, „Die Würde des Menschen ist unantastbar", nur noch ein Scherzartikel? Früher habe ich immer geglaubt, dass Medien eine Bildungsaufgabe haben. Heute weiß ich es. Wenn man nämlich lange genug in diese Medien hineinstiert, gibt man irgendwann die Bildung auf. Und wenn der Deutsche dieses Stadium erreicht hat, wandert er nicht mehr aus, dann zieht er sich zurück. Diese innere Emigration führt voll ins Leere. Falls der Wohlstandstourist angesichts der angespülten Toten von einer Flüchtlingsschwemme spricht, denke ich mir immer: Der Mensch besteht zu siebzig Prozent aus Wasser. Bei manchen sammelt sich alles im Kopp. Und wenn von Politikern in den Parlamenten jeder Rüstungsexport abgenickt wird, obwohl gerade der internationale Waffenhandel eine der Ursachen dafür ist, dass Menschen vor Krieg und Zerstörung aus ihren Ländern fliehen müssen, fragt man sich, warum diese Politiker nicht endlich auswandern? Weil sie keiner haben will! Deshalb sollte man diese Zustimmungsparlamentarier warnen: Vorsicht! Nicht mit dem Kopf nicken, sonst läuft das ganze Wasser raus. Mich würde es nicht wundern, wenn einer dieser Abgeordneten den Flüchtlingen raten würde: Wenn ihr ein Loch im Flüchtlingsboot habt, bohrt ein zweites Loch hinein, damit das Wasser ablaufen kann. Vielleicht sollten sich diese sogenannten Volksvertreter mal zusammen mit den Flüchtlingen in die Fluten stürzen. Warum? Dann würden sie wenigstens die Wellen küssen. Aber am Strand würden sie brechen. Stimmt auch wieder.

Wohin Gedanken so hintreiben, wenn man auf das weite Meer hinausstarrt.

Drei- und vierundfünfzigster Tag: Sydney – mon amour

Um fünfuhrfünfzehn, was ansonsten unüblich ist, weckte uns der Kapitän am dreiundfünfzigsten Tag mit einer Durchsage. Darin bat er uns, an Deck zu kommen, um das Begrüßungsspektakel für die „Queen" in Sydney mit unserem „Ah" und „Oh" zu bewundern. Einhundert Drohnen zeichneten leuchtend rote Sterne und Herzen in den noch nächtlich dunklen Frühmorgenhimmel. Natürlich durfte das am Firmament erscheinende Firmenlogo der Reederei zu Werbezwecken nicht fehlen. Das tat es auch nicht. Es leuchtete neben dem roten Herz am häufigsten auf.

Ich bekam dieses Schauspiel nicht mit. Ich hatte verschlafen. Der Cottbuser schickte mir die von ihm gemachten Fotos freundlicherweise zu. Ich nutze sie später für mein Fotobuch. Ohne Werbung.

Während ich also noch schlief, lief die „Queen" in den Hafen von Sydney ein. Der Kapitän meldete, dass „unser Schiff, als wir uns der Harbour Bridge näherten, das Ford Denison passiert und den Kurs nach Backbord geändert hatte, wobei wir das Opernhaus an unserer Backbordseite behielten. So fuhren wir in die Sydney Bucht ein, wo wir anlegten und die Harbour Bridge an unserer Steuerbordseite behielten."

Meine Wiedersehensfreude mit dieser Stadt war riesig. Ich war schon einmal in meinem Leben hier. Diese Stadt hatte mich schon damals in ihren Bann gezogen. Und ich ließ mich wieder anziehen. Eine Stadt lebt durch ihre Menschen. Und zwei waschechte Australier aus der Nähe von Sydney darf ich meine beste Freundin und meinen besten Freund in Australien nennen. Jenny und Robert beherbergten seit einigen Wochen schon meine Lebenspartnerin und deren Freundin. Alle warteten am Kai auf meine Ankunft. Zwei volle Tage lang wollten wir unser Wiedersehen feiern. Jenny und Robert sehen wir im Abstand von jeweils zwei Jahren regelmäßig. Mal treffen wir uns hier in Australien, mal inDeutschland oder mal an verabredeten Orten auf der ganzen Welt. Meine Lebensgefährtin und ich hatten Jenny und Robert auf einer Tapas-Tour in Barcelona kennengelernt und machten dann, wie wir am Ende dieses feuchtfröhlichen Kneipenganges durch mehrere Tapasbars erfreut feststellten, zufällig eine gemeinsame Mittelmeerreise mit einem Kreuzfahrtschiff. In eine wohl lebenslange Freundschaft tap(a)sten wir sprichwörtlich hinein. Der Kontakt ist seit nunmehr dreizehn Jahren nicht abgebrochen. Deshalb muss ich darauf hinweisen, berichte ich hier weniger über städtebauliche Details dieser bunten, architektonisch so reizvollen und lebenswerten Stadt, sondern über das Wiedersehen mit unseren australischen Freunden an den Orten in dieser Stadt, die unsere Freundschaft begleitet.

Sydney ist zudem eine atemberaubende Hafenstadt. Sie ist das älteste und größte städtische Zentrum Australiens. Es waren der Goldabbau und die Schafzucht, die die Entwicklung dieser Stadt vorangetrieben haben. Sydney ist der größte Hafen im gesamten Südpazifik. Mark Twain, einer meiner Lieblingsschriftsteller, nannte sie „das Weltwunder". Ausgestattet mit einem Naturhafen, goldenen Stränden und Restaurants von Weltrang ist Sydney Kultur und Sportzentrum von Australien und das Tor zur Ostküste dieses Kontinents. Für mich sind die Wahrzeichen dieser Traumstadt die Harbour Bridge und das Opernhaus. Und zwischen beiden lag unsere „Queen". Ein symbolträchtiger Ankerplatz für sie, denn Australien gehört zum Commonwealth von Great Britain.

Wir haben die Nacht in Sydney im sechsundsechzigsten Stockwerk eines Fünfsterne-Hotels verbracht. Von unseren Fenstern konnten wir das leuchtende und funkelnde Sydney bei Nacht beschauen. Mehrere nächtliche Stunden haben wir auf die Stadt hinuntersehend geredet, uns zugeprostet, gescherzt und gelacht.

Doch auf Anfang. Nach der Ankunft im Hafen musste ich wieder die Schranken der Einwanderungsbehörde passieren. Im Gegensatz zu den USA hatte ich in Australien den Eindruck, dass man sich hier über jeden gutwilligen Menschen, der ihre Stadt besuchen möchte, freut, egal welcher Nationalität man sei, welche Hautfarbe man hat oder gar welcher Religion man angehört. Die Freundlichkeit der Australier ist auffallend, sogar, wenn sie in Amt und Würden sind. So ging die Abfertigung der Sicherheitskontrollen reibungslos, gründlich und respektvoll vonstatten.

Sydney sprudelt voller Lebenslust, zumal an den Tagen unseres Aufenthaltes in der multivitalen Metropole der St. David's Day international gefeiert wurde. Die Straßen und Plätze waren in Regenbogenfarben getaucht. Bunt und schrill präsentierte sich die Stadt als ein Ort der Unterschiedslosigkeit und Gleichstellung. Offen und lebensbejahend sowieso und immerdar. Dazu strahlte Klärchen in glänzendem Gold.

Unsere Ausies hatten die beiden Tage mit und für uns minutiös geplant. Vieles kannten wir ja schon. Dennoch waren wir verblüfft und entzückt über das, was wir bei unserer ersten Begegnung mit Sydney noch nicht gesehen, bestaunt und befühlt hatten. Meine Schilderung klingt zugegebener Maßen euphorisch und übersprudelnd, aber mit lieben Menschen und Freunden um uns herum wird eine Stadt halt so. Mit dem Unterschied, dass sich Sydney nicht extra verstellen muss. Die Stadt lebt und atmet.

Wir entschlossen uns erst einmal zu einem Ginger-Bier. Es gab Vieles zu berichten, was sich in den zwei Jahren vor unserem Wiedersehen verändert, erneuert und ereignet hatte. Das Meiste war allen schon mittels unserer gemeinsamen Korrespondenz über die elektronischen Medien und Facetime-Telefonate bekannt. Gespräche von Mund zu Mund, Auge in Auge, Umarmung zu Umarmung sind etwas gänzlich Anderes und unersetzlich Besonderes.

Der Höhepunkt dieses ersten Tages in Sydney war der Besuch der „Frida Kahlo-Ausstellung". Für alle, denen die mexikanische Künstlerin Frida Kahlo kein Begriff sein sollte, verweise ich wieder auf Wiki... na, Sie wissen schon. Es ist auch eigentlich schier unmöglich, den Versuch zu wagen, die vielfältigen Ausdrucksformen der Kunst Frida Kahlos beschreiben zu wollen. Ihre Kunst ist geprägt von ihrem menschlichen Schicksal, welches ihr übel mitgespielt hat. Ihre Kunst strahlt dennoch, um zu versuchen, es in Worte zu fassen, farbenfrohe und schrille Sucht auf Leben und Liebe aus. Kunsthistorisch wird ihr Schaffen dem Surrealismus zugeschrieben, denn alles muss auch in der Kunst seine Ordnung haben. Sicherlich ist das für Kunstexperten eine notwendige Einordnung. Ich empfinde ihre Kunst, von der ich bis zu diesem Besuch der Ausstellung nichts wusste, als eine beseelte Farbenspielerei voller Metaphern von Herz und Schmerz gleichzeitig. Blumen, Tiere und immer wieder sie selbst spielen in ihren Kunstwerken, Installationen und dreidimensionalen Ding-Farb-Kombinationen die dominierende Rolle. Wenn es für Kunstsachverständige nicht zu primitiv klingen würde, könnte man sagen: Ihre Kunst war die Vorwegnahme der Videokunst ohne Video. Ach, machen Sie sich bitte selbst ein Bild, so Sie wollen. Eins garantiere ich Ihnen: Frida Kahlo wird Sie in ihren Bann ziehen, gedanklich und gegenständlich. Wer sich auf sie einlässt, erlebt ein Seelenbeben.

Die Besucher der Ausstellung durften, so sie konnten und wollten, ein fotografisches surreales Porträt von Frida Kahlo eigenhändig ausmalen und über einen Bildgeber an die Wand der Ausstellungshalle werfen. Ein erhebender Augenblick für mich, mit Frida Kahlos Augen zu versuchen zu malen. Es wurde eine tumbe Schmiererei eines Einfaltspinsels.

Den ganzen Abend über beschrieben wir uns gegenseitig immer wieder zwischen anderen Gesprächsthemen unsere Eindrücke dieser Ausstellung. Und das in einem radebrechenden Englisch von deutscher Seite und einem für uns auch nicht sehr verständlichen australischem Englisch. Aber in der Gefühlswelt spielen wohl Sprachen eine untergeordnete Rolle. Höchstens als willkommenes Transportmittel für Gedanken. In unserem Falle glich sie einer Schubkarre. Gesichtsausdrucke, Hände und Füße halfen uns wie immer bei der Verständigung. Und mit Rotwein wurde unser Gesprächsfaden länger, aber auch am Ende die Zungen verknotender.

Die Freude am zweiten Tag unseres Sydney Aufenthaltes wurde in zunehmendem Maße von der Traurigkeit des unausweichlich kommenden Abschiednehmens an seinem Ende überlagert. Aber auch dafür hatten sich die Ausies ein Ablenkungsmanöver einfallen lassen.

Neben dem Liegeplatz der „Queen" befindet sich ein kleiner Fährhafen. Dorthin pilgerten wir, nachdem sich ein großer Regenschauer verzogen hatte, am frühen Vormittag. Oh Gott, schon wieder aufs Meer hinaus. Wollen uns unsere Freunde vorsichtig an mein Auslaufen probeweise heranführen? Nein, die Fähre schipperte uns in schnellem Tempo nach Manly hinüber, ein auf einer Art Halbinsel gelegenes Städtchen. Es ist ein beliebtes Urlaubsparadies mit goldenen Stränden, einer Steilküste und einer dennoch beschaulichen Ruhe. Wir begaben uns auf eine Wanderung von Strand zu Strand, von der Flach- hin zur Steilküste. Die Wanderwege machen trotz ihrer Befestigung fußlahm. Sie waren die Fortsetzung des Wellenganges mit steinigen Mitteln. Wir genossen die schönen Aussichten auf die Weiten des Ozeans von der Steilküste herabblickend und die Ansichten der Villen in den Bergen von den Stränden hinaufschauend. Rast machten wir Erschöpften, um uns mit Energie in Form von Eiskaffee und anderen Erfrischungsgetränken zu versorgen. Mich beschlich das Gefühl, als wollten uns Jenny und Robert mit diesem Marathon so ermüden, dass unser späteres Abschiednehmen milder, will sagen körperlich geschwächter, verlaufen solle, weil uns dann die Kraft für überschwänglich negative Gefühlausdrücke fehlen würde. Nein, es blieb noch so viel Zeit zur Regeneration, dass unser Abschied später emotional schier nicht zu verkraften war.

Der Name „Manly", erklärte uns Robert, käme daher, dass dem Kapitän James Cook, der zu allererst hier in Australien gelandet sein soll, relativ kleine, aber sehr muskulöse, männliche Ureinwohner entgegentraten. Kleine starke Manly also. Bis jetzt blieb es ein Geheimnis, ob Roberts Beweis für die Entstehung des Namens Manly ein Joke ist oder nicht. Es ist die Art von Ausies, wie mir Jenny versicherte, alles in der Schwebe zu halten, um immer eine Fluchtmöglichkeit offen zu haben. Das läge eventuell daran, meinte sie, dass die Vorfahren der meisten Australier ehemalige Strafgefangene auf dieser großen Insel namens Australien waren. Ihre Herkunft konnten uns unsere Ausies Jenny und Robert sogar schriftlich beweisen. Im ältesten Pub von

Australien sind die Namen der, ich weiß nicht wie viele Ur's es davor sind, Ahnen von Robert vermerkt, die nach dem Verbüßen ihrer Strafe in Australien zu Siedlern wurden. Die Australier mit kriminellen Vorfahren sind in der großen Überzahl. Die Nachkommen der Wachleute für die Strafgefangenen sind eine verschwindende Minderheit. Ich habe noch keinen gebürtigen Australier getroffen, der freiwillig zugab, Nachkomme eines Wachmannes zu sein. Die schämen sich vielleicht dafür. Die Australier, deren Vorfahren Strafgefangene auf der Insel waren, rühmen sich derer als Beweis für eine erfolgreiche Sozialisierung zu bewussten, stolzen und ehrlichen Australierinnen und Australiern. Manchmal sind Legenden legendär.

Nebenbei ist Manly der Ort, an dem noch lebendige Drachen hausen. Water Dragons genannt. Äußerst ungefährlich, weil nicht besonders groß und überhaupt nicht furchterregend. Sie hocken zumeist auf Steinen und lassen sich die Sonne auf ihre schuppige Haut scheinen. Man braucht kein Schwert, um sie besiegen zu können. Einfach etwas näher an sie herantreten und etwas lauter werden. Das reicht vollkommen. Und man muss nicht Siegfried dazu heißen, denn in ihrem Blute könnten nur Fliegen baden. Aber auch das ginge nicht, denn die stehen unter Naturschutz. Also die Drachen. Die schwarzen Fliegen nicht. Zudem sind die Water Dragons lustige Gesellen, die Fliegen eher lästige. Es macht Freude, diesen kleinen drachenähnelnden Reptilien zuzuschauen. Robert meinte, dass diese Water Dragons wie die Australier seien. Bodenständig und treu. Dass das ein Joke ist, fällt selbst einem alles glaubenden Deutschen auf.

In Manly saßen wir noch eine Zeitlang zu fünft auf einer Bank auf der Uferpromenade. Wir schauten auf das Meer hinaus, ließen uns von der wärmenden Sonne bescheinen, die bei unseren drei Mädels die ersten Abschiedstränen trockneten. Dasselbe tat auch der Fahrtwind auf der Fähre bei der Rückkehr zur „Queen".

Wir tranken gemeinsam ein letztes Abschiedsbier, sprachen kaum noch und ließen unseren Gefühlen und Gedanken freien Lauf. Ich werde das Abschiednehmen vor meiner Tastatur sitzend nicht schildern, versprach ich Robert, denn er befürchtete, dass an den herabfallenden Tränen mein Notebook Schaden nehmen könnte.

Wir versprachen uns bei inniger Umarmung das gemeinsame Wiedersehen irgendwo auf dieser schönen Welt. Dann schwiegen wir zusammen eine Minute.

Ich ging an Bord. Das Leben geht seinen Gang und jeder seines Weges. An uns ist es, dass sich die Wege wieder kreuzen und wir ein Stück unseres Weges gemeinsam gehen können.

Nachtrag: Das Ablegen der „Queen Victoria" verzögerte sich. Ich stand oben an der Reling und schaute auf meine Lieben hinunter. Die einzelnen Zurufe blieben unverständlich, aber die gegenseitig übermittelten Gesten für Liebe und Freundschaft waren weithin sichtbar und verständlich. Ich kam mir oben auf dem Schiff wie ein Eingesperrter vor, und für meine Lieben dort unten war die Besuchszeit vorüber. Als die „Queen" ablegte, schauten sie mir durch die Gitterstäbe des Zaunes am Kai traurig und sehnsüchtig zugleich nach. Hatte es mit der Geschichte der Besiedlung Australiens zu tun oder war es der Stich ins Herz, der mich eine neue Bezeichnung für unser Schiff finden ließ? Es ist mein *water prison*.

Fünf- und sechsundfünfzigster Tag: Wechsel und Beständigkeit

Der Aufenthalt in Sydney war Wechselzeit. Der Kapitän hatte die „Queen" verlassen. Durfte er das? Nach alter Seemannstradition geht der Kapitän als Letzter von Bord. Zum Glück bestieg ein neuer Käpten die „Queen".

Die Crew wurde ebenso ausgetauscht. Zum Teil. Der Wechsel vollzog sich unbemerkt für mich, denn ich war nicht an Bord, sondern zu der Zeit in Sydney auf Landgang. Ich habe seit Sydney einen anderen *House-keeping-man*. Ein freundlicher junger Mann von den Philippinen. Ich weiß seinen Namen leider noch nicht. Er hat sich mir nicht vorgestellt. Er sagt nur morgens „Good morning, Sir" und abends „Good evening, Sir". Ansonsten macht er mein Bett, saugt den Boden und wechselt die Handtücher. Wenn ich zum Frühstück gehe, sehe ich ihn. Und wenn ich zu Bett wanke, sehe ich ihn auch. Wann schläft er eigentlich?

Einige Passagiere wurden in Sydney ebenfalls ausgetauscht. Die Aussteiger hatten offensichtlich nach der halben Rundung der Welt die Nase voll von ihr. Vielleicht hatten sie aber auch die andere Hälfte schon gesehen. Es könnte aber auch sein, dass Australien noch als Gefängnisinsel genutzt wird und nur der Transport auf einem Luxusliner dorthin nobler war. Nein, dann wären ja die Neuankömmlinge von Sydney auf dem Schiff eigentlich Entlassene, reguläre, vorzeitige oder auf Bewährung. Und warum so viele? Gab es in Australien eine Amnestie? Ich spinne den Gedankenfaden jetzt nicht weiter, weil ich abschließend spekulieren müsste, wer von den neuen Mitreisenden auf unserem Schiff, weshalb und wie lange auf Australien eingesessen hatte. Welches Verbrechen musste er, sie, es abbüßen? Wohnt ab jetzt in der Kabine neben mir ein ehemaliger Räuber, Hochstapler oder Heiratsschwindler? Das könnte furchterregend sein. Man könnte die Neuankömmlinge mit ganz anderen Augen ansehen und gleichzeitig hoffen, dass mir mein Misstrauen und mein Argwohn nicht auf der Stirn geschrieben stehen würden.

Ich merkte es meinen widersinnigen Gedanken an, dass wieder zwei Seetage hinter mir lagen. Der Blick auf das monotone Dahinfließen des Meeres kann die Sinne schon verwirren.

Was sich seit Sydney auf dem Schiff noch verändert hatte, das war die Einteilung, wer, wo, zu welcher Zeit, an welchem Tisch und auf welchem Stuhl zukünftig beim Dinner zu sitzen hat. Die Sitzordnung wurde zwar nur partiell, aber für den Einzelnen gravierend umgestellt. Das Stühlerücken, eine Variation auf die „Reise nach Jerusalem", fand allerdings ohne das aktive Mitspielen der zugeordneten Personen statt, was hernach zu einigen Verwirrungen und heftigen Beschwerden geführt hat.

Hierbei bin ich mir wiederum nicht sicher, ob man das Stühlerücken noch als „Reise nach Jerusalem" verballhornen darf. Es könnte sich um eine politische Unkorrektheit handeln. Ähnlich dem Zigeunerschnitzel, welches ja jetzt „Rotationseuropäer-Kotelett" heißen sollte. Oder wenigstens „Schnitzel von Sinti und Roma". Nebenher bemerkt, gutmeinende Leute glauben tatsächlich, dass die angewandte verordnete, sogenannte politisch korrekte Sprache den Zusammenhalt der Gemeinschaft stärken, der Diskriminierung entgegenwirken und die vorhandenen festgezurrten Rollenbilder reduzieren könnte. Diese Gläubigen unterliegen der naiven Annahme, dass, wenn man die Sprache ändere, sich die gesellschaftlichen Verwerfungen verbessern würden. Der ständige Verweis auf die Ungerechtigkeit in der Sprache dient lediglich der gewollten Verschleierung der Ursachen für die Ungerechtigkeiten und nicht ihrer Beseitigung. Durch sorgfältiges Denken anstatt durch willenlosen Gehorsam kann man diesen Irrglauben korrigieren.

Das Umordnen des Sitzplanes jedenfalls verursachte beim ersten Abenddinner nach dem Auslaufen aus dem Hafen von Sydney an Bord unserer „Queen" ein heilloses Durcheinander. Mich hatte die Umbesetzung, was für einen Bühnenkünstler wie mich an sich schon ein Unwort ist, ebenso betroffen. Allerdings wurde ich von dem mir neu zugewiesenen Tisch durch die bereits dort Sitzenden sofort des Platzes verwiesen. Und das war für mich als einen ehemaligen mittelklassigen Fußballspieler eine ungerechtfertigte „rote Karte", gegen die ich heftig beim Schiedsrichter in Persona des Oberkellners protestierte. Bevor es zu Tumulten und Zuschauerausschreitungen kommen konnte, verließ ich mit einem Fingerzeig, dem Herunterreißen meines Galajacketts und unter Protest den Platz, sprich das Restaurant. Meine Abendmahlzeit nahm ich im „Lido", dem Restaurant für Lockerbekleidete und Sichselbst-Bedienende ein. Am Tage danach wurde ich bei meiner deutschsprachigen Reisebetreuerin zwecks Beschwerde vorstellig. Und mit mir noch ein Dutzend anderer Betroffener. Am darauffolgenden Abend wurde mein Platzverweis ausgesetzt. Man wies mir einen Stuhl an einem Zweipersonentisch zu. Die Dame, die mir für also die nächsten rund fünfzig Abende gegenübersitzen würde, war zwar nicht unbedingt meine Wunschperson, aber ich habe die Gewähr, da die nämliche Dame auch eine Ganz-um-die-Welt-Reisende ist, dass sie wenigstens nicht vorzeitig ausgewechselt werden wird. Langsam muss ich mich nun doch an unsere verordnete Zweisamkeit, die im Rahmen unseres vormaligen Fünfertisches schon bestand, gewöhnen. Es hätte besser kommen können. Gut wird es vielleicht noch werden.

Jetzt gegen Abend des zweiten Seetages, der auf meinem *water prison* wie immer in stupider Regelmäßigkeit abgelaufen war, bereitete ich mich gedanklich auf den Ausflug am morgigen Tag in Cairns vor. Mein „Tablabla" vermeldete zwei wichtige Dinge. Erstens, dass ich meine Uhr in dieser Nacht wieder um eine Stunde zurückstellen müsse und zweitens, dass das Schiff eine Route hin nach Cairns einschlagen würde. Wer hätte das gedacht.

Seit dem Nachmittag durchquerte die „Queen" das Great Barrier Reef innerhalb des Kontinentalschelfs. Was immer das auch sein mag, dieses Schelf muss riesig sein. „Es besteht aus über dreitausend einzelnen Riffen und neunhundert Inseln, die sich über 2.300 Kilometer auf einer Fläche von etwa 344.400 Quadratkilometern erstrecken."

Auf meinem Buchungsbeleg für den Ausflug stand lediglich „Sunday - The Great Barrier Reef". Nicht mehr und nicht weniger. Abfahrt eins null null PM und Ankunft acht null null PM. Dass diese Zeitspanne für die Erkundung oder die Besichtigung der dreihundertvierundvierzigtausendvierhundert Quadratkilometer ausreichend war, musste ich wohl sehr in Zweifel ziehen. Obwohl, man hat schon vor der Apotheke die berühmten Pferde ... Na ja, hierbei handelte es sich sicherlich um kleine Seepferdchen.

Siebenundfünfzigster Tag: Great Barrier Reef – Korallenparadies

„Cairns in Australien liegt im tropischen Norden von Queensland. Die Stadt ist das Tor zum Weltnaturerbe Great Barrier Reef, einem spektakulären Ort, der für Schnorcheln und Tauchen inmitten einer kaleidoskopischen Unterwasserwelt und Korallen bekannt ist", schrieb das „Tablabla". Der Kreuzfahrthafen befindet sich inmitten des Stadtzentrums. Von hier aus gelangten wir zum Schnorchelgang angetretenen Ausflügler direkt zum Yachthafen. Ein Katamaran transportierte uns zu den Korallenbänken. Schätzungsweise dreißig Kilometer Meerwasser lagen zwischen uns und der ersten Tauch- und Schnorchelstation.

Während der Katamaran über die Wellen ritt, nutzte die Crew, vornehmlich mit jungen Frauen und Männern besetzt, die Zeit, um uns Tauchsporteleven für das bevorstehende Schnorcheln einzuweisen. Nachdem jeder ein für die Versicherung notwendiges Formular ausgefüllt hatte, wurden wir einer gründlichen Belehrung unterzogen. Eine freundlich lächelnde junge Dame ahmte die Worte des Belehrungstextes ähnlich einer Stewardess oder Flugbegleiterin pantomimisch nach. Die linkischen Bewegungen der Dame lösten an Bord Heiterkeit aus. Mir, der ich ein berüchtigter Schisser bin, verursachten die aufgelisteten Gefahren beim Schnorcheln eher ein leichtes Unbehagen. Nachdem ich mich übergeben hatte, ob aufgrund des relativ hohen Wellenganges oder aus Angst vor dem Schnorchelgang, vermag ich nicht mehr zu sagen, ließ ich die Prozedur des Anlegens der Ausrüstung leicht apathisch über mich ergehen. Ich zwang meinen Körper, insbesondere meinen Bauch, den ich mein Feinkostgewölbe nenne, ungelenkig in einen viel zu engen Taucheranzug hinein. Dieser bestand aus einem Kunststoffzeug, das im Gegensatz zu mir nicht nachgab. Währenddessen beschloss ich so ganz nebenbei, dass ich, sofern ich den Tauchausflug überleben sollte, was mir unwahrscheinlich schien, unbedingt acht Kilogramm an Körpergewicht abspecken werde. Schließlich gelang mir mit Hilfe eines männlichen Crewmitgliedes der Überzug dieses Ganzkörperkondoms. Schwimmflossen, Taucherbrille und Schnorchel vervollkommneten meine Umgestaltung zu einer Presswurst im Kunstdarm, die an den Enden signalgrün verknotet war.

Doch was ich so ausstaffiert unter Wasser zu sehen bekommen sollte, entschädigte mich für all die letztendlich doch geringen Mühen meiner Selbstverunstaltung. Den Fischen, hoffte ich, würde mein Aussehen keine psychischen Schäden zufügen, zumal andere zum Schnorcheln kostümierte Personen drastischer erschreckend komisch aussehend daherkamen. Ähnlichkeiten mit Walen oder Kugelfischen waren unverkennbar. Bei anderen wiederum bestand die Gefahr, von einem Fischschwarm als dessen Bestandteil integriert zu werden. Ob diese Integration die Schwarmintelligenz der Fischverbände erhöhen würde, kann ich nicht einschätzen. Zumindest waren unter den Schnorchelnden ein Professor für Philosophie, ein Metzgermeister und eine Kunstmalerin vertreten. Das fand ich heraus, als wir uns gegenseitig für den Tauchgang Mut machten. Der Metzgermeister meinte lapidar, dass Mut haben heißt, bei Durchfall zu furzen. Der Tauchanzug hält dicht.

Ungelenk, wegen der Schwimmflossen meist rückwärtsgehend, stolperte ich ins Meer. Dabei lief mein Schnorchel voll Wasser, und ich verschluckte mich am Salzwasser. Ich hustete den Fischen erst einmal was. Dann gelang es mir endlich, das Gesicht ohne weitere orale Wasseraufnahme ins Meer zu tauchen.

Unter mir eröffnete sich eine bläulich und grün schillernde Unterwelt mit allerlei bunten, sich in Wasserwirbeln hin- und her bewegenden Korallen. Zwischen denen tummelten sich Fische unterschiedlichster Gestalt und vielfältigster Farbgebung. Leider, so sagte man uns hinterher, seien das Unterwasserpanorama und die uns gebotene Show im Unterwasserreich etwas beeinträchtigt gewesen, weil der Himmel über dem Meer wolkenverhangen war und so keine Sonne die Szenerie des Unterwasserlebens bestrahlen konnte. Ein Vorher-Nachher-Vergleich war mir nicht möglich, denn leider erbarmte sich Klärchen nicht, uns während des Schnorchelganges als Scheinwerfer für unsere Erleuchtung und die der Unterwasserwelt dienlich zu sein.

Die Berauschung meiner Sinne durch diesen phänomenalen Anblick war dennoch vollkommen. Fische zum Greifen nahe waren unfassbar. Die Vielfalt der Arten und Formen der Tiere in dieser Unterwasserwelt ist unbeschreiblich und kann nicht mal ansatzweise geschildert werden. Einfach unterirdisch überirdisch. Alles schien eine Ordnung zu haben, nämlich jene, dass sie sich sekündlich änderte. Schwärme von kleineren Fischen bewegten sich wie choreographisch einstudiert. Im Gleichklang der Bewegungen schwamm niemand aus der Reihe. Einen Vorschwimmer konnte man nicht ausmachen, weil die Richtungsänderungen mal am Kopf, mal am Schwanz des Schwarmes begannen. Und man konnte auch nicht erkennen, was sich als Kopf und Schwanz des Schwarmes hervortat. In den Schwarm hinein und heraus bewegten sich größere bis große Fische, die einzeln oder zu mehreren stoisch und ruhig dahinglitten. Allen Fischen, so empfand ich es, war eins gemeinsam, nämlich ihre offenen Münder, Mäuler oder Schlunde. Keine Ahnung, wie man das nennt. Natürlich, dachte ich, sie müssen ja damit atmen. Sie atmen Wasser. Salzwasser. Fische müssen nicht, wie wir beim Abenddinner, ständig nachsalzen. Fische können sich auch nicht verschlucken, wie wir vornehmlich bei Kaffee und Krümelkuchen. Das mit Sauerstoff angereicherte Wasser fließt vorn am Kopf in den Fischkorpus hinein und seitlich ohne Sauerstoff am Kopf wieder heraus. Wortspielend schreibe ich einfach auf: Um leben zu können, müssen sich Fische am Kiemen reißen.

Mir fehlen die Worte, um all die Farben und Formen sprachlich bebildern zu können. Vor einem Aquarium hat sicherlich jeder schon einmal gesessen und das muntere, sich wiederholende Treiben des Unterwassergetiers beobachtet. Man sagt ja, dass das im Intelligenzgrad höher entwickelte Lebewesen dem niedriger entwickelten seinen Willen aufzwingen könne. Und es soll Fälle gegeben haben, dass Leute, die lange ins Aquarium hineinschauten, anschließend rhythmisch, lautlos und abwechselnd ihre Lippen stülpten und schlossen.

Nach einem zweiten Schnorchelgang von einer weiteren, fest verankerten Plattform aus, zu der wir gefahren worden waren, versuchte ich, mich aus dieser Taucherrüstung wieder zu befreien. Dieses unerotische Striptease glich einem Entfesselungsakt. Ohne tatkräftige Hilfe gelang es niemandem. Nach dieser Akrobatik mit ungelenkigen Gliedmaßen und der Neuverpackung meines Körpers in die zivile Bekleidung, nahmen wir einen Lunch ein, auf deren Reste wartend, sich die Fische unterdessen rund um die Plattform eingefunden hatten. Es ist ein streng überwachtes Grundprinzip im Areal des Great Barrier Reef, dass nur die Speiseabfälle im Meer landen dürfen, die die Unterwassertierwelt verwerten kann. Somit stehen Fische und jedes andere Meeresgetier am Ende der Nahrungskette. Das Leben kam aus dem Meer und endet auch dort. Das Ansteigen des Meeresspiegels weltweit kann man dahingehend interpretieren, dass sich die Unterwasserwelt ihren Lebensraum zurückerobert.

Das Great Barrier Reef steht, wie bereits geschrieben, unter Schutz als Weltnaturerbe. Dennoch ist es bedroht. Sehr sogar. Nicht durch den Tourismus, aber auch, sondern hauptsächlich durch die Erhöhung der Wassertemperaturen, die sich in den Ozeanen durch die Veränderung der Wasserströme bemerkbar macht. Ich bin kein Klimaforscher und überlasse desterwegen die wissenschaftliche Bewertung der Gefahren für das Reef den Experten. Jedoch, wenn man dieses Naturwunder und die sich in dem Reef abspielenden Naturschauspiele fast hautnah, nur getrennt durch dieses Kunststoffzeug, sehen und miterleben durfte, für eine geringe Zeit, zumindest mit dem Gesicht, Teil dieses wunderbaren Lebensraums der Unterwasserwelt war, würde ich mich, wenn es nicht absurd wäre, aus Protest sogar auf der Wasseroberfläche über dem Great Barrier Reef festkleben wollen. Ich will uns – einen berühmtem Aufruf abgewandelt – mit allem Nachdruck aufrüttelnd zurufen: Menschen dieser Welt, schaut auf dieses Reef!

Bei Innenaufnahmen Ruhe bewahren. Verderben Sie nicht diese einmalige Gelegenheit!

Achtundfünfzig- bis sechzigster Tag: **Lasst Blumen sprechen**

Jedes Mal, wenn ich mehrere Tage in der Überschrift zusammenfasse, weiß man, dass es sich um Seetage handeln muss. Ich erzähle dann über Ereignisse, Geschehnisse, Dinge und Gedanken, die nichts mit dem eigentlichen Sinn einer Weltreise, nämlich der Anschauung der Welt, zu tun haben, sondern vielmehr mit der Weltanschauung. Meiner Weltanschauung. Beim Nachdenken über das Weltnaturerbe Great Barrier Reef erinnerte ich mich an einen Text von mir über den Umgang mit der Natur im Kleinen. Er hat den Titel: „Lasst Blumen und uns mit ihnen sprechen!" Stellen Sie sich vor, Sie seien eine Gärtnerin und unterhielten sich mit den wahrhaft Grünen.

„Da seid ihr ja, meine Blumen. Ich bin's, Eure Jasmin. Eure Beet-Schwester. Eure Professorin mit dem grünen Daumen von der Akademie der blühenden Künste. Sagt einfach Gärtnerin zu mir.

Na, meine Rose. Bist du heute schon bestäubt worden. Du weißt ja: Hat die Blume einen Knick, war die Hummel wohl zu dick.

So, meine schönen Blumen, ich will mal wieder mit euch sprechen. Spricht man Blumen gut zu, gedeihen sie besser. Deshalb werde ich anschließend noch das Unkraut beleidigen. Wie sagt schon der heilige Florian, der Schutzpatron der Gärtner: Kannst du dein Haus nicht mehr erspähen, wird's höchste Zeit zum Rasenmähen. Aber keine Bange, meine liebe Blumenpracht, heute mache ich keine Motorengeräusche, lasse auch nicht die Schafe blöken, nein, heute hilft mir bei der Gartenarbeit die Frau Sichel geborene Sense. Sie kommt aus Stuttgart. Wusstet ihr eigentlich, dass sich die geizigen Schwaben nach dem Tod nur stehend bis zum Bauch begraben lassen? Ja, so können sie die Grabpflege selbst machen.

Die Frau Sichel geborene Sense, ist auf Urlaub hier. Zu Hause hat sie sehr viel Geld ausgegeben, um ihren Garten in eine steinreiche Wüste zu verwandeln. Einmal im Jahr macht sie Urlaub in schöner, grüner Landschaft. Die Frau Sichel geborene Sense meint, das Beste an der Gartenarbeit sei, dass man sie so lange hinausschieben kann, bis sie keinen Sinn mehr macht. Bei Frau Sichel geborene Sense ist fast alles künstlich. Ihr Mann hat mir verraten, dass sie nur noch eine Zierpflaume hat. In ihrem Garten.

Warum weinst du, meine rote Nelke? Bist du am Ersten Mai wieder nicht benutzt worden? Sei froh. Aber pass auf, meine rote Nelke, wenn du nicht mal mehr am Ersten Mai benutzt wirst, stirbt deine Art aus. Was machst du dann? Wie? Du hast längst umgeschult zum Gewürz.

Da brauchst du gar nicht so hämisch zu grinsen, mein lieber Löwenzahn. Du bist keine Blume, sondern Unkraut. Und du bist nicht von hier. Du bist eingeschleppt worden. Aus Zentralasien. Du bist ein Neophyt. Das hat mir die Frau Sichel geborene Sense erklärt. Es gibt Archäophyten und Neophyten. Archäophyten kamen vor Columbus nach Europa und Neophyten nach Columbus. Schätzungen zufolge, sagt Frau Sichel geborene Sense, haben sich „... in den vergangenen Jahrhunderten 50.000 Pflanzen" und junge Früchtchen bei uns eingeschlichen. Von diesen fremden Setzlingen sind aber nur ein paar Hundert geblieben. „Die anderen keimten hier mal kurz und merkten. das Klima ist zu rau, die Wiesen zu trocken und dann hatte sich das erledigt. Viele der Neophyten hätten in den letzten sechzig Jahren in unserem Ökosystem Lücken gefüllt." Die Ursachen für die Lücken sind bekannt, sagt Frau Sichel geborene Sense. „Monokulturen und Pflanzenvernichtungsmittel in der Landwirtschaft und Städte, die immer mehr in die Natur hineinwachsen, wie auch Industrieparks, die auf dem Land gebaut werden." Trotzdem sind sie hier nicht unerwünscht, also nicht die Industrieparks, sondern die Fremdsetzlinge. Die braucht man nicht mehr zu züchten, sondern nur noch wachsen zu lassen und abzuernten. Das ist wahrhaft eine kulturelle Aneignung.

Aber solche Menschen, die wie die Frau Sichel geborene Sense statt Rasen vor ihrem Haus Kieselsteinfelder anlegen, werden uns demnächst unsere Gärten ebenso ausreden wollen wie zum Beispiel den Zoo. Von wegen artgerechter Haltung.

Ja, mein kleines Stiefmütterchen, ich habe auch schon mal drüber nachgedacht, den Rasen einfach dem Giersch zu überlassen oder beim Blick auf den perfekten Rollrasen von meinem Nachbarn mit Gedankenkraft die Rauke sprießen zu lassen. Aber wie ich diesen eingefleischten Veganer von Nachbarn kenne, frisst der das Zeug auch noch. Und wenn er Geschmack daran findet, streut er auf die Natur Kunstdünger drauf.

Entschuldigt, meine unschuldigen Blümchen, dass ich euch heute besonders vollquatsche! Aber andere gehen zur Therapie, und ich gehe halt in den

Garten. So, dann werde ich euch mal weiter kultivieren. Kultivieren setzt sich zusammen aus Kulti und Viren. Blumen sind Kult und ihr Duft ist ansteckend wie Viren. Es heißt zwar: Die Blumen machen den Garten, nicht der Zaun. Richtig. Aber nur, wenn wir das Gartentor nicht offenlassen. Denn schließlich möchte ich euch, meine lieben Freudenspender, noch lange hegen und pflegen.

Aber welch ein Horror, bald ist wieder Valentinstag. Das ist ein tiefer Einschnitt. Schnittblumen sind guillotinierte Blütenträger. Es heißt: Lasst Blumen sprechen. Aber wie sollen sie sprechen ohne Kopf? Jede Blume hat ihre eigene Biografie. Doch so wie das Grüne zurzeit wild wuchert, werden wir bald ein grünes Königreich haben. Die Frage ist nur: Regiert uns dann ein Zaunkönig? Als Hymne singen wir hernach: Sag mir, wo die Blumen sind? Ich kann für euch, meine Blümchen, nur hoffen, dass die letzte Blume, die uns blühen wird, nicht die auf dem Bier sein wird.

Einundsechzigster Tag: Darwin – Von Affen und Menschen

Ich erwischte mich an Seetagen zunehmend dabei, dass ich versuchen wollte, die tägliche technisch nüchterne Mitteilung des Navigators über den Kursverlauf unseres Schiffes, wie soll ich sagen, in eine verständlichere, poetische und manchmal auch erotische Sprache zu übersetzen. Ich kann mich einfach nicht daran gewöhnen, dass man mit Grad und Minuten die Position eines Schiffes auf dem großen weiten Meer verorten und danach den Kurs bestimmen könne. Aber scheinbar klappt das seit Jahrhunderten Seefahrt sehr gut, denn bisher hatte unser Schiff auf seiner Reise jedenfalls noch nie einen Hafen verfehlt. Dennoch würde es doch irgendwie lustiger klingen, wenn uns der Steuermann von der Brücke aus mitteilen würde, dass die „Queen", nachdem sie in der Dundas Strait lustwandelte, sich einen Mann an Bord gelotst hatte, der mit ihr in den Hafen eingefahren war. Dieser Lotse hieß Darwin, den die „Queen" mit Charly, welches der Kosename von Charles ist, umsäuselte und der einstmals der Begründer der Evolutionstheorie war. Dieser Herr Darwin benannte sich, weil ihm das Schäferstündchen mit der Queen dort so gefiel, nach der Stadt oder diese nach ihm. Und seit Charly aus der Queen raus war, sprach man von der Darwin'schen Leere. Ich glaube langsam, aber sicher, dass mich der gefürchtete Schiffskoller befallen hat.

Die Stadt Darwin, in deren Hafen wir am heutigen Morgen eingefahren waren und festgemacht hatten, liegt an der abgelegenen Nordküste von Australiens Top End. Sie firmiert als Hauptstadt des australischen Nordterritoriums und ist nicht nur am Meer, sondern auch an der „Timorsee" gelegen. Darwin nennt sich „Das Tor zu einigen der beeindruckenden Naturlandschaften Nordaustralien". So stand es im Reiseführer geschrieben. Und weiter formulierte man darin, dass „die Nähe zu Südostasien Darwins Status als Brücke zwischen dem Land und dem benachbarten Indonesien noch verstärkt. ... Riesige Berge, grünes Grasland und weitläufige Nationalparks umgeben Darwins pulsierendes Stadtzentrum, während charaktervolle Tavernen, einzigartige kulturelle Attraktionen und eine fabelhafte Auswahl an frischen Fischrestaurants die einladende, sympathische Atmosphäre der Stadt noch verstärken." Als zum Schluss der Punkt am Ende des Satzes kam, war ich richtig erleichtert. Was in Gottes Namen sind „frische Fischrestaurants"? Verspeist man dort Restaurants, weil die besonders frisch sind? Oder sind die Restaurants frisch gestrichen? Und sitzen in charaktervollen Tavernen volle Charaktere oder sind die Tavernen mit Charakteren voll?

Ich bewundere die Verfasser solcher Werbebotschaften für ihre kurzprägnante, adjektivüppige und plattschwulstige Verbalakrobatik. Ich selbst neige ja dazu, mich bei meinen Texten in Neben- und Relativsätzen zu verfranzen, und nicht unoft misslingt mir das harmonierende Zusammenspiel von Adjektiv und Substantiv. Zur Perfektion dieser Werbelyrik und Anpreisungsstilistik könnte ich jedoch es nie bringen. Meine Hochachtung gegenüber den Kollegen der werbenden Schreibrhetorik möchte ich deshalb auch hier nicht verhehlen.

Die Stadt Darwin erschien für mich, der ich sie mir leider nur in einer zweistündigen Stadtrundraserei flüchtig anschauen konnte, wie ein Neubauviertel mit standardisierter Architektur. Das soll jetzt um Himmelswillen kein Vorwurf sein, sondern meine Ehrerbietung an die Neuerbauer der Stadt, über die am fünfundzwanzigsten Dezember 1974 der Zyklon Tracy gerast war und eine verheerende Verwüstung angerichtet hatte. Über siebzig Prozent der Bauwerke wurden zerstört. Über dreißigtausend der dreiundvierzigtausend Einwohner mussten per Flugzeug evakuiert werden. Die Stadt wurde wiederaufgebaut, wobei stabilere Baumaterialien und Bautechniken eingesetzt wurden. „Die Botschaft hör ich wohl, allein mir fehlt der Glaube." Ich hoffe, dass es nach einem weiteren schlimmen Orkan nicht heißen möge: „Den Glauben hab ich wohl, allein mir fehlt die Botschaft."

Heute sieht Darwin aus wie ein hügliges grünes Feld, aus dem unterschiedlich große stereotype Gebäude wie Champignons aus dem Boden geschossen sind. Abwechslungsreich angeordnet stehen diese mit Balkonen an ihren Fassaden übersäten, gleichmäßig von Palmen und knorrigen alten Bäumen, die dem Zyklon trotzen könnten, umstellten Wohn- und Hotelbauten inmitten der Landschaft. Sie schmiegen sich regelrecht an die Hügel an oder thronen auf ihnen. Mich begeistert diese den Zyklonen trotzende Architektur, obwohl ich emotional den Hauptfarben, nämlich grün und gelb in Kombination, in denen Darwin erstrahlt, auch für eine Stadtarchitektur nicht sehr zugetan bin.

Bei unserer Rundraserei durch diese beeindruckende Nigel-Nagel-Neustadt Darwin durften wir uns bei gefühlter Hitze von fünfunddreißig Grad Celsius und einer durchschwitzt geschätzten Luftfeuchtigkeit von einhundertzwanzig Prozent für vierzig Minuten im Schatten der Bäume eines der vielen Botanischen Gärten der Stadt entspannen. Danach ging es im Eiltempo zurück zum Schiff. Anscheinend hatte der Reisebegleiter noch etwas Dringendes zu erledigen. Vielleicht ein frisches Fischrestaurant zu verspeisen oder sich in einer Taverne charaktervoll zu betrinken.

Reisetipps

Vorsicht: Landausflüge mit sportlicher Selbstverwirklichung können rasch
Konfliktsituationen auslösen!

Zwei- und dreiundsechzigster Tag: Crokodile dummy

Nach dem Erwachen am Seetag hatte ich beschlossen, die Augen wieder zu schließen. Nichts, bis auf einen nachmittäglichen Termin beim Friseur, lag vor mir. Die „Queen", so teilte mir mein „Tablabla" mit, war auf nordwestlichem Kurs durch die „Timorsee", ein relativ flaches Meer im Süden der Insel Timor. Am heutigen frühen Morgen fuhr sie südlich von Sawu Island, Indonesien, auf der Steuerbordseite. „Am späten Abend wird sie auf dem Weg nach Bali, Pulau Sumba und später südlich von Palau Sumbawa passieren." Wenn ich aus meinem mit Salzwasser verkrustetem Fenster hinausschaute, sah ich Wasser. Ringsherum Wasser. Hoffentlich, dachte ich, fällt nicht auch noch in Bali der Landausflug in selbiges.

Ich muss mich korrigieren. Die Verballhornung des Namens der Stadt Darwin war eine meiner Wortspielereien. Aber hätte Charles Darwin miterleben können, wie sich einige Weltreisende an Land aufführten, er hätte seine Evolutionstheorie, wonach der Mensch vom Affen abstammt, daran beweisen können. Meine bayerische Tischnachbarin hatte in Darwin einen Ausflug auf eine Krokodilfarm gebucht. Sie beklagte sich anschließend bei mir, dass sie keines dieser possierlichen Tiere persönlich füttern durfte. Wenigstens sie zu streicheln hätte man ihr erlauben müssen, erboste sie sich. Ich weiß, dass in Bayern Krokodile eher selten in freier Wildbahn anzutreffen sind, aber so viel Verstand traute ich meiner Tischnachbarin schon zu, dass dies ein von ihr im besten Fall gewollter oder im schlimmsten Fall ungewollter Joke war. Doch als sie dies von sich gab, streichelte sie sanft ihre Handtasche. Vermutlich war sie aus Krokodilleder.

Ich glaube, die Tiere im Zoo fragen sich inzwischen immer öfter: Warum sind wir eingesperrt und manch eine oder einer von der Spezies Mensch darf draußen frei rumlaufen? So lange Menschen denken, dass Tiere nicht fühlen, müssen Tiere fühlen, dass Menschen nicht denken. Reicht es nicht, dass die Menschen schon Tiere nach Sportartikeln benannt haben. Puma. Oder nach Autos. Mustang, Jaguar, Käfer. Andererseits beleidigen sich Menschen, indem sie sich mit Tiernamen liebkosen oder beschimpfen. Je nach Situation werden die Tiernamen, die sich Menschen geben, kleiner oder größer. Tiere sind da radikaler. Die Gottesanbeterin beispielsweise beleidigt ihren Gatten nicht.

Nein. Die frisst ihn nach dem Geschlechtsakt einfach auf. Neulich las ich einen ziemlich blöden Spruch, den ich ihnen nicht ersparen kann: „Hackfleisch kneten ist wie Tiere streicheln, nur eben später." Zum Glück gibt es auch reine Pflanzenfresser unter den Menschen. Aber ist man noch Vegetarier, wenn man Schmetterlinge im Bauch hat? Oder wenn mir im Mietvertrag die Tierhaltung verboten wurde, darf ich dann trotzdem mit den Hühnern zu Bett gehen? Oder heißt es im digitalen Zeitalter nicht mehr, der Hund geht an der Leine, sondern: Der Hund geht online? Dabei ist gerade der Hund des Menschen liebstes und nützlichstes Haustier. Und so gelehrig. Der Mensch schult ihn um zum Spürhund, Wachhund, Blindenhund, also zum Hilfshund für Blinde wohlgemerkt. Dass der Hund demnächst sogar aktiv in die Volksgesundheit eingreifen könnte, ist schon in der Bibel vermerkt: „... und die Hunde leckten den Armen ihre Wunden." Ich hoffe diesbezüglich nicht, dass die Regierung bibelfest ist. Denn dann käme sie wirklich auf die Idee und setzte diese biblische Theorie in der Arztpraxis um. Die Patienten, heute die Fallpauschalen, hätten die Wahl zwischen einer IGEL-Leistung oder dem Hundelecken. Und die Regierungsmedien könnten titeln: Patienten sehen gesund aus, quasi wie geleckt. Allerdings wette ich, um Missbrauch zu verhindern, denn es könnte sich ja jeder einen Hund von der Straße wegfangen, wird die Regierung die Hundesteuer dann um 100 Prozent erhöhen. Auf Hundefutter müsste man Medikamentenzuschlag zahlen.

Das bringt mich auf eine Idee. Ehe die Regierung auf den Hund kommt, mache ich mit meinem Dackel Waldi eine Gemeinschaftspraxis auf. Für Menschen und Tiere. Tiere sind schließlich auch nur Menschen. Denn wie sagt schon das Sprichwort: Es ist nicht wichtig, ob der Mensch vom Affen abstammt; viel wichtiger ist, dass er nicht wieder dorthin zurückkehrt. Obwohl die Tendenz zur Re-Evolution schon erkennbar ist. Die Evolution hat Millionen Jahre für den aufrechten Gang des Menschen gebraucht. Das Smartphone hat das in wenigen Jahren wieder rückgängig gemacht.

Das war ein Gedankengang. Morgen folgt ein Landgang. Das stand nun fest, denn mir flatterte ein Rundschreiben des Kapitäns in die Kabine, in dem wir ausdrücklich vor der Kriminalität auf Bali-Benoa, der wir uns bewusst sein sollten, gewarnt wurden. Wörtlich wurde dort weiterhin angeführt, dass „wir es vermeiden sollten, teure Gegenstände oder Dinge, die uns leicht als Tourist identifizieren könnten, offen zu tragen". Obschon die Karnevalszeit vorbei ist, frage ich mich nun doch, als was ich morgen an Land gehen sollte? Als Tourist sollte ich ja nicht zu erkennen sein. Was trägt man denn so auf Bali-Benoa? Büßer-Hemd und Jesus-Latschen?

Vierundsechzigster Tag: Nach Bali muss man hin, Du!

Ich war auf Bali. Überschwänglich und vermutlich schlecht ins Deutsche übersetzt, beschrieb das „Tablabla" diese Insel wie folgt. Sie ist „eine Vision von ätherischer Schönheit, wo sich Bänder aus hellem Sand entlang eines azurblauen Meeres schlängeln, smaragdgrüne Reisterrassen und in Stein gehauene Tempel die Landschaft durchdringen und hinduistische Götter die menschliche Kreativität inspirieren." Entweder waren bei dieser Eloge überschwänglich dichtende, von der Werbeindustrie engagierte Heimatpoeten am Werk gewesen oder aber ich hatte wieder einmal einen falschen Ausflug gebucht. Es könnte natürlich auch sein, dass ich in eine Besichtigungstour geraten war, die von irgendeiner der Oppositionsparteien auf der Insel, demnächst werden dort Wahlen abgehalten, unterwandert worden war und die uns an die Orte führte, die das Image der Insel möglichst nicht ganz so positiv darstellen sollten. Warum sie das machten und uns zeigen wollten, ist mir rätselhaft, da ausländische Touristen gar nicht wahlberechtigt sind? Also nicht auf Bali. Jedenfalls führte uns unser Ausflug auch durch Gegenden und über Straßen dieser wundersamen indonesischen Insel, die den Besucher nicht von „ihren weißen Sandstränden und heiligen Hindu-Tempeln" begeistern konnten, weil wir sie, bis auf einen Tempel, tatsächlich nicht zu sehen bekamen. Und wir konnten auch nicht die Orte, die Bali und sein „ganzjährig warmes Klima zu einem beliebten Rückzugsort für Surfer, Stand-Up-Paddle-Boarder und Rifftaucher macht", erspähen. Wir kamen ebenso nicht dazu, wie es im „Tablabla" weiter hieß, uns „zu entspannen in diesem spirituellen Land, in dem Gelassenheit in der Luft zu liegen scheint." Und zur Ruhe kamen wir schon gar nicht.

Unser Bus raste nämlich mit unerlaubter, die Zulässigkeit überschreitender Geschwindigkeit im Linksverkehr durch die Straßen und über die Kreuzungen, zumindest dort, wo es der dichte Verkehr erlaubte. Von Gelassenheit nicht die geringste Bremsspur. In diesem Teil der Insel, den wir durchquerten, herrschte geordnetes Chaos und chaotische Ordnung. Wie man will. Ein Ort reihte sich an der Hauptverkehrsstraße oder Autobahn, der Unterschied war nicht auszumachen, nahtlos an den anderen. An den Straßenrändern zeigten sich meist steingraue, offenstehende Gebäude, zwischen und an denen angebrachte knallbunte Werbeschilder und verrottende Reklametafeln als Farbtupfer dienten. Die Gebäude, die auf unserem Weg zu den vier Ausflugszielen vorbeirauschten, ragten meist unter Übergehung eines Bürgersteiges bis an die Straße heran. Es waren in der Mehrzahl Wohngebäude, die ebenso als Werkstätten für die Herstellung von Gebrauchsartikeln jeglicher Art dienten. Hauptsächlich wurden darin Bausteine, Portalstücke und kunstvoll hergestellte Götterfiguretten gefertigt. Besonders die vielen Zubehöre zur Errichtung von kleineren und größeren Tempeln fielen ins Auge. In den Wohngebäuden vorgelagerten Ausstellungsflächen, die ebenso bis an den Straßenrand reichten, lagerten Bauteile für Hindutempel und wurden zum Kauf angeboten.

Bali beschreibt ein Reiseführer als „die Insel der tausend Tempel". Buchstäblich in jedem Haushalt war ein sich nach Geldbeutel und Grundstück richtender kleiner oder protzig großer Tempel als Gebetsstätte, wie in der christlichen Welt die Gebetsecke, erbaut worden. Der Hinduismus, scheint mir, wird hier nicht nur strenggläubig ausgeübt, er wird im wahrsten Sinne des Wortes gelebt. Schon an jeder Eingangstür oder jedem Einfahrtstor prangen hinduistische Symbole, Verzierungen und meist lachende Götterfiguren. Es gibt relativ wenige öffentliche Tempel. Sie dienen im Gegensatz zu unseren Kirchen nicht vorzugsweise für die Gebete. Dafür hat jeder Haushalt seinen eigenen kleinen oder großen Tempel. Ich denke mir, der Hinduismus ist eine fröhliche, sogar heitere Religion. Früher sollen allerdings die Witwen verstorbener Ehemänner neben ihrem toten Gatten mitverbrannt worden sein. Das war nicht so fröhlich, falls es wahr war. Falls es so gewesen sein sollte, interessierte das viele Ehemänner hierzulande wahrscheinlich brennend. Aus rein religionstheoretischen Gründen natürlich.

Es ist ein herrlicher Anblick (das ist eher ein unglücklicher Übergang, aber notwendig, weil wahr) hinsichtlich der Anzahl und Formenvielfalt der Symbolik des Hinduismus, den dieser Glaube seinen Göttern widmet. Einfach unglaublich ist die detailgetreue Darstellung der Gottheiten und anderer göttlicher Gestalten. Ich kann sie nur in dieser Art und Weise beschreiben, da ich mich weder mit dem hinduistischen Glauben beschäftigt habe noch ihm angehöre.

Was mich irritiert, ist, dass die Bauteile, aus denen hier die Tempel errichtet werden, zumeist aus schwarzem oder dunkelgrauem Gestein bestehen. Man sah auch, weil sich die offenen Werkstätten der Bildhauer direkt am Straßenrand befinden, dass die Bauteile nicht nur aus diesem dunklen Stein gehauen, sondern auch aus dunklem bis schwarzem Zement gegossen werden. Ob diese dunkle Farbgebung religiös begründet oder sich aus dem Fundort des Gesteins auf der Insel ergibt, konnte ich nicht eruieren. Mit Sicherheit ist es einer Tradition oder einem Ritual geschuldet. Jede hinduismusgläubige, balinesische Familie besitzt, wie erzählt, einen hauseigenen Gebetstempel, um den herum sich ihr Leben abspielt. Jeder Tempel ist gesegnet und den Hindus heilig. Hinnen huldigen sie ihren Göttern, verehren und sind ihnen gläubig. Salopp könnte man sagen: Was dem Deutschen der Stempel ist dem Balinesen sein Tempel. Wobei die Anbetung des Stempels durch den Deutschen eher einem Götzendienst nahekommt.

Leider sind viele dieser hinduistischen Reliquien und Gebetsstätten, so sah ich es vielfach, vom Zerfall bedroht, und vieles wird früher oder später von der Natur überwuchert und am Ende verschlungen werden. Um nicht respektlos zu erscheinen, möchte ich einräumen, dass es eventuell zum Hinduismus gehören könnte, dass diese Gebetsstätten mit der Natur eins werden sollen. Der Gedanke wäre mir sehr entgegenkommend und wäre eine Erwägung wert, zum Hinduismus überzutreten. Daraus ergäbe sich allerdings die Frage, da ich ein Atheist bin, ob man als solcher überhaupt zu einem Glauben übertreten könne? Oder müsste man dazu ein gläubiger Atheist sein? Oder ein atheistischer Gläubiger?

Eins mit der Natur werden auf Bali, wie auf vielen wirtschaftlich und rohstoffmäßig vormals ausgebeuteten und dann ihrem Schicksal überlassenen Inseln, leider auch Ruinen, Verfallenes, Müll und Abfall. Zum Gotterbarmen ist oft der Anblick, wie nicht nur verstreut, sondern verengt Müll und Abfall in der Landschaft vor sich hingammeln. Es liegt sicherlich zum einem an der Mittellosigkeit vieler Menschen hierzulande, dass jedweder Abfall von dem wuchernden Grün zwar verdeckt, aber natürlich nicht nachhaltig entsorgt wird. Zum anderen aber wohl auch an den Behörden in den Kommunen, die dafür kein Geld erübrigen können, nicht wollen oder es nicht haben. Will man die Welt erhalten, sollten die reichen Länder dieser Welt den armen und ökonomisch unterentwickelten Ländern helfen, dieses die Natur verunreinigende und verseuchende Umweltproblem zu lösen. Meine defätistische These ist, dass die Welt, wenn wir dem nicht zeitnah mit internationaler Anstrengung Einhalt gebieten, im Müll und im sogenannten Zivilisationsabfall ersticken wird.

Beim ersten Halt auf unserem Ausflug besichtigten wir das Anwesen einer scheinbar bessergestellten Großfamilie, die uns reichlich bewirtete und uns einen Blick in ihr Alltags- und Arbeitsleben großzügig gestattete. Die zahlreichen Familienmitglieder boten uns allerlei selbsterzeugte Dinge zum Kauf an. Wir würden diese als Kunstgewerbe abtun. Ich denke jedoch, es sind von den Menschen hier mit ihren künstlerischen Mitteln hergestellte Religions- und Gebrauchsgegenstände, die sie für ihren Broterwerb verkaufen wollen und müssen. Es stecken Geschick, Kraft und Schweiß ihrer Hersteller, auch die der Kinder der Familie, in diesen Verkaufsartikeln. Schon das macht sie zu kleinen Kunstwerken. Neben der sogenannten elitären Vernissage Kunst gibt es halt die scheinbar wertlose Volkskunst, die mit weniger Können, aber dafür mit sehr viel Herzblut erschaffen wird. Und hier heißt es in erster Linie: Design oder Nichtdesign, das ist hier keine Frage!

Beim nächsten Stopp, es war, für die Jahreszeit gewöhnlich, brütend heiß geworden, durften wir ein Museum besichtigen, das den Werken und dem Wirken irgendeines berühmten balinesischen Künstlers, Malers und Bildhauers gewidmet worden war. Die meisten unserer Ausflügler nutzten die Zeit, die uns für das Betrachten der ausgestellten Kunstwerke eingeräumt wurde, allerdings lieber zum Shoppen. Der Deutsche ist eben ein Kunstmuffel. Ich gehöre nicht dazu. Ich schaute mich im Museum um und die Ausstellungsstücke an. Warum wohl? Weil es in den Räumlichkeiten des Museums eine Klimaanlage gab. Ich kann und will die Arbeiten des Künstlers nicht bewerten, aber, wie einmal ein deutscher Politiker beschrieb, ist diese Kunst nicht in die „spätrömische Dekadenz" der Deutschen einzuordnen. Höchstens unterzuordnen. Das erzählt viel von Leuten und über Menschen.

Beim dritten Halt wurde uns eine Textilmanufaktur vorgeführt. Das heißt, eine Frau bediente einen altertümlichen Webstuhl und andere Frauen boten uns Stoffe und aus denen hergestellte Kleidungsstücke zum Kauf an. Wieder fühlte ich mich wie auf einer Kaffeefahrt. Zwei der US-amerikanischen Ausflügler interessierte eher ein in einer Ecke stehender verstaubter Amischlitten aus den Vierziger- oder Fünfzigerjahren, der oje von den Einheimischen schmählich vernachlässigt wird. Welche Schande und Missachtung US-amerikanischer Automobilproduktion. Auf Cuba, so lobte es einer der beiden Amis, fahren diese wenigstens noch als Taxis herum. Vermutlich weiß der gute Mann nicht, dass auf Cuba unter den Motorhauben dieser Old-old-old-timer russische LADA-Motoren knattern, die eigentlich in Lizenz produzierte FIAT-Motoren sind.

In aller gebotenen Eile fuhr uns der Bus dann zur eigentlichen Attraktion des Ausflugstages, einem Königlichen Tempel. Wunderbar, erhaben und mit hinduistischer Gelassenheit stand er eingezäunt an einer lauten Straßenkreuzung. Die Architektur dieser Tempelanlage hatte es fertiggebracht, dass innerhalb des Geländes eine himmlische Ruhe herrschte. Hatten die Erbauer vor langer Zeit geahnt, dass hier einmal eine stark befahrende Kreuzung gebaut werden sollte? Sicherlich nicht. Es ist die Eigenheit dieser Tempelbauten, dass innerhalb Stille für den Götterdienst herrscht. Man will mit den Göttern eins werden. Die die einzelnen Tempelgebäude umgebende Anlage ist ein Garten der Lebensfreude. Es grünt und blüht zwischen den einzelnen am Rande der Wege stehenden Götterfiguren und der reichlich ornamentierten Symbolik. Wenn das Wort nicht schon zu abgegriffen wäre, hier könnte man sagen, dass es göttlich sei. Und friedlich. Oder sollte man angesichts der Weltenlage besser friedvoll sagen, sprich voller Frieden.

Die Rückfahrt zum Hafen allerdings war weder das eine noch das andere. Die sogenannte Zivilisation holte uns ein. Es war Sonntag und Rushhour. Seltsam für deutsche Verkehrsverhältnisse. Auf unserer zweispurigen Seite der balinesischen Autobahn, die nur spärlich mit Leitplanken bestückt ist, staute sich der Verkehr kilometerweit. Allein die zighunderten Motorroller, die sich in einem Stau in Deutschland meist strikt an die Verkehrsregeln halten würden, drängelten sich durch jede noch so kleine Lücke zwischen den großen und größeren Fahrzeugen hindurch und verhinderten so eine Verlängerung des Staus ins Unermessliche. Abenteuerlich, aber auch bewunderungswürdig war, mit wieviel Geschick die Fahrer ihre mit oftmals einer vierköpfigen Familie auf dem Doppelsitz besetzten Motorroller durch den Stau navigierten. Und wir sahen dennoch keinen Unfall oder Umfall. Der motorisierte Zweiradverkehr auf asiatischen Straßen ist eines der modernen Weltwunder.

Der Stau löste sich an einer Vergabelung der Straßenführung auf, und wir gelangten, verspätet zwar, aber sicher zum Hafen. Einzig es fehlte an Tenderbooten für die Überfahrt zur „Queen". Es hatte offensichtlich niemand in der Reiseleitung mit einem Verkehrsstau am Sonntag in Bali-Benoa gerechnet. Die Uhren in Asien, sagt man, ticken anders. In deutschen Landen wird aus Eile Hektik. In Asien ist stoische Ruhe schon zu viel Bewegung. Doch wenn es schnell gehen muss, machen alle mit und jeder so rasch wie er kann. Sogar der Reis auf den Feldern ist in Bewegung. In unserem „Tablabla" stand unter anderem: „... Bali begeistert mit seinen lebhaften Reisfeldern." Was in aller Welt sind „lebhafte Reisfelder"? Wenn der Wind darüberstreicht oder wenn sich die Blutegel an den Reisbauern gütlich tun?

Fünf- und sechsundsechzigster Tag: Jakarta mal zwei

Seetage waren auch Lesetage. Auf der Les-Etage an Deck Drei las ich in der „Tagesrundschau", einer Zusammenstellung von deutschen Pressemitteilungen vom Vorvortage, die Überschrift: „Anteil der Jugendlichen ohne Schulabschluss verharrt auf hohem Niveau." Weiter im Text stand geschrieben: „Die Quote der Jugendlichen ohne Schulabschluss stagniert (sogar) auf diesem Niveau." Donnerwetter, dachte ich, faul auf dem Liegesessel ruhend, in Deutschland hat sogar die Dummheit Niveau. Dabei hält die Mehrzahl der Jugendlichen Niveau, wenn überhaupt, für eine Hautcreme. Laut einer Statistik können 27 Prozent der Deutschen nicht lesen. Ja, und die übrigen 56 Prozent können nicht rechnen. Früher hieß es: Wissen ist Macht! Heute nur noch: wissen wer's macht. Eine häufig gestellte Frage lautet: Wo lassen Sie denken? Wir haben keine Ahnung, was uns dumm macht, aber es funktioniert super. „Zwei Dinge sind unendlich. Das Universum und die menschliche

Dummheit, aber bei dem Universum bin ich mir noch nicht ganz sicher", sagte Albert Einstein. Und nach der Einstein'schen Relativitätstheorie ist offenbar unser Bildungssystem ausgerichtet worden. Motto: Neben einem Vollidioten ist ein einfacher Idiot relativ intelligent. Das ist genügend. Die Gesellschaft ist geteilt: Es gibt Menschen, die sind erschreckend einfach, und andere sind einfach erschreckend. Wenn man bedenkt, dass dieselben Menschen, die sich eine Pizza in vier statt in acht Stücke schneiden lassen, weil sie acht Stück nicht schaffen, wählen gehen dürfen, kann einem um diese Gesellschaft angst und bange werden.

Über diesen Artikel in der „Tagesrundschau" weiter nachdenkend, kamen mir Antworten in den Sinn, zu denen anscheinend noch keiner Fragen gestellt hatte. Antworten wie: Man muss nicht mehr nach dem Bildungsweg fragen, man hat eine Navi-App. Ein Politiker ist konsequent, weil er von Anfang bis Ende redet, ohne etwas zu sagen. Weil wir immer mehr Demokratie in andere Länder exportieren, haben wir am Ende selbst keine mehr. Und besonders zu folgender Antwort stellt mir niemand eine Frage: Jedes Pro und Kontra hat auch ein Für und Wider. Aus diesem Grund frage ich mich: Wenn ja, warum nicht? Für die Erstellung der Fragen zu meinen Antworten hatte ich den Rest des Tages, dessen Zeit wie die Wellen auf dem Meer dahinrollte, verbracht. Die Zuordnung der Fragen zu den Antworten nahm noch einen Teil der Nacht in Anspruch. Ohne Erfolg.

Als ich erwachte, war es, so teilte mir mein Handy mit, sieben Uhr. Unser Schiff lag wieder einmal in einem wunderbar anzuschauenden Containerhafen. Später erfuhren wir im Ausflugsbus von unserem Reise-Guide, dass die „Queen" im alten Hafen von Jakarta festgemacht hatte. Es gibt also noch einen neuen, sicherlich attraktiveren Hafen in Indonesiens Hauptstadt. Warum legte unser Luxusliner dann in dem weiter abseits gelegenen „alten" anstatt in dem „neuen Hafen" an? Diese Frage gehört noch zu jenen, auf die ich die Antwort nur vermuten kann, aber dennoch dazu die Fragen stelle. Ist unser Reiseveranstalter finanziell durch die Corona-Krise derart gebeutelt worden, dass er hernach seine Kassen durch Abstriche an der Qualität der Reiseroute, der Attraktivität der Anlandungen und durch höhere Preise für die Weltreisenden zu füllen versucht? Übersteigt der Zwang, für die Aktionäre Dividende erwirtschaften zu müssen, den Drang, die Weltreisenden bestmöglich und dem Rang einer Weltreise entsprechend befriedigen zu können? Müssen die Reisenden ein WIFI, welches sie sehr teuer bezahlen mussten, das aber sogar noch weit unter dem Standard von Deutschland liegt, ertragen, weil man die Kosten für einen qualitätssichernden Satelliten scheut wie die Telekom das Seewasser? Es gäbe noch weitere Fragen darüber anzufügen, was den Unmut der Weltreisenden nachhaltig auf dieser Reise und auf diesem Schiff auf sich zog. Die Sonne, das Meer und die Ausflüge in viele Städte und Stätten der Welt jedoch ließ das Ungemach am Ende des Tages stets wieder geringer erscheinen. Dennoch wurden die Beschwerden über die Mängel bei den Dienstleistungen sowohl an Bord und als auch an Land zunehmender, worüber der Reiseveranstalter „Cunard" zwar not amused war, doch an Verbesserungen offenkundig nicht arbeitete. Jedenfalls war der Umgang mit den Beschwerden nicht die feine englische Art. Wortspielend könnte ich formulieren: Cunard schreibt man ab dieser Reise vorn ohne „C" und hinten anstatt mit „d" mit einem „t". Könnte ich, tue ich aber nicht. Warum nicht? Weil es eine „Unart" wäre und weil ich das uns betreuende, bemutternde und bevaternde Personal davon ausnehmen und es in den allerhöchsten Tönen an dieser Stelle aus- und nachdrücklich lobpreisen möchte. „God safe the Team!"

Vor uns lag heute eine Busrundreise namens „Best of Jakarta", mit dem Zusatz „in Deutsch". Das meint: Die Reiseleitung spricht deutsch mit uns. Gern zitierte ich aus unserem „Tablabla" wieder einmal die Einführungen für unseren Ausflug. „Jakarta, Indonesiens Hauptstadt, ist eine dynamische Mischung (beachte: das „mischen" doppelt sich) aus Kulturen und Einflüssen. Moscheen und Kathedralen koexistieren mit chinesischen Tempeln, moderne Einkaufszentren teilen sich die Bürgersteige mit traditionellen Straßenmärkten und indonesische Theater ziehen die gleichen Menschenmassen an wie niederländische Konzertsäle." Wie bereits beschrieben, muss der oder müssen die Verfasser dieser Kurzcharakteristika wahre Gebrauchslyriker sein. Ich würde mich freuen, wenn ich eines Tages diese Werbepoesie in gereimter Form vorfände. So in der Art:

Trotz ihrer Größe, bitte nicht erschrecken,

„kann man die Stadt auch an einem Tag entdecken"

„Nationalen Denkmälern kann man huldigen"

„Und für die Unabhängigkeit" muss man sich nicht entschuldigen
„In religiösen Gebäuden aller Glaubensrichtungen" auf Erden
„Kann gebetet, gebeichtet und jegliches Fest gefeiert werden"
Und, wir haben zu sagen den größten Mut
„Oh, und der Kaffee der schmeckt auch ziemlich gut"
(Die in Anführungszeichen markierten Satzteile sind Originalzitate aus den Beschreibungen im „Tablabla")

Gleich zu Beginn unseres Ausfluges stellte sich unser Reise-Guide vor. Er habe in Jakarta Germanistik studiert und die deutsche Sprache gelernt. Danach gab er uns den Hinweis, dass man nicht überall im Land indonesisch spricht. Im Abstand von manchmal nur vierhundert Kilometern könne man sich in Indonesien schon nicht mehr verständigen.

Die indonesische Sprache ist Landessprache. Im Indonesischen kennt man keine Artikel. „Der, die, das" sind Fehlanzeige. Deshalb, so erklärte uns der Reise-Guide, ist es für einen die deutsche Sprache erlernenden Indonesier sehr schwierig zu unterscheiden, welche gegensätzliche Bedeutung beispielsweise die Wortverbindungen von „Die Macht der Liebe" oder „Die macht die Liebe" haben.

Die zweite Information war für uns sehr verblüffend. Der Reise-Guide berichtete uns, dass es in (vermutlich) zwei Jahren ein neues Jakarta (oder mit anderem Namen) als Hauptstadt auf einem anderen der rund siebzehntausend Eiländern dieser Inselrepublik geben wird. Jakarta sinkt jedes Jahr um über fünfundzwanzig Zentimeter in die Erde ein. Das hätte mit dem Untergrund, auf dem diese Stadt errichtet wurde und auch der darunterliegenden Kanalisation zu tun. Das vermutete er jedenfalls. Innerhalb von zwei Jahren also wollen die Indonesier eine neue Hauptstadt errichten. Hoffentlich hat die indonesische Regierung nicht Planungsstäbe, Architekten und Ingenieure verpflichtet, die zum Beispiel den Berliner Flughafen oder Stuttgart 21 gebaut haben.

Den ersten Halt machte unser Bus vor einem Freilichtmuseum, in dem ein Dorf oder eine Art Wohngemeinschaft der Ureinwohner Indonesiens nachempfunden wurde. Kunstvoll mit Ornamenten verzierte Wohn- und Wirtschaftsgebäude wurden dort detailgetreu nachgebaut und besucherfreundlich auf immergrünem Kunstrasen angeordnet. Ureinwohner, so wie sie damals aussahen oder ausgesehen haben könnten, sind dort mit wetterfestem Material nachgebildet und als fröhlich dreinblickende Gestalten in die Landschaft gestellt oder in die Gebäude integriert worden. Alles scheint fast lebendig zu sein und vermittelt einen gewollt friedvollen Eindruck, obschon man erklärt bekommt, dass auch Kannibalismus eine Ernährungsform der indonesischen Vorfahren war.

Die vorherrschende Religion, der Hinduismus, war eine importierte Glaubensform aus Indien. Allerdings sind sich die Gelehrten noch strittig darüber, was der indonesische Hinduismus zu dieser Religion beigesteuert hat. So meine ich, es verstanden zu haben. Gegenwärtig scheint mir aber, ohne nachgefragt zu haben, der muslimische Glaube in Indonesien vorherrschend zu sein.

Seit einigen geschichtlichen Umbrüchen im Land in der Neuzeit wird übrigens alles, was auf dem chinesischen Glauben beruht und im Land existent ist, förmlich versteckt. Der Reise-Guide sagte wörtlich, dass die in Indonesien lebenden Chinesen nur bei der Geburt und nach ihrem Tod chinesische Namen tragen. Im Leben heißen sie wie bei uns Müller, Meier, Iztürk, Kowalski usw., also typisch deutsch, bloß hier eben auf Indonesisch.

Für unser Mittagessen fuhren wir durch saubere Straßen und über großzügig angelegte Plätze, an Botschaften und Konsulaten aller Herren Länder und vielen indonesischen Ministerien vorbei, direkt vor das Hotel „Kempinski" vor. Das Essen, welches wir hier einnehmen durften, war reichlich und stammte aus indonesischer Küche. Eine Mischung aus indischen, indonesischen und muslemischen Speisen. Mir hatten es die Desserts besonders angetan. Ihre Süße und ihre Düfte sind sprichwörtlich und wabern mir noch heute durch die Nase, und es läuft bei dem Gedanken daran mir das Wasser im Munde zusammen.

Ich muss noch hinzufügen, dass wir mit neun Bussen gleichzeitig unterwegs durch die Hauptstadt waren. Das Durchfahren der Stadt im Konvoi wäre bei dem für asiatische Großstädte typisch chaotischen, doch irgendwie funktionierenden dichten Verkehr so ohne Weiteres unmöglich gewesen. Schon an der ersten Kreuzung wären die Busse getrennt worden und hätten sich als Einzelgefährt durch den Verkehr kämpfen müssen. Bei diesem Kampf, so vermute ich, wären die Busse, im wahrsten Sinne des Wortes, auf der Strecke geblieben. Deshalb hatte man den neun Bussen zwei Polizisten einzeln auf je einem Motorrad fahrend als Eskorte zur Verfügung gestellt. Wenn die Sirenen an den Motorrädern aufheulten, flüchteten die Motorrollerfahrer, die die Busse überholend umkurvten, an den Straßenrand und in die Seitenstraßen. Auch daran merkte ich, dass Uniformen und Signalsirenen unbedingte Reflexe bei den obrigkeitshörigen Indonesiern auslösen, Reflexe, die schon Pawlow'schen Charakter tragen. Andererseits war die Lässigkeit des Umgangs mit Vorschriften und Verboten auch ein Merkmal der wuseligen indonesischen Bevölkerung. Das Leben verläuft dialektisch. Mal hält man sich strikt an Befehle und Vorschriften, und andermal sagt man „Dia leck mich mal!"

Dank der beiden Motorradartisten von der Polizei gelangte der Buskonvoi pünktlich zum Nationalmuseum. Ich begab mich mit anderen Ausflüglern abseits der Führung durch unseren Reise-Guide auf unorganisierte, weil selbstständige Erkundungstour durch das Museum. Welche Gottheit mit welcher Göttin welche Kinder gezeugt hat, hätte mich vielleicht noch interessiert, aber ich konnte mir die Namen derer einfach nicht merken. Der Plural übrigens wird im Indonesischen gebildet, in dem man das Einzahlwort verdoppelt. Mehrere Menschen heißen im Plural Mensch Mensch, bei Tieren Tier Tier. Man finde selbst weitere Beispiele und übersetze sie in die indonesische Sprache, in der in dieser Region gerade gesprochen wird. Viel Spaß dabei. Und bringen Sie Zeit mit.

Eine Bemerkung im Museum fand ich sehr aussagekräftig, nämlich dass der Phantasievogel auf dem indonesischen Wappen nach rechts schauen muss. Täte er es nicht, sondern schaute nach links, wäre er ein Abbild der kommunistischen Episode in der Geschichte Indonesiens. Von dieser Episode will man auf der ganzen Welt, zu Recht oder zu Unrecht, das will ich nicht bewerten, nichts mehr wissen. So ist es nicht verwunderlich, dass davon, dass etwa zweitausend Chinesen mehr als siebzig Prozent (vorausgesetzt, dass ich den Reise-Guide richtig verstanden habe) der Wirtschaft von Indonesien beherrschen, nicht vermerkt wird. Wohlbemerkt sind es hier geborene, also einheimische Chinesen. Trotzdem wird das nicht erwähnt, weil der Ruch des Kommunismus den Chinesen anhaftet. Auch markwirtschaftlich organisierter Staatskommunismus ist eine Doktrin, die man in Indonesien offiziell ablehnt, aber dennoch mit ihr sympathisiert.

Mich beeindruckten im Nationalmuseum vor allen Dingen die künstlerisch wertvollen und außerordentlich detailverliebten Darstellungen der Gottheiten, besonders der vom Vater irrtümlich enthauptete Sohn, der von da an mit einem transplantierten Elefantenkopf zur Gottheit wurde. Ich verehre sowohl die hinduistische, friedvolle Anschauung des Menschseins als auch den gestalterischen Einfallsreichtum dieses Glaubens. Am Eingang zum Museum zeigte eine große Plastik die Göttin Schiwa, meine ich zu wissen, die ihre Hand zu einem, wir würden heute sagen: „Give me five", erhoben hat. Ich gab sie ihr mit meiner Hand. Wir waren uns einig darin, dass wir in Sachen des Erhalts unserer Welt nur in Frieden und im Miteinander leben können und müssen.

Wenn ich den Reise-Guide richtig verstanden habe, sind die vier Grundelemente des Hinduismus Feuer, Wasser, Luft und Asche. Möge uns das Wasser zum Trinken, die Luft zum Atmen, das Feuer zur Erhellung und Asche für die Vergänglichkeit als Symbole des Lebens jedes Einzelnen durch das seinige und uns alle durch das unsrige Leben begleiten.

Auf dem Rückweg zum „alten Hafen", in dem unsere „Queen" festgemacht hatte, fuhren wir durch die Straßen von Jakarta, die uns die andere, schmutzige und ärmlichste Seite dieser Welt wieder vor Augen führten.

Ich kam immer mehr zu der Erkenntnis, dass das Elend dieser Welt aus der Illusion entstanden ist, das Geld hätte einen Wert. Aber Geld ist nur eine Phantasie von einem Wert, die die wahren Werte erschaffen und/oder zerstören kann. Es teilt unsere Welt ein in Wertvolles und Wertloses. In Verkaufende und Kaufende. Und solange man Werte kaufen und verkaufen kann, wird, wie mein Lieblingsdichter Friedrich Schiller sagt, der beste Kaufmann der Krieg sein. „Er macht aus Eisen Gold." Irgendwo habe ich gelesen: Einer muss mit dem Frieden anfangen, denn mit dem Krieg hat auch einer mal angefangen! Zwei alte Staatsmänner, die bis an die Zähne bewaffnet Kriege führen, sollte man gemeinsam in einen Raum sperren. Dort könnten sich beide krachen und von mir aus ineinander verbeißen. Denn man sagt doch: Wenn sich zweie streiten, fliegen die Dritten. Das wäre zumindest ein Anfang. Die Zähne könnten beide dann schon mal nicht mehr fletschen.

Sieben- und achtundsechzigster Tag: Wir machen in Toleranz

Ich hatte nach dem gestrigen Ausflug in Jakarta und einer heutigen Mitteilung meines Laptops einen krummen Gedankengang durchschritten. Ich verbrachte, weil ich mich öfter verrannte, beide Seetage mit diesem Gedanken. Erneut hatte ich eine Antwort im Kopf und habe dazu folgende Frage gefunden: Kann es sein, dass die närrische Zeit ganzjährig ausgerufen worden ist? Zumindest könnte es doch sein, denn heute früh hatte mir, trotz dieses miserablen WIFI an Bord und obwohl die „Queen" weit weg von Deutschland in Richtung Malaysia übers Meer schipperte, mein kleines Notebook gemeldet: „Sie haben noch ungelesene Nachrichten." Mensch, dachte ich, der Arm deutscher Überwachungsbehörden reicht weiter als man argwöhnt. Ich las die Ungelesenen sofort. Die erste von mir vom Display abgelesene Nachricht enthielt eine Warnung. Auf dem Bildschirm stand signalrot auf Weiß: „Achtung, der Islam ist auf dem Vormarsch!" Das ist übertrieben, beruhigte ich mich. Er hat sich doch längst ausgebreitet. Und zwar weltweit. Bis Nordamerika ist er längst vorgedrungen. Es wurde sogar ein Staat in den USA umbenannt. Ich sage nur Allah-bama. Auch in Deutschland sind unsere strengen abendländischen Industrienormen bereits islamisiert. Ich sage nur Ala-DIN. Ein Schmarrn, würde jetzt meine bayerische Tischnachbarin sagen, wenn sie anwesend und nicht wie eigentlich immer mit irgendwelchen Beschwerden auf dem Schiff unterwegs gewesen wäre. Man sollte grundsätzlich den Islam als Religion nicht mit dem politischen oder gar dem terroristischen Islamismus verwechseln oder gar gleichsetzen, riet sie mir vor einiger Zeit. Recht hat sie. Ich frage mich manchmal, was wäre denn so schlimm daran, wenn man zum Beispiel einige Strafen der islamischen Gesetzgebung, also der Scharia, ins Gesetzeswerk des sogenannten Abendlandes übernehmen würde? Diebstahl, zum Beispiel, wird laut Scharia mit „Fuß ab" bestraft. Also, wenn jemand in Deutschland mal wieder in seiner Doktorarbeit oder eine in ihrem Buch, noch grün hinter den Ohren, fremdes geistiges Eigentum stiehlt, verwendet und vorsätzlich deren Quellen verschweigt, dann: Fuß ab. So bekäme der Begriff „Fußnote" eine völlig neue Bedeutung. Oder die Strafe für notorische Lügner lautet im Islam wohl auch „Zunge ab". Gäbe es das hierzulande, könnte das Fernsehen die Zeugenaussagen vor manchem Untersuchungsausschuss nur als Stummfilm senden. Gut, das wäre genauso sinnvoll wie eine Ballettaufführung im Rundfunk zu übertragen.

Die zweite Nachricht auf meinem Kleinst-PC enthielt zwei Witze, die mir jemand anonym zusandte und die ich hier gern unzensiert weitergeben will. Allerdings unter Voranstellung einer politisch korrekten und lebenserhaltenden Vorbemerkung. Sie lautet: Ich verabscheue folgende Witze zutiefst und gebe sie nur des freiheitlichen Informationsaustausches wegen weiter. Der erste Witz geht so: Ein Moslem kommt in den Himmel und will Mohammed sprechen. Er klopft an die Himmelpforte, Petrus macht auf. Der Moslem bittet: „Guten Tag, ich möchte gern Mohammed sprechen." Petrus wehrt ab: „Nicht meine Ebene. Eine Etage höher!" Dort macht Jesus auf. Der Moslem wieder: „Guten Tag! Ich möchte Mohammed sprechen." Jesus bedauernd: „Um Himmelswillen, nicht meine Ebene. Viel höher." Ganz oben macht der Liebe Gott auf. Der Moslem wieder: „Guten Tag, ich möchte gern Mohammed sprechen." Gott auffordernd: „Gern. Komm rein. Setz dich! Willst du einen Kaffee?" „Gern." Gott ruft nach hinten: „Mohammed, zwei Kaffee!" Den zweiten Witz schrieb man mir wohl nach dem Grundsatz der Einhaltung der Ausgewogenheit auf. Dieser Witz folgt auf dem Fuß: Der Papst ist erkältet. Sein Sekretär rät ihm, in die Sauna zu gehen. Gesagt getan. Dem Papst hat es so gut gefallen, dass er beschließt, am nächsten Tag den Saunabesuch zu wiederholen. Darauf der Sekretär: „Morgen geht es nicht. Morgen ist gemischte Sauna." Darauf der Papst: „Na und, die paar Evangelen."

Was sollen mir und uns diese Witze sagen? Auf jeden Fall eines: Dass die drei großen Religionen auf dieser Welt alle nur einem Gott dienen. Und sie sich nur deshalb gegenseitig verleugnen, diffamieren und gar untereinander bekriegen, weil ihre jeweiligen Propheten in ihren heiligen Schriften die Worte des gemeinsamen Gottes unterschiedlich oder missverständlich interpretiert hatten. Denn im Grunde sind all diese Schriften lediglich wie Teppichböden für die Worte Gottes. Nämlich Auslegware. Und überliefert wurden die göttlichen Worte in Ermangelung des Internets wahrscheinlich mit Hilfe dieses lustigen Kinderspiels, bei dem man sich eine Information nacheinander von Mund zu Ohr flüsternd weitergeben muss. Bekannt ist dieses

Spiel als „Stille Post". Und bei solcher Art der Informationsübermittlung, besonders sprachlich komplizierter Wörter oder Wortverbindungen kann es schon mal vorkommen, dass es am Heiligen Abend nicht mehr schneit, weil man keinen „Schi hat". Und Ostern nicht der Osterhase kommt, sondern der „Eiertollah".

Nein, mal ernsthaft. Die Geschichte der Religionen ist eine Geschichte von Missverständnissen. Ich glaube, wenn Gott wüsste, was in seinem Namen auf Erden gelogen, gehasst und getötet wird, er würde aus sämtlichen Kirchen gleichzeitig austreten. Und dann würde aus seinen Propheten und Verkündern letztendlich nichts anderes werden als Fortbewegungsmittel mit mehreren Einstiegsmöglichkeiten. Mehrtürer. Verzeihung, aber ich behauptete doch anfangs, dass die närrische Zeit ganzjährig verläuft. Und da fällt selbst mir doch zufällig noch ein Gag ein. Nein, das war noch nicht der Gag. Jetzt kommt er. Auf die Frage, ob sich die Religionen nicht wenigstens gegenseitig respektieren sollten, antwortete ein kirchlicher Würdenträger: „Respektieren? Wir machen in Toleranz!"

Die Frage der Fragen lautet für mich, ab welchem Ereignis und ab welcher Zeit die großen Weltreligionen ehrfurchtsvoll tolerant untereinander und friedlich miteinander leben werden. Es könnte vielleicht von jenem Tag an sein, an dem der oberste Rabbi unbeschnitten neben dem Schweinebraten essenden Obermullah sitzt und zwar auf der Hochzeitsfeier vom Papst. Das ist meine zugegebenermaßen närrische Vision. Doch wie sagte schon der von der heutigen SPD-Spitze zum Sozi-Hofnarren degradierte Helmut Schmidt: „Wer Visionen hat, sollte zum Arzt gehen!"

Reisetipps

Vorsicht bei sogenannten Schnäppchen.
Erkundigen Sie sich vorher nach dem verwendeten Schiffstyp!

Neunundsechzigster Tag: „Lumpi" – Wow

Port Kelang ist der hochseetüchtige Hafen der malaiischen Hauptstadt Kuala Lumpur. Ich habe diese Stadt liebevoll „Lumpi" getauft. Nicht deshalb, weil man sich beim Aussprechen dieses malaiischen Namens die Zunge brechen könnte, sondern aus Gründen der Lobpreisung gab ich Kuala Lumpur diesen Kosenamen. Wie fast überall in den asiatischen, an Inseln überreichen Ländern vermischen sich auch bei Lumpi viele Kulturen. In ganz Malaysia sind es in der Hauptsache die malaiische, chinesische und indische. In Lumpi, und deshalb brachte mich das auf diesen Spitznamen, wird diese Mischung besonders in der Architektur der Stadtbebauung sichtbar. Bei einem Hund spricht man, wenn er bei einem hündischen „Popfestival" in einer wilden und nicht ganz reinrassigen Verbindung entstanden ist, von einer Promenadenmischung. Und an den Promenaden und an den Hochhausfassaden von Lumpi wird jedem, der mit etwas Phantasie und Spaß an lustigen, aber sinnstiftenden Vergleichen ausgestattet ist, klar werden können, dass „Lumpi" einer bunten Hündin gleichkommt. Und das verstehen Sie bitte als kleinen Beweis nicht nur für meine Tierliebe, sondern als Ausdruck meiner Bewunderung den Architekten von Kuala Lumpur gegenüber.

Mit Lumpis Erzeugung gelang der Architektur ein äußerst gelungener Wurf. Lumpis Kern ist eine Mischung aus malaiischen Wolkenkratzern, islamischen Bauwerken und Gebäuden aus der britischen Kolonialzeit. Lumpi springt uns als futuristisches Stadtbild mit bleibender Erinnerung an die Vergangenheit entgegen und durch die Wolkenkratzertürme an uns hoch. Lumpi wird im Aussehen von Twin-Tower-Ohren (Petronas) und dem höchsten Fahnenmast der Welt als emporgestreckte Rute gewissermaßen dominiert. Genug der „Lumpi" gemäßen Formulierungen, weil ich befürchte, dass ich damit auf den Hund kommen könnte.

Weit, weit oben über der Stadt wiegen sich die Spitzen der Tower mit nicht unbeträchtlichen Amplituden im Wind hin und her, und unter ihnen pulsiert das hippe Viertel Bukit Bintang mit seinen Märkten und Straßenverkäufern. Mächtig und imposant übertürmt der Menara Kuala Lumpur Tower die Hauptstadt von Malaysia. Ein Turm, der scheinbar seine Höhe erreicht hat, der aber dann mit einer Art Seitenstange sich selbst nochmals erhöht.

Dieser seitlich angebrachte stangenartige Aufsatz, so erklärte es uns die Reiseleiterin, soll den nach oben ausgestreckten Arm des ersten Präsidenten des entkolonialisierten Malaysias symbolisieren. Diesen seinen Arm hat der erste Präsident von Malaysia bei der Verkündung der Unabhängigkeit dreimal gen Himmel gestreckt.

Wir besuchten während unserer Rundfahrt durch Kuala Lumpur natürlich das Nationalmuseum, den größten Platz der Stadt mit besagtem höchstem Fahnenmast der Welt und eines der berühmten Einkaufszentren der Hauptstadt von Malaysia.

Am Rande der Stadtrundfahrt berichtete uns die Reiseleiterin von einer Begebenheit, die uns Deutsche in einem, wie ich finde, komischen Licht erscheinen lässt. Nachdem die Twin-Tower fertiggestellt worden waren, wollte die Niederlassung von Mercedes Benz in der Hauptstadt von Malaysia in einen der beiden Tower einziehen. Da die Betreiber der beiden Tower aber Mercedes Benz, wie von der deutschen Nobelmarke gewollt, keine drei übereinanderliegenden Etagen in dem Tower vermieten wollten oder konnten, verzog sich Mercedes Benz mit seiner Niederlassung in einen Vorort von Kuala Lumpur. Seit dieser Nichtachtung der Wünsche von Mercedes Benz durch die Betreiber verweigert die deutsche Automobilfirma der malaiischen Hauptstadt die Aufstellung der größten Weihnachtstanne der Welt im Stadtzentrum von Kuala Lumpur. Bis dato tat Mercedes Benz dies. Um noch ein letztes Mal mit dem Spitznamen Lumpi hantieren zu dürfen, folgt jetzt eine sinnstiftende Formulierung. Lumpi hat verkehrte Welt gespielt und sein selbsternanntes Herrchen Mercedes Benz quasi vor die Tür gesetzt. Dafür hat das Herrchen Mercedes Benz dem Lumpi den Baum weggenommen. Und dafür wiederum hat „Lumpi" statt an den Baum, Mercedes Benz ans Bein gepinkelt. Fazit: Nicht jeder Hund lässt sich an die Leine nehmen, selbst wenn sie aus Gold ist.

Zum Schluss unserer Rundfahrt durch Kuala Lumpur bestiegen wir noch den riesigen Aussichtstower, zu dem 2.700 Stufen hinaufführen. Die eigenfüßige Besteigung des Turms ist zu einem Nationalsport geworden. Sogar Kinder versuchen ihn step by step zu erklimmen. Wir nahmen natürlich den Fahrstuhl, weil für das Besteigen des Turmes nicht nur der Rest der Zeit für unsere Reise um die Welt draufgegangen wäre, sondern wir würden, selbst wenn wir es schafften, erleben, wie Mercedes Benz wieder keinen Weihnachtsbaum für Lumpis kleines Geschäft aufstellen würde.

Vom Turm aus genossen wir die wunderschöne Aussicht auf die Hauptstadt Malaysias. Und ob man es glaubt oder nicht, ein französischer Tourist rief beim Anblick dieser schönen Aussicht auf Lumpi begeistert aus: „Oh, belle-vue!"

Siebzigster Tag: Hinterm Horizont – wie weiter?

Wir sind noch auf dem Weg nach Penang in Malaysia. Die „Queen" ist, wie der Kapitän über Bordlautsprecher verlauten ließ, auf unterschiedlichen Kursen durch die Straße von Malakka gefahren und hat dabei Sumatra auf der Backbordseite und Malaysia auf der Steuerbordseite behalten. Die Straße von Malakka ist eine der verkehrsreichsten Schiffsfahrstraßen der Welt. Sie verbindet den Indischen Ozean mit dem Pazifischen.

Nach meinem Gewaltmarsch mit zehnmaliger Umgehung der „Queen", was eine Strecke von fünf Kilometern ausmacht, musste ich ganz schön schnaufen. Ja, unsere „Queen" ist nicht nur ein einladendes, sondern auch ein ausladendes Schiff. Sie ist nicht direkt adipös, aber doch bauchig. Das kann man wohl sagen. Will man sich mit seiner Körpermasse nicht dem Schiff annähern, muss man etwas mehr Sport machen. Erst recht an Bord der „Queen" mit ihrer vorzüglichen Küche, deren Leitung ein Kölner Koch übernommen hatte. Mit ihm ging es uns zunehmend gut. Aber Dickleibigkeit ist auch eine Krankheit. Allerdings ist Sport eher eine Methode, Krankheiten durch Unfälle zu ersetzen. Die Devise lautet deshalb eben auch: Sport treiben ohne zu übertreiben. Fit im Schritt, aber topp im Kopp. Denn im Fitnesswahn kann der gesunde Körper leicht seinen Geist aufgeben. Doch die Körperkultur hat ihre letzten beiden Buchstaben abtrainiert und sprintet als Körperkult durch die Fitnessstudios. Die menschliche Verwertungsgesellschaft braucht den vielseitig gebildeten Menschen nicht mehr. Sie will den immer fitten und hippen geistlosen Konsumentenknüppel züchten. Der Marathonlauf von der Wiege bis zur Bahre ist ins Rennen gegangen. An der Trainingsstätte lauern die Vertreter der Sportartikel-, Nahrungsergänzungsmittel- und Bodypowerindustrie und feuern die Massen an: Kauf, du Sau! Und neben den bewegten Massen fahren in Regenbogentrikots gewandete, auf E-Bike sitzende politische Fitnesseinpeitscher her und machen den Armen Beine: Lauf, du Sau! Ein Mensch, der dreißig Minuten am Tag Sport treibt, verlängert sein Leben um dreißig Minuten. Aber was nutzt dem Menschen, wenn er in diesen dreißig Minuten sich die Lunge aus dem Hals hetzt und anschließend Stunden zur Erholung benötigt. Trotzdem powern sich die Massen vollkommen und solange aus, bis sie sich übergeben müssen. Würden demnächst wieder Olympische Spiele in Deutschland ausgetragen werden, wäre das Maskottchen nicht mehr wie in München 1972 ein Dackel, sondern ein Reiher.

Mein täglicher Gewaltmarsch diente übrigens nicht dem Körperkult, sondern lediglich der körperlichen Vorbereitung auf meinen anstehenden Ausflug in Jordanien in Petra. Die Dame ist übrigens keine, sondern eine berühmte, in den und aus dem Felsen gehaute Stadt samt Tempel, Theater und Behausungen. Zwecks Besichtigung dieser uralten Beduinenstadt schickt man uns demnächst in die Wüste. Und dafür trainiere ich.

Beim Degenerieren, aber auch beim Ausruhen und Chillen an Tagen ohne Landgang, um nicht wieder das abgenutzte Wort Seetag benutzen zu müssen, saß ich gern auf der dreißig Zentimeter breiten Bank meines Kabinenfenstersimses und schaute auf's weite, weite Meer hinaus. Ich wiederhole mich gern. Dabei fragte ich mich neulich, wie weit der Horizont an einem klaren Tag auf See eigentlich von meinem Fenster entfernt ist? Vom Meeresspiegelniveau, falls man übers Wasser laufen könnte, wie einstens ein Zimmermann aus Betlehem, sechs Fuß höher, so lautet die Regel, ist der Horizont fast drei Meilen entfernt. Meine Kabine auf Deck Eins, welches ich gern das, … na das Dingsbums-Deck nenne, … hach, diesmal habe ich den Namen dieses US-amerikanischen Hauptdarstellers aus dem Film „Titanic" vergessen …, (Kate Winslet fiel mir sofort ein) … jedenfalls mein Deck Eins liegt wahrscheinlich sechs Fuß höher als der Meeresspiegel. Also müsste ich drei Meilen schwimmen, bis ich am Horizont ankäme. Blödsinn, denn wenn ich dort ankäme, wäre er wieder drei Meilen weit weg. In sechs Fuß Höhe. Den Horizont zu erreichen, ging, wie so manches, über meinen Horizont. Bei hundert Fuß über dem Meeresspiegel jedenfalls liegt der Horizont schon dreizehn und bei tausend Fuß zweiundvierzig Meilen entfernt. Irgendwer an Bord unseres Schiffes hatte das mal ausgerechnet, meinte der Kapitän in seiner Durchsage. Vielleicht war es ein Weltreisender, der an einem Nichtlandgangtag nichts anderes mit sich anfangen konnte als blödsinnige Rechenexempel anzustellen. Übrigens, wenn man in vierzigtausend Fuß Höhe fliegt, kann man den Horizont in jeder Richtung in etwa zweihundertfünfzig Meilen sehen. Reisen bildet. Aber dabei muss man mit allem rechnen.

Einundsiebzigster Tag: Unter Orang-Utans

Laut unserem „Tablabla" ist Penang „eine verführerische Mischung aus goldenen Stränden und kulturellen Schätzen." Wie denn nun? Kann man an goldenen Stränden kulturelle Schätze finden? Oder wäre es nicht einträglicher, wenn man an kulturellen Stränden goldene Schätze fände? Oder sind die kulturellen Schätze in den Sand der goldenen Strände gemischt worden und man muss den Sand durchsieben, um die Schätze zu finden? Die Schwierigkeiten bei der Beantwortung dieser Fragen hatte ich scheinbar vorausgeahnt und mich für einen Ausflug zu den Orang-Utans entschieden. Jene Menschenaffen leben auf einer Insel mitten auf einem See im Dschungel und werden von Rangerinnen und Rangern behütet und umsorgt. Das werden sie auch, aber nicht auf jene Art und Weise, wie es in den einschlägigen Naturreportagen in den Medien gezeigt wird. Ein bekannter deutscher Schauspieler, … Leonardo DiCaprio war es nicht … nein, das ist der männliche Hauptdarsteller aus dem Hollywoodschinken „Titanic", … jetzt fiel mir sein Name wieder ein, obwohl er gar nicht hier hingehört. Gemeint habe ich diesen deutschen Schauspieler, der sich so rührend und herzerweichend um Orang-Utans kümmert, wovon mir meine Tischnachbarin mit Tränen der Rührung in den Augen berichtete. Ich stellte mich bei ihrem Bericht unwissend, aber äußerst interessiert, weil ich hoffte, sie wisse den Namen dieses Schauspielers. Tat sie aber nicht. Wir einigten uns nach langer Überlegung darüber, dass es irgend so ein Johannes sein müsse. Egal.

Dieses Hüten der Waldmenschen, wie das Wort Orang-Utan übersetzt heißt, denn „Orang" bedeutet Mensch und „Utan" Wald, wollte ich mir aus nächster Nähe ansehen. Meine Absicht und mein Drang waren, mir beim Ansehen dieser vom Aussterben immer noch bedrohten Tiere, ihrem Leben und Treiben, Streicheleinheiten für meine tierliebende Seele abholen zu wollen. Dazu musste unser Ausflugsbus, der Innen den, wie mein Sitznachbar aus München, eine leicht gehbehinderter, feiner Herr, im Bus es so treffend formulierte, den Charme von Gelsenkirchner Barock hatte, eine weite Strecke zurücklegen. Eben frage ich mich, warum es „eine Strecke zurücklegen" heißt. Legt der Bus sich diese Strecke zurück, weil man sie später wieder gebrauchen könnte, zum Beispiel für schlechtere Zeiten? Oder als Ersatzteil? Man weiß es nicht. Ich fand jedenfalls, die Innenausstattung des Busses mit Rüschen und Volants als Gelsenkirchner Barock zu bezeichnen, sehr witzig. Ich muss mich aber anderseits outen, dass ich barocken Formen und opulenten Gestaltungen mehr zugetan als abgeneigt bin. Nicht allerdings bei der Größe der Sitzplätze im Bus, denn jene nebeneinander gestellt, ergeben nach europäischen DIN-Normen lediglich einen Platz. Für asiatische Durchschnittsgrößen sind sie geeignet und sogar bequem. Wir Europäer haben halt andere körperliche Volumina.

Die koloniale Hauptstadt Georgetown teilt sich auf das malaiische Festland und die Insel Penang auf. Die beiden Teile sind durch zwei sehr lange Brücken verbunden. Welche Länge beide aufweisen, verstand ich bei der Bekanntgabe durch den Reiseleiter, der malaiisches Englisch redete und sich in weiteren vier Sprachen, nur nicht in Deutsch verständigen konnte, leider nicht. Und ich verweise für das profunde Wissen über diese Brücken wieder auf Wiki… na, man weiß es inzwischen. Wir fuhren bei der Hin- und Rückfahrt zu unserem Ausflugsort jeweils über eine der Brücken. Vermutlich brauchte man deshalb zwei Brücken, eine für hin und eine für zurück.

Auf der Hinfahrt flogen draußen an den Busfenstern, nicht im wörtlichen Sinne natürlich, sondern die Geschwindigkeit beschreibend, eine, wie das „Tablabla" es formulierte, „widersprüchliche Mischung aus historischen Gebäuden und glänzenden Wolkenkratzern, die von der UNESCO zum Weltkulturerbe erklärt wurde", vorbei. Die Mischung wurde also zum Weltkulturerbe erklärt. Beruhigend dabei ist, dass die UNESCO aus der Geschichte keine Vergangenheit macht. Denn Vergangenheit ist eine Geschichte, an der man sich vergangen hat. Jedenfalls ist es gemäß dieser meiner Beschreibung

des Unterschiedes zwischen Geschichte und Vergangenheit im Innenverhält-
nis des wiedervereinten Deutschlands so gehandhabt worden. Und es wird
beim allgemeinen Umgang mit der ehemaligen DDR von den selbsternann-
ten Siegern der deutschen Geschichte seit dem Mauerfall, der übrigens von
den Ostdeutschen erzwungen wurde, in diesem Unsinne ausgeübt. Will
behaupten, dass, während die Westdeutschen behaupten, ihrem selbstherr-
lichen Verständnis nach, eine Geschichte zu haben, bezichtigt man uns Ostdeutsche seitens vieler Westdeutscher nur einer Vergangenheit. Denn eine
Vergangenheit ist eine Geschichte … siehe oben.

Zurück nach Penang. Im Gegensatz zu Deutschland, um den sogenannten
Bogen spannen zu können, stellt die UNESCO Vergangenes und Heutiges
unter Weltkulturerbe, wohlwissend, dass auch und besonders in der Architektur beides zur Geschichte eines Landes gehört. Denn diese Bauwerke
haben Menschen mit ihrem Geist und ihren Händen erschaffen. Natürlich,
das räume ich ein, stets unter der Maßgabe und den Befehlen der jeweils
dort herrschenden Macht und deren Geschmack. Über den man besonders
in einer Diktatur nicht streiten konnte.

Das „Tablabla" vermerkte weiter, dass „die von dichtem Dschungel und
opalfarbenem Meer gesäumten Sandstrände von Penang wunderschön sind."
Ich verbiete mir hier, mich auf die „gesäumten" Sandstrände einzulassen und
über sie auszulassen. Zum einen, weil ich kein Schneider bin und zum anderen, weil ich nicht säumen möchte, von meiner Begegnung mit den „Waldmenschen" zu erzählen.

Auf einem Binnensee, der ausschließlich von Regenwasser gespeist wird,
tuckerte die Ausflugsgruppe von einer Basis aus in einem kleinen Katamaran
zu einer Insel hinüber. Dort angekommen, begrüßte uns einer dieser lang-
armigen, rotbefellten Turnakrobaten mit weitreichenden Schwüngen an von
für ihn hingehängten Stricken und Stangen. Auf den Ruf eines der vielen jungen Wildhüterinnen und Wildhüter, dass es Früchte gäbe, turnte sich ein
Orang Utan heran. Dieses „Früchte", also „Fruit" schien dieses Orang-Utan-
Männchen zu verstehen. Damit wäre er des Englischen mächtiger als meine
Wenigkeit, manchmal. So wie wir als Kinder bei dem Ruf „Bonbon" oder
„Schokolade" durch unsere Mütter reagierten, in dem Maße erhöhte sich die
Geschwindigkeit des in unsere Nähe hangelnden Tieres. Dieser Orang-Utan

sei hier erst vor weniger Zeit geboren worden und deshalb gelehrig, wurde uns erklärt. Nachdem er seine Belohnung bekommen hatte, zog er sich im gleichen Tempo an einen sicheren Platz zurück. Per Zoomfunktion unseren Fotoapparaten und Kameras konnten wir das fabelhafte Tier trotzdem wieder zu uns heranholen.

Der Anfang der Besichtigung der Tiere, oder soll ich besser schreiben, des Besuches bei diesen Tieren, war getan. Danach ging es weiter in den Dschungel hinein. Währenddessen bemerkte ich, dass meine Ansicht, es würde sich bei dieser Anlage um eine extra zum Schutz und der Betreuung dieser Tiere gebaute Einrichtung handeln, eine Falsche war. Wir trafen auf leider fast domestizierte Orang Utans, aber in ihrem fast völlig naturbelassenen Lebensraum. Genauso wie man ihn angetroffen hatte, als man auf diese Tiere stieß. Es ist ein Dschungel in urwüchsigem Zustand. Lediglich für die Besucher hatte man einen beziehungsweise zwei Zäune drum herum errichtet. Einen inneren, der aus einem Netz von geknöpften federnden Kunststoffstricken besteht und einem äußeren von in die Erde gerammten massiven Stahlgittern. Meine neugierige und erwartungsfrohe, aber verneinte Frage nach einer Orang-Utan-Baby-Aufzuchtstation bestätigte meine Erkenntnis, dass es sich hierbei auch nur um eine Art Zoo handelt. Mit dem Unterschied, dass bei einem Zoo vorab eine Anlage für die aufzunehmenden Tiere errichtet wurde und dann erst die Tiere hineingesteckt werden. Auf dieser Anlage waren die Tiere und deren Umfeld schon vorhanden und die Anlage ringsherum wurde befestigt und mit Zugängen für die Menschen versehen. Wer von beiden, also Tier oder Mensch, hier artgerecht gehalten wird, ist eine Frage der Sichtweise. Vom Tier oder vom Menschen aus gesehen muss man diese Frage wohl unterschiedlich beantworten. Ich entschied mich dafür, dass beide vor beiden durch diese Zäune geschützt werden. Zumindest wird von den äußerst liebevollen Hüterinnen und Hütern sichergestellt, dass der Lebensraum der Orang-Utan-Gruppe erhalten bleibt und die Tiere geschützt leben und überleben können. Dass die Tiere bei der Nahrungssuche etwas nachlässig und scheinbar fauler geworden sein könnten, liegt in der Natur der Sache, dass diese Insel eben doch nur eine, wenn auch bessere Art, von Zoo darstellt. Und dass man in den Abfahrts- und Ankunftsbereichen lebhaften Handel mit Souvenirs betreibt, liegt ebenfalls in der

Natur der Sache. Man muss halt auch Einnahmen für die Ausgaben zum Erhalt dieser Anlage generieren. Und so werden Touristinnen und Touristen dorthin gelotst, um für Geld sich die Tiere beschauen zu können. Ideal wäre es, wenn sie verlassene Babys der Orang-Utans aufziehen, kranke Tiere behandeln und auch älteren Tieren ein Gnadenquartier schaffen würden. Ganz frei von der „Störung" durch Menschen, die, wie ich, dennoch Freude beim Anschauen dieser Orang-Utans und vieler anderer vom Aussterben bedrohter Tiere haben.

Muss denn die Erhaltung unserer Arten auf dieser Welt auch Profit abwerfen? Muss man alles, was auf dieser Erde kreucht und fleucht, auf das UNESCO-Weltnaturerbe setzen? Da immer noch Menschen auf dieser Welt aus Selbsterhaltungsgründen Tiere aus ihrem Lebensraum verbannen, sie jagen und abschlachten müssen, nicht aus Profitgier wohlgemerkt, ergibt sich die Notwendigkeit zur Gerechtigkeit gegenüber allen Menschen und der gerechten Verteilung der Lebensnotwendigkeiten für alle. Mit einem Kapitalismus im Endstadium, der sich selbst an den finanziellen Tropf gehängt hat und sich nur noch mit Apparaten und Granaten am Leben erhält, wird das nicht mehr zu schaffen sein. An der Umsetzung der alten Jagdregel in die Praxis, dass man das Fell des Bären nur verteilen könne, nachdem man ihn erlegt hat, arbeiten diejenigen, die vom Fell das größte Stück haben wollen, mit Vehemenz. Bei den Protesten der Ohnmächtigen gegen diesen Bärendienst an der Menschheit drücken die Mächtigen immer öfter mal ein Auge zu. Aber nur zum Zielen.

Mit dieser Metapher, so werden die Herolde der Fellverteiler spotten, habe ich mich jetzt zum Affen gemacht. Wenn schon. Solange sie mich nicht hinter Gittern setzen und Eintritt dafür nehmen, will ich mich gern zu unseren tierischen Vorfahren bekennen. Einst ist der Affe von den Bäumen gestiegen und hat sich zum Menschen entwickelt. Der umgekehrte Weg ist ausgeschlossen. Noch.

Zweiundsiebzigster Tag: Artenschutz für das Glücksschwein

Herrlich. Ein Tag mit weniger Meer. Unter unserem Kiel waren nur vierzig Meter Wasser. Und über Wasser herrschte Sonnenschein. Ich war und bin leider noch erkältet. Ich hatte vorsichtshalber einen Corona-Test gemacht. Er war nicht positiv. Sie lesen richtig: Nicht positiv. Negativ getraue ich mich nicht mehr zu sagen. Denn obschon die Rechtschreibung eine andere ist, könnte es sich phonetisch bei einem Randberliner anhören wie: Negertief. Das getraue ich mich nicht mehr zu sagen. Ich schniefte, und mein Hals tat mir weh. Die Klimaanlagen hatten wahrscheinlich das Ihrige getan. Ich legte mich in die Sonne und dachte darüber nach, welch ein Glück ich habe. Ich mache eine Reise um die Welt. Wunderbar. Aber egal, was wir für ein Wetter auf dem Meer oder an Land gehabt haben werden, was werden die Leute sagen, wenn sie von dieser Weltreise zurückkehren werden? „Mit dem Wetter hatten wir Pech." Für Viele ist es eben schon Glück, wenn das Pech eine Pause macht. Manchen Leuten auf der „Queen" ein Lächeln abzugewinnen, war und ist ein schier aussichtsloses Unterfangen. Ich vermute, dass insbesondere beim Deutschen im Allgemeinen der Muskelaufbau, der das Lächeln steuert, einfach verkümmert ist. Glück kann man eben nicht erzwingen. Aber man kann es vererben. Doch. Man muss nur einen Marienkäfer mit einem Schornsteinfeger kreuzen. Wieso soll das nicht gehen? Beim Ameisenbären hat es scheinbar auch funktioniert. Gut, für jeden ist Glück etwas anderes. Neulich fiel jemand beim Telefonieren das Handy aus dem zehnten Stock. Zum Glück, sagte er, war es auf Flugmodus gestellt.

Mir persönlich sind Freiheit und Wahrheit sowieso wichtiger als Glück. Das Problem ist dabei nur, Freiheit und Wahrheit passen einfach nicht zusammen. Denn wollen wir die Freiheit wahrmachen, müssen wir uns von der Wahrheit freimachen. Für den Chef ist es Freiheit, die Wahrheit zu leugnen, ohne dabei von den Mitarbeitern belästigt zu werden. Auf der anderen Seite wäre es für die Mitarbeiter wiederum Freiheit, die Wahrheit zu sagen, ohne vom Chef gefeuert zu werden. Und deshalb ist es schon ein Unterschied, wenn zum Beispiel die Leute sagen: Mit diesem oder jenem hatten wir Glück, oder, mit diesem oder jenem hatten wir ein Schwein? Stellen wir auch das Glücksschwein unter Artenschutz. Zumindest auf Reisen.

Wir sollten heute eigentlich bei Langkawi vor Anker liegen. Die Sicherheitsbedingungen für das „An-Land-Tendern" entsprächen dort nicht den Normen, hieß es. Der Kapitän hatte sich deswegen entschlossen, Langkawi nicht anzusteuern, sondern gleich nach Singapur durchzustarten. Das verlangte von den Passagierinnen und Passagieren, neue Einreiseformulare für Singapur via Internet auszufüllen. Wer das nicht täte, dem drohe das Landgangverbot in Singapur. An Bord herrschte deshalb ein aufgeregtes, um nicht aufgebrachtes zu sagen, Durcheinander. Das erfolgreiche Ausfüllen der Formulare, die in Englisch abgefasst worden waren, bedeutete besonders für ältere Reisende, die weder internetaffin noch des Englischen mächtig waren, eine besondere Herausforderung. Das Murren und Knurren an Bord übertönte die Motorengeräusche der „Queen" beträchtlich. Tumulte wurden nicht beobachtet, aber es gab schon Verschwörungen, und sogar eine Meuterei wurde in Betracht gezogen. Aber unser Kapitän hieß nicht Bligh wie auf der berühmt-berüchtigten „Bounty", er wurde wie Blei, wenn man ihn durch Reibung heißgemacht hatte. Der Kapitän war weich geworden und hatte eine Heerschar von Internetgehilfen auf die Decks beordert. Kurz vor Ausbruch der Meuterei konnte sie abwendet werden. Schade! Ich wäre gern eine Zeitlang auf einer Südseeinsel gewesen und hätte mich von jungen, gebräunten Frauen verwöhnen lassen. Diesen Wunsch ahnend, hatte der Kapitän Gegenmaßnahmen ergriffen. Soeben steckte mir unsere Wellnessabteilung auf Weisung des Kapitäns ein Angebot unter meiner Kabinentür durch. Darin hieß es, dass Massagen, die von jungen, gebräunten, gutaussehenden Frauen ausgeführt werden, anstatt einhundertneunundneunzig nur noch einhundertneunundvierzig Dollar kosten sollen. Na bitte, geht doch. Ein Schnäppchen. Man muss das Glück nur beim Schopfe packen! Leider aber reicht die Anzahl der Haare auf meinem Kopf dafür nicht aus. Was für ein Pech aber auch.

Achtung: Seesterne werden am Himmel erst ab 2,5 Promille sichtbar!

Dreiundsiebzigster Tag: Ich will Singa pur!

Heute Nachmittag hatte ich meine Geliebte wieder gesehen. Wir hatten ein Date. Ich hatte sie umarmt, und wir waren uns sofort wieder vertraut. Ich war außer mir vor Freude und drang gleich in sie ein. Halt, stopp. Die Metapher ist nicht gewagt, weil meine Verehrung und meine Liebe zu Singa pur sind. Diese Wortspiele immer.

Singapur war wirklich Liebe auf den ersten Blick. Beim Zweiten wurde die Liebe noch inniger. Laut Kapitänsauskunft durfte ich fast drei Tage hier verbringen. Leider hinderte mich die erwähnte Erkältung wegen der Ansteckungsgefahr daran, ihr ganz nah zu sein.

„Die ganze Nacht hindurch", schrieb unser „Tablabla", „folgte die ‚Queen' (nanu, war sie unartig) den Verkehrsplänen der Malakka- und der Singapurstraße … Bevor sie ihren Kurs änderte und die Singapurstraße verließ." Zum Glück „nahmen wir einen örtlichen Lotsen an Bord (so eine Art Aufpasser), der uns half, die ‚Queen' längsseits an ihren Liegeplatz zu bringen." Soll heißen, ein Lotse hatte die „Queen" zu Bett gebracht. Ohne Gute-Nacht-Kuss wahrscheinlich. Da lag sie nun am Vormittag neben meiner Singapur.

In Singapur hinein durften wir erst nach dieser üblichen, hier aber besonders gründlichen Passport- und Leibesvisitation. Nach einer kurzen Fahrt mit dem Shuttlebus stand ich erregt und dennoch gefasst vor ihrem, für mich jedenfalls, Wahrzeichen, nämlich dem „Marina Bay Sand"-Hotel. Ich hatte bereits bei meinem ersten Date mit meiner Geliebten die Ehre und das Vergnügen, in dieser wundervollen und mit sehr origineller Architektur errichteten Hotelanlage zu wohnen. Sie war im Jahre 2016 nur, so will ich meinen, als Zwischenstation auf dem Rückflug von Australien nach Deutschland gedacht. Aber sie wurde zu einem abschließenden Höhepunkt dieser gesamten Reise zu unseren neuen australischen Freunden, von denen ich weiter oben ausführlich erzählte.

Auf dieses Hotel, das aus drei gleichhohen Türmen besteht, die leicht auf Abstand gehalten sind, wurde von den Architekten obenauf, in schwindelnder Höhe, eine Art Schiffsrumpf gesetzt, welcher alle drei Türme miteinander verbindet. In diesem schiffsrumpfähnlichen Körper wurde, davon konnte ich mich, in einen Bademantel gehüllt, mit eigenen Augen überzeugen, ein überdimensionierter Swimmingpool integriert, der es den Badenden gestattet, direkt bis an den Rand heranzuschwimmen und nach unten zu schauen. Ich überließ dieses „Vergnügen" denjenigen, die mit der enormen Höhe keinerlei Schwindel zu befürchten hatten. Mir ist dieser sicherlich phantastische Blick durch meine Höhen- bzw. Tiefenphobie bisher verwehrt geblieben. Vielleicht versuche ich, sofern ich es wüsste oder wissen würde, angesichts meines nahen Todes, diese psychische Hemmschwelle zu überwinden. Eins ist mir nämlich seit heute, dem ersten Tag beim zweiten Rendezvous mit dieser Geliebten Singa pur klar geworden: Diese pulsierende Stadt möchte ich neben Sydney, San Francisco und Auckland zuletzt als abschließenden Höhepunkt noch einmal wiedersehen, bevor ich diese unsere Welt für immer verlassen muss. Hoffentlich wird der Liebe Gott dies einem stoischen Atheisten gestatten. Wer und was du bist und wo du auch sein solltest, Liebe/r Gott: (hier sei mir diese von mir total abgelehnte Sprachvergewaltigung nachgesehen). Ich rufe dir zu, wie mein Kabarettkollege Jürgen Becker, den ich hier zitieren darf, sagte: „Man muss auch mal jönne könne!"

Vierundsiebzigster Tag: Sauber pur mit Flair

Meine bis gestern verheimlichte Geliebte Singapur, so schrieb das inzwischen bekannte und legendäre „Tablabla", ist „eine Inselrepublik der malaiischen Halbinsel. Sie wurde gegründet durch einen Briten namens Sir Stamford Raffles im Jahr 1819." Sie ist eine betagte Dame also, der man ihr Alter jedoch nicht im Geringsten ansieht. Bei Leibe nicht und auch nicht ihrem Inneren nach. Hoffe ich doch. Gut, ich muss zugeben, dass ich von ihrem Inneren nicht viel weiß, geschweige denn gesehen habe. Aber jedwedes Ding hat auch seine innere Seite. Vielleicht sollte man Vieles mal wenden lassen? Allerdings möchte ich davor warnen, denn das Innere zeigt oft nicht, was uns das Äußere versprochen hatte. Nicht umsonst heißt es in einem Gassenhauer: „Und wie's da drunter aussieht, geht niemand was an!"

Es fiel mir ein, dass der Spruch, der außen am Portal des Deutschen Reichstages eingemeißelt wurde: „Dem Deutschen Volke …", nicht vollendet zu sein scheint. Es müsste vollständig heißen: Dem Deutschen Volke zum Wohle! Aber leider war dafür kein Platz mehr auf dem Portal. Man hätte jetzt zwei Möglichkeiten, diesen Fauxpas zu beseitigen. Entweder man vergrößert das Portal des Deutschen Reichstages, sodass die komplette Losung draufgeht oder man regiert zukünftig in diesem Haus so, dass das, was jetzt dort drangeschrieben werden müsste, der Wahrheit entspräche. Es steht zu befürchten, dass das Gebäude „Deutscher Reichstag", aber nur durch den Druck des Volkes, dem dieser Spruch „Dem Deutschen Volke zum Wohle!" auf dem Portal desselben gewidmet sein sollte, auf die notwendige Größe verbreitert wird, aber dort drinnen wird weiter so regiert wie bisher. Denn niemals in der Menschheitsgeschichte hat sich bisher eine Regierung an das gehalten, was sie sich über ihr Parlament geschrieben hat. Die Wahrheit ist die, dass, so wird hinter vorgehaltener Hand, wie es die Fußballspieler den Politikern beigebracht haben, auf den Gängen des Deutschen Bundestages geflüstert, der Spruch am Portal des Deutschen Reichstages eigentlich lauten sollte: „Dem Deutschen Volkes eins aufs Maul!" Assoziationen gibt es aber auch. Woher kam diese jetzt?

„Als ein Symbol für die Geheimnisse und die Romantik des Orients", schrieb das „Tablabla" weiter, „hat sich Singapur auch sein östliches Flair bis heute bewahrt." Ähnlichkeiten mit Teilen Berlins sind angebracht.

Meine Geliebte hat tolle Maße. „Auf einer Fläche von zweihundertsiebenundzwanzig Quadratmeilen (sie ist weitläufig, mit vielen Rundungen) leben in Singapur rund fünfeinhalb Millionen Menschen." Als Republik ist sie relativ jung. Unser „Tablabla" bemerkte, dass „sie makellos sauber, beruhigend sicher und es eine Freude ist, sie zu erkunden." Bei Tag und besonders bei Nacht ist meine Geliebte schön, strahlend und für jeden empfänglich. Aber ein leichtes Mädchen ist die ältere Dame nun wirklich nicht. Sie anzuschauen lässt sie uns was kosten. In ihrem gewaltigen Shoppingcenter, welches mit dem „Marina Bay Sand"-Hotel ober- und unterirdisch verbunden ist, geben sich nur Nobelhersteller die Ehre und zumeist auch nur noble Käufer die Klinke in die Hand. Ich habe in diesem Center zu meinem Erstaunen viele junge Familien mit Kindern gesehen. Während sich die jungen Eltern an den Schaufensterscheiben von Chacci, Gunel und Schmaling (Bitte keine Werbung einwerfen!) die Nasen plattdrücken, tollen die Kinder durch die mit Marmor gefliesten und mit Teppichböden ausgelegten Gänge. Auch an reichliche Vergnüglichkeit für diese Familien ist hier gedacht worden. Auf einem künstlich angelegten Kanal, der durch einen kurios sprudelnden Wasserfall gespeist wird, können die Besucher mit Kähnen hin und her schippern. Ich tat das heute nicht, denn von Wasser hat man manchmal die … na, man kennt das ja von Seereisenden.

Fünfundsiebzigster Tag: Heller Wahnsinn im Dunkeldschungel

Eine erste Siedlung, so beginnt die Historie von Singapur, wurde Ende des dreizehnten Jahrhunderts an den Ufern des „Singapore Flusses" gegründet. Sie blühte als einziger Hafen am südlichen Ende der Straße Malakka rasch auf, um, aus welchen Gründen auch immer, als internationaler Handelshafen im fünfzehnten Jahrhundert wieder zu verwelken. Die Hauptsiedlung und der Hafen wurden Anfang des siebzehnten Jahrhunderts gänzlich zerstört. Der spätere Vater meiner Geliebten, Sir Stamford Raffles, fand, als er 1819 ankam, niemanden und nichts vor. Und so erblickte meine Geliebte als Auferstandene mit neuer Siedlung und einem internationalen Hafen als kleines Mädchen für Großbritannien das Licht der Welt. Singapur wuchs heran und wurde schön und strahlend. 1963, so könnte man heute noch sagen, hatte sie Jugendweihe. Das ist jene Zeit der Erhebung, ab dem sich die Jugend zu Erwachsenen entwickeln muss. Das tat Singapur und sagte sich von den britischen Eltern los. Trotz einiger Rückschläge im Handel bis in die 1990er Jahre hinein, entwickelte sich meine Geliebte mit ihrem Hafen zum Objekt der Begierde bei internationalen Seereedereien.

Meine Wiederbegegnung mit ihr wollte ich bei Nacht ausleben. Ich buchte lange vor Antritt der Reise, nicht wissend, was sich hinter dem Titel verbirgt, eine „Night-Safari". Die Nacht wurde eine einzige Enttäuschung. Ich hatte mir in meiner Phantasie ausgemalt, dass ich durch ein hellbeleuchtetes Singapur spazieren würde, deren Funkeln und Strahlen mich verzücken und in Ekstase versetzen würde. Nichts da. Wer lesen kann, sollte es auch vorher tun.

Ahnungslos, aber spannungsgeladen bestiegen wir unseren Ausflugsbus. Die nächtliche, noch sehr warme Schwüle wollte man mittels Klimaanlage im Bus uns nicht gleich spüren lassen, dachte ich erfreut. Weit gefehlt. Der

Bus schlängelte sich schier endlos bei noch dichtem Verkehr aus Singapur hinaus zu seinem Ausflugsziel. Es war ein Safaripark, sprich ein Zoo. Somit sollte ich den dritten Zoo auf meiner Reise um die Welt besuchen. Diesmal jedoch bei Nacht. Ich argwöhnte, dass es eventuell dieselben, wohlgemerkt nicht nur die gleichen, Tiere sein könnten wie in den anderen beiden Zoologischen Gärten. Und was nächtlich des öfteren in der „Queen" rumorte, ratterte und trampelte, waren, so spekulierte ich, die Tiere, die mitreisten, um jeweils in den Zoos der angelaufenen Städte ausgesetzt und später wieder eingesammelt und mitgenommen zu werden. Und damit man sie bei Drittnutzung nicht gleich wiedererkannte, wurden sie uns im Safaripark von Singapur in der Dunkelheit präsentiert. Etwaige Merkmale, an denen man die Tiere hätte wiedererkennen können, wurden somit schwer oder gar nicht sichtbar. Das ist spinnert, wie meine bayerische Tischnachbarin zu sagen pflegte. Natürlich und tatsächlich. Aber meine Enttäuschung, dass mir meine Geliebte nicht in nächtlicher Schönheit erschien, war dermaßen groß, dass ich enttäuscht und resignierend solche irrigen Erwägungen anstellte.

Zum Hergang des nächtlichen Zoobesuches wäre Folgendes zu erzählen. Man setzte uns in einen elektroangetriebenen offenen Zugwaggon und fuhr uns im Schneckentempo durch die dschungelartig aufgebaute Anlage. Eine elektronische Stimme wies uns darauf hin, welche Tiere wir wechselseitig rechts oder links sehen könnten, wenn sie zu sehen gewesen wären. In der Dämmerung, die hereinbrach, gelang es uns, das größere Getier, sprich einen Elefanten, ein Nashorn und einen Tapir, zu erspähen. Mit zunehmender Dunkelheit nahmen wir nur noch umherhuschende Schatten war. Wozu, dachte ich, müssen sich die armen Tiere uns hier nachts präsentieren, wenn wir sie gar nicht sehen können? Schattenspiele mit Tieren könnte man mit simplen computergesteuerten Taschenspielertricks superleicht vortäuschen. Damit uns nicht auffiele, dass die Tiere, die uns die Stimme aus dem Lautsprecher ankündigte, eventuell gar nicht vor Ort waren, wurde uns in jedem zweiten Satz von der Lautsprecherstimme das Verbot ausgesprochen, mit Blitzlicht zu fotografieren. Natürlich, dachte ich weiter, solle die Nachtruhe der Tiere nicht gestört werden. Und wie sähen die Tiere anderen Tags aus, wenn sie unausgeschlafen dreinblickten. Wahrscheinlich genauso, wie die früh aufgeweckten ersten Menschen die Tiere anblicken würden. Gähnend.

Der absolute Höhepunkt der „Night-Safari" war allerdings, dass man uns nach der Rundfahrt auf freier Strecke, es war inzwischen stockdunkel, mit dem Hinweis aussetzte, wir mögen doch jetzt in vierzig Minuten Zeit den „Leopardenweg" oder den „Tigerpfad" zu Fuß durch den Dschungel gehen. Unterwegs sollten uns dort noch andere wilde Tiere begegnen, versprach man uns. Taten sie auch. In der Mehrzahl waren es Fliegen, Moskitos und Ratten. Ratten, die als Gesundheitspolizei die heruntergefallenen Essensreste der vielen hundert Kinder, die auch nachts durch diesen Safaripark lärmend trollen, auffraßen. Für die Kinder, das kann ich mir vorstellen, wenn ich mich da an meine Kindheit erinnere, ist das Ganze eine gruselige und angsteinflößende Nachtwanderung. Die Kinder übrigens, aber auch die Erwachsenen, können hier nicht verloren gehen, denn die Wege sind zwar spärlich beleuchtet, dennoch so engmaschig eingezäunt, dass keine Maus hindurchschlüpfen könnte. Der Weg durch diesen zoologischen Darkroom war nicht sehr lang, aber hügelig. Hinzukam die nächtlich feuchtwarme Temperatur, wodurch diese Safaritour für viele betagte und gehbehinderte Weltreisende zum Höllentrip wurde.

Erschöpft zwar, aber erleichtert, fanden sich alle Nachtschwärmer am Ausgangs- und Endpunkt des Dunkeldschungels wieder ein, was beim Reiseleiter einen Herzkasper vermeiden ließ. Der Bus brachte uns teils schlafenderweise zur „Queen" zurück. Ich hätte mich zwar gern mit meiner Geliebten in einem Dunkelrestaurant oder noch besser in einem Darkroom getroffen, und zwar jeweils zum Verspeisen von nichtsichtbaren Sachen oder zum Vernaschen ebensolcher Dinge, aber nicht zum Erahnen von in ihrer Nachtruhe gestörten, eingesperrten Tieren. Noch nie was von Tierschutz gehört?

Ich muss meiner Geliebten deshalb mal anständig die Leviten lesen. Was? Das versteht sie nicht? Bei meiner Geliebten sprechen die Menschen vierundfünfzig Sprachen. Da wird wohl auch „Levitisch" drunter sein.

Heute Abend nahmen wir voneinander Abschied, meine Geliebte und ich. Ich versprach ihr, dass ich, wenn ich meine ihr bekannten Lieblingsdamen besuche, auch noch einmal einen Seitensprung mit ihr machen werde.

Unser letztes Zusammensein nutzten wir dazu, uns mit den betörenden Düften, die aus den teuren Parfümerien im Shopping-Center und kulinarischen Gerüchen, die aus den Küchen der Restaurants uns um die Nasen wehten, verwöhnen zu lassen. Einige Dollar wollte ich meiner Geliebten noch zukommen lassen. Mitnichten für ihre Liebesdienste, sondern für Geschenke, die ich andren Menschen von ihr machen will. Ich habe nicht viel gekauft, aber etwas Bleibendes. Doch was man von ihr auch verschenkt, er ersetzt nicht die persönliche Ansicht ihres Glanzes. Ich werde meinen lieben Menschen sagen, dass meine Singa... pur am besten ist. Sie werden sie sehen und lieben. Der Fluss ist ihre Hauptschlagader. Durch sie pulsiert sie im Takt mit jedem Schlag ihres Herzzentrums, das sich um das einmalige „Marina Bay Sand"-Hotel versammelt. Die „Cavenagh Bridge" ist das Nervensystem, „Raffles"- und „Fullerton"-Hotel sind die Organe ihrer Historie, und die freundlichen Menschen um sie herum und in ihr drin sind das pulsierende Blut ihres Wesens. Alles gut und schön.

Aber drei Dinge bzw. Laster gewöhnen Sie sich bitte in ihrer Nähe ab! Das Rauchen, das Spucken und das Knitschen von Kaugummi. Denn wenn Sie die Reste dieser „Untaten" auf ihr entsorgen, dann jagt sie Sie entweder davon oder sperrt Sie ein. Oder Sie müssen sie doch bezahlen. Als Buße. Denn eins will meine Geliebte immer bleiben: Sauber und rein!

Mann, oh Mann, liebe Singa, das war schwulstig, aber pur.

Sechsundsiebzigster Tag: It's a long way to Abu Dhabi

Es folgten viele, viele Tage, an denen zwar vielleicht mal Land in Sicht war, aber ein Landgang nicht im Bereich der Möglichkeit lag.

Von heute auf morgen hatten wir die Uhren erneut um eine Stunde zurückgestellt. Stunde für Stunde kommen wir allmählich Deutschland zumindest auf der Uhr näher. In vier Wochen wird diese Reise, so der Klabautermann es will, ihr Ende in Hamburg finden. Wir sind auf dem langen Weg nach Abu Dhabi. Neuerdings trompeteten uns die Sprachrohre der politischen Korrektheit ins Ohr, dass die arabischen Staaten jetzt die westasiatischen Staaten seien. Geographisch mag das ja hinhauen, aber geostrategisch haut mich das um. Arabien ist der Orient und Europa der Oxident.

Es gab Zeiten, da wollten die westlichen Staaten ihre Demokratie der arabischen Welt überstülpen. Nicht nur mit Gewalt. Auch mit Geld. Egal zu welcher Jahreszeit, wir wollten Arabien den Frühling bringen. Mal mit blauen

Bohnen und mal mit blauen Blumen. Wir wollten denen unsere Demokratie einbläuen. Und das haben wir auch. Am Ende hatten wir so viel von unserer Demokratie exportiert, dass wir selbst kaum noch eine haben. Die Lager sind leer. Umfragen besagen, dass der Glaube an die wahre Demokratie hierzulande inzwischen so weit verbreitet ist wie Bermudashorts auf Island. Und deshalb gehört heutzutage schon Mut dazu, sich hier wie ein Demokrat zu verhalten. Die Grenzen zwischen Demokratie und Diktatur sind fließend geworden. Was ist der Unterschied zwischen ihnen? Die Diktatur sperrt Demokraten weg, die Demokratie schließt Demokraten ein. In den westlichen Demokratien werden inzwischen Diktatoren demokratisch gewählt und verkaufen das als einen Sieg der Demokratie. Ein bayerischer Demokrit, ein Feld-, Wald-, und Oktoberwiesen-Philosoph, hat als politisches Vermächtnis eine These aufgestellt. Hier das inhaltliche Zitat: Die, die entscheiden, sind nicht gewählt, und die, die gewählt werden, haben nichts zu entscheiden. Die Gefahr besteht darin, dass die Demokratie Stück für Stück ersetzt werden könnte durch eine Lobbykratie.

Gut, es würde sich danach nicht viel für uns ändern. Denn früher hat man uns gesagt, was wir machen sollen und später sollen wir machen, was uns gesagt wird. Und wer das Sagen hat, wird uns schon medial kenntlich gemacht, denn wenn man sich die Bundestagsdebatten in den privaten Medien (die öffentlich-rechthaberischen trauen es sich noch nicht) anschaut, sieht man oben im Bild die Abgeordneten und unten laufen die Börsennotierungen durch. Unten also die Einflussreichen und oben die Kenntnisarmen. Meine Aufforderung lautet deshalb: Verpassen wir den Antidemokraten einen Arschtritt und lassen wir sie glauben, es wäre eine osteopathische Behandlung.

Das war das Stichwort. Seetag heißt Massagebehandlung.

Den Anschluss an die Reisegruppe und das Handy verloren? Hier winkt das Glück, aber es kann auch der berühmte Vater Morgana sein.

Siebenundsiebzigster Tag: Musik wird störend oft empfunden ...

Das Meer lag heute flach und spiegelblank wie Parkett rings um das Schiff. Es tanzte kein Wind, die Sonne flimmerte, und der Himmel trug einen Schleier aus Tüll. Wenn die „Queen" ein Windjammer wäre, wäre sie wahrscheinlich rückwärts gefahren, weil die Luft nicht nur nicht wehte, sondern stand. Der Wind machte eine Pause. Er musste mal verpusten.

Wir durchtrieben den Indischen Ozean. Es ist das drittgrößte Gewässer der Erde. Es hat zwanzig Prozent der Erdoberfläche für sich vereinnahmt. Begrenzt wird der Indische Ozean im Norden von Südasien, im Westen von der arabischen Halbinsel und Afrika, im Osten von der malaiischen Halbinsel, den Sonntagsinseln und Australien und im Süden von der Antarktis. Innerhalb des Indischen Ozeans befinden sich unter anderem Madagaskar, die Seychellen und die Malediven, die als beliebte Ferieninseln bekannt sind. Mehr Information braucht man an einem Tag auf diesem riesigen Ozean eigentlich nicht.

An Seetagen wurde die „Queen" meist überholt. Manchmal auch von anderen Schiffen. Hierbei meine ich die Reparaturen an Bord durch die Techniker, Handwerker und anderen Bediensteten. Es wurde geschraubt, da wurde gehämmert und dort wurde gepinselt. Manch einer kratzte auch ab. Den Rost vom Metall selbstverständlich. So eine Seefahrt, die ist nicht nur lustig und froh, sondern auch anstrengend und schweißtreibend für die Mannschaft. An Seetagen hieß es für sie Arbeit am Schiff und im Schiff. Wir Weltreisenden sahen eigentlich nur jenes Personal, das täglich unmittelbar um uns herumschwirrte wie fleißige Bienen um die Blüten. Wobei nicht jede Passagierin oder jeder Passagier an Bord eine Blüte der Zunft Mensch ist. Es gab nicht wenige Reisende, die geringschätzig auf die vielen Leute, die vor und hinter den Kulissen dafür sorgten, dass wir sicher und gesund reisen konnten, herabblickten. Jene Reisenden, denen zum Beispiel der dunkelhäutige kräftige Kerl, der in einer ihm zu engen Kellner-Uniform steckte und mit zwei Kaffeekannen leisetretend beim Frühstück durch die Gänge schlich, lästig wie eine Fliege war. Oder diejenigen, die die jungen Frauen missachteten, die, kaum war der Teller geleert, ihn auch schon unter leisem Murren oder lautem Protest der Reisenden abgeräumt hatten. Dennoch hörte man von diesen emsigen Bienen und Drohnen keine schnippische Bemerkung und sah nie einen zornigen Blick. Gute Miene zum manchmal bösen Spiel der Reisenden war ihr Markenzeichen. Ich denke, dass „thank you" und „your welcome" in der Hitparade des Singsangs an Bord ganz oben auf der Hitliste standen.

Ansonsten beherrschten Töne und Klänge aus den im ganzen Schiff flächendeckend angebrachten Lautsprechern die Atmosphäre an Bord. Manchmal passend zur Stimmung an Bord, manchmal leider konträr. Wenn nach einem ausgiebigen Frühstück mir bei vollem Bauch Bach, Händel oder ein mir unbekannter britischer Komponist serviert wurden, wurde mir schläfrig. Neulich rüttelte mich jemand wach, weil ich mit meinem Geschnarche seinen Musikgenuss gestört hatte. Musik wird störend oft empfunden, denn sie ist mit Krach verbunden. Oder so ähnlich heißt es treffenderweise in einem Gedicht. Es ist mir schon in der Heimat lästig, dass man in sehr vielen öffentlichen Einrichtungen mit Musik beschallt wird. Besonders, wenn deutsche Schlager von den in irgendwelchen Kämmerlein hockenden Musikbanausen aufgelegt und zur Beschallung freigegeben werden. An Bord blieb es, den Musikgöttern sei Dank, bei Melodien mit englischen Texten. Ich glaube im Übrigen, dass die englische Sprache für die Betextung von Musik am allerbesten geeignet ist. Zumal wenn man der englischen Sprache nur selektiv mächtig ist. Dagegen können deutsche, will sagen auf Deutsch gesungene Schlager doch manchmal sehr nervtötend sein.

Der deutsche Schlager definiert sich als ein Gesangstück, bei dem die Melodie sogar für einem Waldorfschüler zu einfach ist, dessen Rhythmus dem Metrum eines Pürierstabes abgekupfert wurde und dessen Text gesungen werden muss, weil er einfach zu blöd ist, um gesprochen werden zu können. Das habe ich mal irgendwo gelesen. Ich glaube bei mir. Sehr böse Zungen sagen, dass manch ein Schlager der Abfall von der Musik ist. Manch ein Schlagersänger singt also nicht, er entsorgt sich. Von Lauten und Tönen. Ihrer Besonderheit sind sich die Schlagersänger selbstbewusst selbst bewusst.

Warum, frage ich mich des öfteren, bewegen sich die Schlagersängerinnen und Schlagersänger bei ihrem Gesang, und die meisten beherrschen ihn meist total tonal, sich immer so hektisch hin und her? Wahrscheinlich, denke ich garstig, weil sich bewegliche Ziele schwerer treffen lassen. Wie oft werfen Fans Blumen auf die Bühne, bei denen, wegen der Frischwasserzufuhr natürlich, die Vasen im gleichen hohen Bogen voranfliegen. Bei der Unterwäsche, die auf die Bühne katapultiert wird, kann man an der Konfektionsgröße derselben erkennen, welches Alter die Schlagerliebhaberinnen erreicht haben. Ganz zu schweigen von den Plüschtieren, die wegen ihrer innewohnenden Milben über ein gewisses Eigenleben verfügen. Dennoch setzen sich die Schlagerinterpretinnen und Schlagerinterpreten dieser Lebensgefahr immer wieder aus. Warum? Ist die Showbühne für viele Schlagersänger der letzte Fluchtpunkt, um einer Einweisung in die geschlossene Abteilung zu entgehen?

Es gibt abschreckende Beispiele bei sogenannten Comebacks dafür, wie eine Resozialisierung scheitern kann. Allerdings wird behauptet, dass die allermeisten Schlagersängerinnen und Schlagersänger richtig singen können. Warum haben sie es dann bisher nicht getan? Manchem singenden Schlagerinterpreten empfehle ich, Trompete spielen zu lernen. Denn es ist noch keinem gelungen, beim Trompeten zu singen. Ich fragte neulich einen von mir hochgeschätzten und über lange Jahre immer noch supererfolgreichen schlagerinterpretierenden Freund, wie er denn zum Schlagergesang gekommen sei. Darauf antwortete er, und ich glaube im Nachhinein, dass es ein Joke war, mit folgender Episode: „Ich war“, schilderte er, „in meinem früheren Leben Pförtner beim ZDF. Am Abend der Ausstrahlung der ‚ZDF-Hitparade‘“, in der ja, was heute nicht mehr denkbar ist, live gesungen wurde, hatte ich Dienst. Am Nachmittag kam ein Redakteur aufgeregt in meine Pförtnerloge gerannt und fragte mich, ob ich nicht bei einem damals wie heute noch singenden Schlagerstar im Background-Sänger-Quartett einspringen könnte. Ich bin doch nur Pförtner und kann nicht richtig singen, entgegnete ich. Daraufhin sagte man mir, dass wir zu Viert wären und ich solle nur den Mund auf und zu machen. Die anderen drei würden das schon machen.

Ich ließ mich überreden, mit Geld, es zu tun. Man kleidete mich ein. Stellte mich auf einen Platz. Die Musik setzte ein. Der Einsatz des Background-Chores war dran. Es kam kein Ton von uns. Später stellte sich heraus: Wir waren vier Pförtner.“

Das alles kann hier seelenruhig geschrieben werden, denn der Wind hatte immer noch nicht aufgefrischt. Aber das Deck Drei war inzwischen aufgehübscht worden. Und zwar mit weißer Farbe.

Heute Abend ist mal keine Gala. Kein Smoking, keine den Hals zuschnü-
rende Fliege und nicht mal eine Krawatte waren Vorschrift laut „Tablabla".
Den Damen allerdings teilte das Blatt mit: „Sie sind mit Bluse und Rock oder
eleganter Hose und Kleid willkommen." Ob die Damen das Kleid in die elegante Hose stecken sollten oder über der Hose tragen dürften, wurde in
dem „Befehl" nicht erwähnt.

Schlager wurden heute Abend im Theater auch nicht gesungen, sondern
es trat einer der besten britischen Entertainer auf. Hitchcock hieß er.
Moment mal! War Hitchcock nicht schon tot und hatte „Die Vögel" gedreht.
Also andersrum natürlich. Ich las etwas genauer im „Tablabla" nach und siehe
da, es handelte sich um Philip Hitchcock. Der hatte nichts mit Vögeln am
Hut, sondern er hatte, wenn meine Englischkenntnisse es richtig deuteten,
in Disneyland es mit einem Pferd namens Diana gemacht. Pferd heißt doch
auf Englisch Ross. Nein, Horse. Sorry!

Achtundsiebzigster Tag: Seh-Tage

Seetage waren auch Seh-Tage. Fernsehtage. Zwar liefen auf allen Kabinen-
fernsehgeräten seit zwei Monaten dieselben sechs Spielfilme, aber sie liefen
wenigstens. Im Gegensatz zum Fernsehprogramm, das analog zum WIFI mit
zahllosen und unerwarteten Ausfällen daherkam. Dem Reiseveranstalter
„Unart" machte das, trotz mehrmaligen zahllosen Protesten, nichts aus, denn
geändert hatten sie an der Situation gar nichts. Man erhielt auch keine Auskunft, warum das auf einem Luxusschiff der Fall war. Es liefen also vier Filme
mit echten Schauspielern und zwei mit animierten. Eigentlich waren es
Filme, die ich mir im Normalfall nicht ansehen würde. Das Niveau der meisten Filme, die uns hier angeboten wurden, könnte man als unterirdisch
bezeichnen. Und der Flachbildschirm in meiner Kabine, auf dem diese Filme
abgespielt wurden, ist der Beweis, dass sich das Gerät dem Niveau der Filme
angepasst hatte.

Es liefen also sechs mehr oder weniger Spielfilme in unterschiedlichen
Sprachen. Meist in der jeweiligen Landessprache synchronisiert oder in Englisch mit den Untertiteln in der jeweiligen Sprache. Es gab vier Kanäle. Ger-

man Film, Japan Film, Spanisch Film und Französisch Film. So wurde es uns digital auf dem Bildschirm angezeigt. Die Spielfilme liefen rund um die Uhr. Auch wenn man das Gerät nicht eingeschaltet hatte. Als deutscher Reisender hatte ich die Wahl, meinen, weil einzigen, Lieblingsfilm „Here Today" viermal am Tag sehen zu können. Nicht gleichzeitig, sondern sogar versetzt. Hatte man den Schluss des Streifens noch nicht verstanden, wählte man einen anderen Kanal und sah sich das Ende von vorn an. Etwa in Englisch mit deutschen Untertiteln oder in Englisch mit japanischen Untertiteln, was für Mitteleuropäer eine schier unlösbare Herausforderung darstellte. Man konnte die Filme noch Französisch und Spanisch synchronisiert mit englischen Untertiteln empfangen. Verwirrend war das schon, aber man konnte jeden Film zu jeder Zeit sehen, es bedurfte nur einer gewissen kurzen Umstellung, die sich, je länger dieser Film auf allen Kanälen lief, sukzessive verkürzt hatte.

Den US-amerikanischen Spielfilm „Here Today" von und mit dem Hauptdarsteller Billy Chrystal, den ich bis dahin nicht kannte, also weder den Hauptdarsteller noch diesen Film logischerweise, sah ich mindestens einmal pro Seetag. Er war mir so nah geworden, dass ich schon Dialoge mitsprechen konnte. Auf Englisch wohlgemerkt. Denn, und das war ein wichtiger Aspekt beim Schauen dieser Filme und besonders von „Here Today", man konnte nicht direkt Englisch dabei lernen, aber man konnte sich Umgangsfloskeln, Fragestellungen und stereotype Antworten im Auswendig-Lernverfahren durch permanente Wiederholung aneignen.

Das für mich Bewundernswerteste an diesem Film war in allererster Linie seine Story und die zurückhaltende und doch genaue Spielweise der Hauptdarsteller, bei denen ich mir, weil die noch so frisch waren und ich mir den Film oft anschaute, die Namen der Hauptdarsteller merken konnte. Der eine … Hannes Jaenicke … heißt der Schauspieler, der sich um den Überlebenskampf der Orang-Utan sorgt und kümmert …, jetzt fällt er mir ein. Aber wie kam ich drauf? Ach ja, weil ich beim Anschauen von „Here Today" jä nicke! Sorry!

Der Plot, die Story oder die Handlung des Filmes könnte meinem bisherigen eigenen Leben nachempfunden und mit dem Nachdenken über mein Restleben gespiegelt worden sein. Ich werde die Handlung dieses berührenden und zugleich sehr komischen Filmes weder versuchen zu skizzieren noch nachzuerzählen. Zwei Gründe hindern mich daran. Erstens könnte ich diesen Film, weil die Handlung so detailreich und verspielt, aber auch verästelt und doch überschaubar daherkommt, durch ungenaue und nicht komplette Beschreibung meinerseits beschädigen. Und zweitens könnte man die Dialoge dieses Filmes und seine innewohnende Komik und Tragikomik mit all ihren Spielarten von Slapstick bis schwarzem Humor nicht genauestens erzählen. Die Komik erläutern zu wollen, endet entweder mit Lächerlichkeit oder mit Peinlichkeit. Oft werde ich als Kabarettist von Journalisten im Vorfeld eines Gastspieles gefragt, was ich in meinem Programm behandeln werde, was die Aussage meiner Sketche ist? Ich antworte meist, dass den Sinn der Aussage die gesprochenen und geschriebenen Worte und Unworte, die Zusätze und Absätze preisgeben werden. Erzählte Satire ist keine Satire mehr, weil sie die Pointe erklären müsste. Und das wäre schon wieder Satire. Satire hat „eine Melodie". Satire braucht eigentlich Noten. Und Musik kann man überhaupt nicht erzählen?

Wie man in diesem Film, der auch manchmal mit viel Kitsch daherkommt, aber der ihn dadurch nicht sinnentleert, mit dem Leben umgeht, wie Menschen miteinander das Leben gemeinsam verbringen, es teilen, ist ernst und lustig zugleich. Der Widersinn steckt im Sinn, und der Sinn macht wieder Sinn. Ein ständiges Wechselbad der Gefühle, die Komik der Situationen, das nicht dozierende Vorantreiben der Handlung gehen einem unter die Haut und wirklich zu Herzen. Das ist, man verzeihe mir, gepilcherter Hochadel der intelligentesten Unterhaltungsart. Die Tragik eines Lebensabends, das Vergessen durch Demenz wird sensibel gezeigt. Ein Dichter, dem, wie er fast nüchtern sagt, die Worte ausgehen werden, wird so einfühlsam gespielt, dass einem am Ende selbst die Worte fehlen. Da will jemand sein Leben festhalten und doch wird er stetig mehr von dem vergessen, was sein Leben ausmachte. Man kennt diesen Satz, dass die Erinnerung das einzige Paradies ist, aus dem man nicht vertrieben werden kann. Dieser Film zeigt, dass eine Krankheit am Ende verhindern kann, dass man weiß, in welchem Paradies die Erinnerung weilt. Beim Anschauen und Nachdenken darüber werden einem durchaus die Augen feucht.

Den letzten Satz des Filmes kann ich verraten, weil er im Laufe der Handlung mehrfach fällt. Er ist eine Metapher auf die Endgültigkeit des Abschiednehmens. Wenn ich mir abends von meiner Kabinenfensterbank aus am Horizont den Sonnenuntergang ansehe, die Zeit also, in der die Sonne in die große Badewanne steigt und am Schluss gänzlich untertaucht, ertappe ich mich dabei, wie ich diesen letzten, ja kindlich wirkenden Satz dieses Films, manchmal sogar laut vor mir hinsage: „Bye, bye sun!"

Neunundsiebzigster Tag: Bildungs-Aufgabe

Heute machte ein Witz auf der „Queen" die Runde. Wie kommen wir ohne Tenderboote an Land, falls wir wieder keinen Liegeplatz in einem Hafen ergattern können? Eine Brücke muss man bauen, meinte ein Ingenieur. Man könnte fliegen, schlug ein Pilot vor. Es gab noch andere nicht praktikable Vorschläge. Am Ende fragte man einen Politiker, wie man trockenen Fußes an Land kommen könnte. Der Politiker überlegte nicht lange und befahl: Austrinken! Sofort machten sich alle ans Werk. Kaum zu glauben. Oder? Ich habe mir einen Spruch zu Eigen gemacht, der da lautet: Gegen Glauben ist kein Gott gewachsen. Woran manche Menschen glauben, das ist nicht zu glauben. Dabei brauchen wir Wissen. Wissen darüber, dass es Künstler gibt im Land, die mit bunten Likören Bilder malen. Nicht Aquarelle, sondern Likörelle. Die Echtheit der Bilder wird geprüft, indem man mit der Zunge daran leckt. Das ist nützliches Wissen. Dieses lernen unsere Kinder nicht in der Schule, sondern im wahren Leben. Der alte Spruch: „Nicht für die Schule, für das Leben lernen wir", zeigt doch, Schule und Leben haben nicht direkt etwas miteinander zu tun. Schule und Leben sind so gegensätzlich geworden wie Addieren und Subtrahieren. Und in einfacher Sprache: Zuzählen und abziehen. Unsere Kinder lernen nicht das, was ihnen die Lehrer sagen, sondern das, was sie im „wahren Leben" oft schmerzhaft erfahren müssen. Auf dem Schulhof, auf der Straße, beim Computerspielen und beim Ertrinken in den asozialen Medien. Unsere Kinder, heißt es, sind unser größtes Kapital und Bildung ist eine Investition in die Zukunft. Vor jeder Krise ist für Bildung kein Geld da. In der Krise will man das nichtvorhandene Geld in die Bildung stecken, damit wir gestärkt aus der Krise hervorgehen können. Dazu rufen wir stets aufs Neue die „Bildungsrepublik Deutschland" aus, die jedoch nicht verwirklicht werden kann. Denn ehe sich die Kultusminister der sechzehn deutschen Bundesländer darüber verständigt haben, dass die Rechtschreibreform auch für Linkshänder gilt, hat sich das Wissen der Menschheit inzwischen verdreifacht.

Eine Bildungsministerin sagte neulich sinngemäß: „... wir müssten darauf achten, dass unsere Kinder, wenn sie in die Schule kommen, Deutsch können." Wir wären doch schon froh, wenn sie aus der Schule kommen und Deutsch können. Unsere Kinder verlassen die Schule als PISA-Deppen, weshalb der Schulabgang umbenannt wird in Depp-ortation. Bei diesem Bildungssystem müssen die Lehrer die Waffen strecken, außer denen, die sie für ihre Selbstverteidigung in der Schule brauchen. In den Schulen kommen die Antworten der Schüler auf Fragen nicht mehr schnell, sondern auch schon mal wie aus der Pistole geschossen. In unserem Bildungssystem ist der Wurm drin. Leider kein Bücherwurm. Bei Facebook und Instagram sind Influencer und Podcaster das Lehrpersonal. Und das sind keine Bildungsgranaten, das sind Biowaffen. Solange wir in diesem Land der Erfindung eines Nobelpreisträgers weniger gesellschaftliche Anerkennung zollen als den verbalen Ausdünstungen von Influencerinnen und Podcastern, so lange müssen wir uns nicht wundern, wenn unsere Kinder nichts wissen über die Glocke von Schiller, aber alles über die Glocken eines aufgespritzten Silikonmonsters. Manchmal sollte man sich einfach zurückziehen. Auf ein stilles Örtchen. Und vor Ort Bilder malen. Urinelle. Wie man deren Echtheit prüfen kann, ist ja bekannt.

Gott sei Dank wurde ich in der Schule mit einer sehr guten Allgemeinbildung ausgestattet. Als ich dies in einer fröhlichen Runde an Bord kundtat, fragte mich eine Mitreisende aus Bremen, wo ich denn mein Abitur gemacht hätte? Ich antwortete: „An der Fichte-EOS." Daraufhin sagte die Dame voller Erstaunen: „Interessant. An der Baumschule!"

Noch so ein Seetag, und ich mache nachträglich im Swimmingpool mittschiffs das Seepferdchen.

Achtzigster Tag: Welthummerhilfe

Gestern wurde wieder einer dieser berühmt-berüchtigten Galaabende auf dem Schiff veranstaltet. Oder wie es im „Tablabla" hieß: „Heute Abend laden wir Sie ein, sich schick zu machen und mit uns einen unserer mit Spannung erwarteten Galaabende zu feiern." Die Spannung lag jedes Mal darin, wozu wir diesmal geladen sein werden. Es gab Passagiere, die inzwischen ob dieser Nötigung, sich nach Vorschrift kleiden zu müssen, sehr geladen waren, die Einladung nicht mehr annahmen und den Galaabenden fernblieben, jeden-falls so fern, wie man diesen Galas auf einem Schiff bleiben kann. Durch das umgebende Meer ist man darin doch sehr eingeengt.

Dieses Mal begann die Gala im Ballsaal der „Queen". Der Kapitän hatte zum Empfang und zu einem kleinen Umtrunk geladen. Zuvor aber bekam jede Passagierin und jeder Passagier eine Einladungskarte zugestellt, auf der geschrieben stand, aus welchem Anlass er sich für den Anlass wie zu kleiden hätte. Diesmal lautete die Vorschrift: Rot und Gold. Dazu gedeckte elegante Kleidung für die Herren, möglichst mit einer Fliege oder einer Krawatte. Das „Tablabla" gab dazu noch den Hinweis, dass „eine Reihe von formellen Anzügen für die Herren an Bord gemietet werden kann." Den Damen, die „im Abend- oder Cocktailkleid, wahlweise auch im schicken Hosenanzug oder im formalen Zweiteiler" zu erscheinen hätten, wurde kein Leihhinweis gegeben. So viel Platz hat so ein Schiff doch nicht, dass jedes ausgeliehene Kleid ein Einzelstück sein könne, damit sich die Damen bei einer Doppel-verkleidung nicht gegenseitig in die Haare kriegen müssten. Sicherlich ging man davon aus, dass sich ein rotes, goldenes, rotgoldenes oder auch goldrotes Kleid im Besitz einer jeden Dame befindet. Die Art des Goldes und die Farb-nuancen des Rots wurden großzügig freigestellt. Es war eine Gala, bei der die Farben des Reiseveranstalters, nämlich besagtes „Gold auf rotem Grund" offen und sichtbar zur Schau gestellt werden sollten. Weil sich der Kapitän dieses Anblickes gern erfreuen wollte, hatte er zu diesem Empfang geladen.

Die Einladungskarte in der einen und die Partnerin an der anderen Hand schritten die Gäste zur Einlasskontrolle. Die Soloreisenden brauchten nur ihre Einladungskarte vorzuweisen. Alle Geladenen händigten sie dem rot-gold gewandeten Kontrollpersonal aus und stolzierten anschließend mehr oder minder graziös in den Ballsaal hinein. Ich, der ich mich diesmal unter die Geladenen gemischt hatte, hätte mir allerdings gewünscht, von einem Zeremonienmeister empfangen zu werden, der bei meinem Eintritt meinen Titel und meinen Namen den bereits anwesenden Herr- und Frauschaften lauthals mitteilte und dabei mit einem Zeremonienstab dreimal auf das Parkett pochte. Diesem meinen Wunsch wurde bedauerlicherweise nicht Folge geleistet.

Den so ungenannt gebliebenen, eintretenden Gästen traten in großer Zahl Bedienstete in schwarzen Uniformen mit Tabletts in den Händen entgegen, auf denen allerlei Alkoholika in Form von Sekt, Wein und Cocktails angeboten wurden.

Das Ganze hatte den Ruch eines aristokratischen Hofballs des englischen Adels in einer britischen Kolonie des frühen oder späteren neunzehnten Jahrhunderts. Der anwesende „weiße Adel" wurde ausschließlich von dunkelhäutigen Lakaien und Dienern umsorgt, die in den Ecken steif und stumm stehend und durch das gedämpfte Licht des Ballsaales in ihren schwarzen Uniformen fast unsichtbar waren. Allerdings, wenn die dunkelhäutigen Bediensteten lächelten, und diese sind zumeist allesamt fröhliche Menschen, war die ganze Tarnung im Eimer.

Die Getränke hatte der Kapitän spendiert, will sagen, sie waren kostenlos. Dementsprechend wurde getrunken, was das Zeug hält. Manche horteten auf ihren Tischen Getränke, als sei eine Dürre angekündigt worden. Oder eine Prohibition. Mit der Anzahl der geleerten Gläser erhöhte sich die Lautstärke des Geplappers und Geschnatters im Saal, und aus der Zierde wurde die Zote. Das vornehme Lächeln entartete zu vulgärem Gelächter. Überall blitzten Handys auf, deren Fotos die früher in den britischen Kolonien gemalten Porträts des Adels ersetzten. Ich für meine Person hätte Schnellzeichner engagiert, die die ganze Gesellschaft hätten karikieren können.

Ich schreibe das nicht, weil ich diese Art von Festivitäten vordergründig verabscheue, sondern weil ich meinen Verdacht schildern möchte, dass scheinbar der Verlust der britischen Kolonien den wohlhabenden Engländern noch schmerzhaft in den Gliedern steckt. Den hochbetagten Anwesenden war der Schmerz dennoch nicht anzusehen. Denn wenn man die alten Zeiten hochleben lassen kann und dabei noch ein Dudelsackpfeifer „God save the King" spielt, ist jeder Arthroseschmerz wie weggeblasen.

Die Veranstaltung löste sich ruckartig auf, denn das Galadinner ließ nicht auf sich warten. Das Vier-Gänge-Menü war schließlich der Höhepunkt der Gala, vom anschließenden Ball mal abgesehen. Meine Tischnachbarin kam sehr auf- und angeheitert zum Dinner. Faselte was von Fusel, der sich Sekt nannte, weil es zum Schampus wohl nicht gereicht hätte. Über die Anzahl der von ihr geleerten Gläser konnte sie keine Auskunft geben. Sie schlürfte genüsslich ihre Austern. Und monierte abschließend, dass das Wasser nach Chlor schmecke. Mir kam beim Blick auf meine Tischnachbarin und auf die dargebotenen Speisen in den Sinn, dass man das ganze Essen hätte spenden sollen für die „Welthummerhilfe".

Einundachtzigster Tag: Klone an Bord

Heute wollte ich keinen Eintrag in mein Erzählbuch machen. Doch das änderte sich, nachdem ich in der auf der „Queen" herausgegebenen „Tagesrundschau" las, dass es die erste Rakete aus einem Drei-D-Drucker nicht in den Orbit geschafft hat. Die US-amerikanische Rakete „Terran Eins" sollte nach acht Minuten Flug die niedrigste Erdumlaufbahn erreichen. Vielleicht, dachte ich mir, sollte man Kreuzfahrtschiffe aus dem Drei-D-Drucker kreieren. Das ist alles schon ein Wahnsinn. Ich, der noch vor dreißig Jahren über ein Faxgerät staunte und ironisch fragte, ob man damit auch eine Briefbombe faxen könne, darf erleben, wie man Knie- und Hüftprothesen aus dem Drei-D-Drucker herstellt und wie die künstliche Intelligenz unser Leben verändern werden wird. Schon heute gibt es intelligente Haushaltsgeräte, die mit einem sprechen. Sogar das Klo. Es kann passieren, dass man nach Hause kommt und fragt: „Hallo Klo, wie war dein Tag?" Und das Klo antwortet: „Danke, echt beschissen." Ich empfinde das als Fortschritt. Andere sprechen von der Entmenschlichung des gesellschaftlichen Lebens.

Wir entmenschlichen uns zunehmend, meinen die Kritiker dieser Entwicklung. Zum Beispiel durch das Klonen-Wollen von Menschen. Lange nichts mehr davon gehört. Aber in vielen Laboren wird fieberhaft daran geforscht. Menschen duplizieren oder gar multiplizieren. Nach Bedarf und Gebrauch. Der Mensch würde dann zum industriellen Produkt. Besorgte alternative Mütter barmen bereits, dass sich Eltern eines Tages vielleicht ihr Kind beim ALDI kaufen können oder müssen. Sagt man ja schon volksmundartig „all die Kinder". Daher kommt das. Oder bei Edeka. Und die Kleinwüchsigen bei Lidl. Billigangebote vom Wühltisch.

Ein erfolgreiches Experiment ist bereit gelungen. In Spanien hat man sich eine ganze Fußballmannschaft aus dem Supermarkt geholt. Real Madrid. Nein, das ist nicht weit hergeholt. Alle Eltern wollen das Beste für ihre Kinder, warum nicht auch die besten Gene? Es sollen am Ende nicht alle Menschen so aussehen wie … wie alle Menschen. Andererseits stellt sich da schon das erste philosophische Problem: Wäre das Klonen von Menschen möglicherweise die Fortsetzung der Nürnberger Rassengesetze mit gentechnischen Mitteln? Das ist fraglich. Da ist erst mal die Frage, wie „in" sind in Zukunft blaue Augen und blonde Haare wirklich? Was entsteht in einer gentechnisch designten Welt? Kluge Intelligenzeliten? Ich bin da nicht so optimistisch. So, wie die meisten Kids heute drauf sind, werden sich die Mütter der Zukunft möglicherweise dreißig Prozent von einer Influencerin, dreißig Prozent von einem Sportstar, dreißig Prozent von einer Pop-Sängerin und dreißig Prozent von einem Milliardär im Genpool für ihre Kinder wünschen. Eine seltsame Mischung. Nicht nur, weil das zusammen einhundertzwanzig Prozent ergibt.

Ja, die Kritiker dieser Entwicklung meinen zu recht, dass wir eine Gesellschaft der Flachpfeifen werden könnten. Denn wir wissen aus der Modebranche zum Beispiel, dass die Menschen, wenn man sie lassen würde, sich blöd designen. Oder sehen Sie sich die heutige Politikergeneration an. Ohne Berufsabschluss, ohne je einen Tag gearbeitet zu haben und ohne richtiges Deutsch sprechen zu können, dürfen die ein Land mitregieren. Das könnte man ändern, aber die, die diese Politiker gewählt haben, kommen aus der gleichen runden Ecke. Vielleicht sind die Klone schon unter uns. Und wir merken es nur nicht. Trotzdem probieren wir immer neuere Methoden aus, um den Menschen zu verändern. Wir bilden uns ein, dass wir alle wie Prometheus sein und Menschen nach unserem Bilde formen könnten. Es ist wissenschaftlich erwiesen, dass der Schimpanse achtundneunzig Prozent der Erbanlagen des Menschen besitzt. Wenn ich mich heute in dieser Gesellschaft so umschaue, denke ich mir, wenn das mit dem Klonen gelingen würde, wäre es vermutlich sinnvoller, wenn wir Schimpansen klonten.

Noch zwei Seetage bis Abu Dhabi. Ich war langsam am Durchdrehen. Zum Glück waren wir gestern in die arabische See eingefahren.

Zweiundachtzigster Tag: Radar und Sachertorte

Auf unserer Reise wurden die Meer-Tage weniger. Heute und morgen noch bewegte sich die „Queen" allein zwischen Himmel und See übers Meer. Mir ging das Lied „La Paloma" nicht mehr aus dem Kopf, in dem eine Zeile lautet „... Seemanns Braut ist die See und nur ihr kann er treu sein." Nach Meer-Tagen wollte ich in Abu Dhabi (Vereinigte Arabische Emirate) die See betrügen. Mit dem Land. Zu der Zeit war in der arabischen Welt, zu dem diese Emirate selbstverständlich und zuvorderst gehören, Ramadan. Und beim Ramadan ist es zumindest unter freiem Himmel, sprich in der Öffentlichkeit, schwierig, sich in der Zeit von Sonnenaufgang bis Sonnenuntergang irdischen „Vergnügungen" hingeben zu können. Ich hatte mal gewitzelt, dass die katholische Kirche einen Tag aus dem Islam zum Feiertag bei uns machen will. Allah-Heiligen. Wie gesagt, es ist ein Gag. Jede Religion und ihr Ausleben durch deren Gläubige sollte man grundsätzlich respektieren und akzeptieren, zumal in dem Land, in dem diese Religion die vorherrschende Glaubensrichtung ist. Und also wollte ich mich, was ich sonst eigentlich immer tue, im arabischen Raum verhalten verhalten. So wollte ich mit Sitte und Anstand die Gebräuche und den Glauben beschauen und bestaunen, mit gebührendem Abstand. Allah sei mir gnädig, oh Lothartar, nimm dich in Acht! Besonders kein Alkohol, keine Speisen oder gar Gummikauen in der Öffentlichkeit, verpflichtete ich mich. Im arabischen Raum bewirft man manchmal Ungläubige nicht nur mit Blumen, sondern auch gern mal mit Steinen.

Währenddessen ich mir, alldieweil ich mir heute einen Faulenzertag ohne jegliche körperliche und geistige Aktivität gegönnt hatte, auf meinem Liegestuhl den Wind um die Nase wehen und die Sonne auf den doch etwas üppiger gewordenen Bauch scheinen ließ, schaute ich aufs Meer hinaus. Ab und an sah ich in weiter Ferne ein Frachtschiff, dessen Kurs die „Queen" eine kurze Zeit folgte oder parallel zu diesem Frachter gemeinsam mit ihm die Wellen durchschnitt.

Gestern hatte unser Schiff seinen Kurs durch das Arabische Meer fortgesetzt. Um den eingeschlagenen Kurs halten zu können, bediente sich die „Brücke", so nennt man die Kommandozentrale eines Schiffes, des Radars. Radar ist die Abkürzung für „Radio Direction and Range". Radar ist ein Gerät zur Erkennung von Objekten durch Aussenden von Radiowellenimpulsen, die, wenn sie auf etwas treffen, von dem getroffenen Objekt reflektiert werden. Dabei wird die Zeit gemessen, die die Echos der Wellen für ihre Rückkehr benötigen. So ungefähr wurde es mir erklärt von einem alten Seebären. Das war kein richtiger Bär, obwohl sein üppiger Vollbart den Anschein erweckte, als würde er jeden Moment meine Taschen nach Honig durchsuchen wollen. Ich weiß wohl, dass ein Seebär in der Tierwelt eine Robbenart ist und dem Fisch als Speise zusagt und nicht dem süßen Arbeitsprodukt von Bienen.

Im „Tablabla" las ich, dass die Geschwindigkeit der mittels des Radars ausgesendeten Wellen Gott sei Dank bekannt ist. Denn diese Zeit kann automatisch in die Entfernung des Objektes zu unserem Schiff umgerechnet werden. Auf diese Weise kann einer Kollision mit einem Objekt aus dem Wege gegangen werden beziehungsweise aus der Fahrrinne. Das schrieb das „Tablabla" wörtlich: „Die Richtung wird durch die Richtung angegeben, in die die Sendeantenne zum Zeitpunkt der Messung zeigt." Das hatte ich zwar nicht verstanden, aber es beruhigte mich ungemein.

Gestern am Nachmittag wurde in einem Restaurant der „Queen" namens „Britannia" ein Kaffeenachmittag nach „Wiener Art" zelebriert. Die Wiener Kuchenspezialitäten wurden kostenlos gereicht. Das war sicherlich der Grund, warum die Passagiere schier zum Sturm auf das Büfett ansetzten und Massen von Sachertortenstücken mit Sahne zu ihren, diesmal nicht mit Handtüchern, sondern mit Jacken und Beuteln belegten Stühlen, schleppten. Einige dieser Torten fielen der Erdanziehungskraft zum Opfer und verteilten sich auf der Auslegware. Ein gefundenes Fressen der Hausstaubmilben. Vor den Kuchenbüfetts drängelten, schubbsten und keilten sich die Torten-Matadore und kämpften handfest mit Löffeln bewaffnet um die Sahne. Das Ganze weitete sich beinah zu einer Tortenschlacht aus. Nur durch den Kampfeinsatz eines britischen Gentlemans, Typ alter englischer Offizier, bekam die österreichische Bezeichnung für Sahne, die da nämlich Schlagoberst lautet, einen paramilitärischen Sinn.

Das Schlachtfeld wurde, nachdem die Büfetts siegreich leergekämpft worden war, kapitulierend oder siegreich verlassen. Nur auf den Tischen lagen die Trümmer der nichtverzehrten Kriegsbeute von Torten-, Kuchen- und Sahneresten zu Hauf herum und fanden keine Beachtung mehr. Das Kampfziel war erreicht, die Beute im Bauch, und die Rülpser widerhallten auf den Gängen des Rückzuges.

„Das Land, in dem ein Schiff registriert ist, wird durch eine Flagge, die sogenannte Fahne, angezeigt", schrieb das „Tablabla". Die Tradition ist, dass diese Fahne auf See an der Gaffel, die sich an der Spitze des Fockmastes hinter der Brücke oder an der Stange am Heck des Schiffes, wenn es an einem Kai liegt, angeleint wird. Also die Fahne und nicht die Hostess. Nicht, dass jemand auf die Idee käme, unsere deutschsprachige Hostess tanze an der Stange tabledance.

Beim Hissen der Fahne muss der Seemann sehr vorsichtig sein, wurde weiter berichtet, und müsse darauf achten, dass sie richtigherum gehisst wird. Eine verkehrtherum gesetzte Fahne zeige traditionell „Not an Bord" eines Schiffes an, meist eine Meuterei.

Hätte ich das gestern schon gewusst, hätte ich während der Torten- schlacht der Kuchenmeute die Fahne verkehrtherum angebracht. Wenn bekanntgemacht worden wäre, dass es dabei Opfer zu beklagen gab, hätte ich die Fahne sogar auf Halbmast gesetzt.

Reisetipps

Erinnern Sie sich an die Titanic und den Eisbär! Selbstgefaltete Rettungsboote können hilfreich sein. Verwenden Sie anstelle von Tageszeitungen Papierservietten, diese sind deutlich inhaltsreicher.

Dreiundachtzigster Tag: Die Zeitvertreiber und ein fehlender Tag

Gestern Abend teilte man uns an Bord zum wiederholten Male mit, dass die Uhren umgestellt werden sollen. Und zwar zurück. Eine Stunde wurden wir jünger. In fast ganz Europa wurden letzten Sonntag die Uhren auf Sommerzeit eine Stunde vorgestellt. In Deutschland, das las ich gerade, gab es wieder vereinzelt Proteste dagegen. Im Laufe der Weltreise habe ich die Uhren mal vor und dann wieder zurück oder erst zurück und dann wieder vorstellen müssen. Ich hatte sogar die Datumsgrenze überschritten und einen ganzen Tag verloren. Ich suche heute noch nach ihm. Mir wurde per Zertifikat bescheinigt, dass „Herr Lothar Bölck", also ich, „crossing the INTERNATIONAL DATELINE on Bord der „Queen Victoria" on the seventeen of february 2023." Unterzeichnet wurde diese Urkunde vom Kapitän Evans Hoyt. Und zweimal, dafür gab es auch Zertifikate, hatte ich den Äquator überquert. Allerdings hatte ich mich nicht taufen lassen. Ich mochte diese pseudo-seefahrerisch martialische Veranstaltung nicht und wollte nicht mit undefinierbaren Flüssigkeiten überschüttet oder zum Trinken derselben genötigt werden.

Mit der erneuten Zeitumstellung rückwärts kamen wir der mitteleuropäischen Sommerzeit stetig näher. Leider war auch das drohende Ende dieser Reise abzusehen. Jeder an Bord meinte, dass wir zwar die Uhr zurückstellten, aber dass die Zeit dennoch schneller vergehen würde. Ich habe vor einiger Zeit ein Zeitgedicht verfasst. Es ist an der Zeit, sich Zeit zum Lesen zu nehmen. Es ist nicht so schlimm, an Seetagen die Zeit totzuschlagen. Schließlich heilt Zeit alle Wunden.

Zeitvertreiber
Schafft die Zeit doch ab, denn die Zeit wird knapp
Sie frisst jede Frist
Schlagt die Zeit doch tot, Zeit ist ein Despot
Und ein Terrorist.
Uhren solltet ihr verbieten
Zeiger an die Ziffern nieten
Ja, ihr müsst den Sand, den blauen
Aus den Eieruhren klauen

Sonnenuhren könn' nicht gehen
Wenn sie nur im Schatten stehen
Keine Wanduhr kann mehr schlagen
Tut ihr jede Wand abtragen
Und die Kuckucksuhr bleibt stumm
Bringt ihr jeden Kuckuck um.

Deshalb wolln wir nicht bestrafen,
die, die jede Zeit verschlafen.
Wir bereiten Unbehagen,
denen die die Zeit ansagen
jene, die sind zeitverdrossen
machen wir zu Zeitgenossen
Dieben wolln wir nicht befehlen
Zeit dem lieben Gott zu stehlen
Wolln das Leben arg vermiesen
Denen, die 'ne Zeitschrift leasen
Wer die Zeit versteht, weiß wie sie vergeht
Wie im Flug zumeist
Denn es geht die Zeit, selbst der Heiligkeit
Auf den Heilgen Geist

Wir vertreiben Zeit
Und die Pünktlichkeit
In Ewigkeit's
Namen

Nachtrag:
Habe ich, auf leisen Sohlen,
Eure Zeit euch jetzt gestohlen
Weiß ich doch: Ihr zollt Applaus
Denn ihr seid der Zeit voraus

Morgen wird endlich wieder einmal Landgang sein. Wird aber auch Zeit!

Vierundachtzigster Tag: Abu Dhabi auf Öl

Neun Uhr morgens, Abu Dhabi, Sonnabend und Ramadan. Die Stadt war wie ausgestorben. Ich begab mich auf einen Landgang. Ramadan ist der heilige islamische Fastenmonat. Die meisten Restaurants haben tagsüber geschlossen. Diejenigen Lokalitäten in den Tourismusgebieten, die geöffnet blieben, hatten Sichtschutz und schenkten keinen Alkohol aus. Essen und Trinken, Rauchen und Kaugummikauen an öffentlichen Plätzen war von Sonnenaufgang bis Sonnenuntergang verboten. Das war sehr verständlich und verständnisvoll. Denn wenn Menschen, die nicht der islamischen Religion angehörig sind, in Gegenwart anderer Menschen, die religiös bedingt fasten, essen und trinken, ist das so, als wenn ein Konzertbesucher während des Soloparts eines Trompeters unmittelbar vor selbigem an einer Zitrone lutschen würde. Der Trompeter würde nicht nur sauer werden, sondern es könnte geschehen, dass der lutschende Konzertbesucher, falls er zu nah vor dem besagten Trompeter säße, mit Zitronen gehandelt hätte, denn es würde wahrscheinlich eine geballte Ladung Speichel aus der Trompete auf ihn niederregnen. Pfui Teufel.

Verzeihung, denn auch das Fluchen ist im Ramadan verpönt. Eine bekannte TV-Köchin islamischen Ursprungs beschrieb den Ramadan treffend: „Ramadan bringt Ruhe. Keine Hektik, kein Stress. Wir sprechen sogar weniger und langsamer, weil auch das (Reden) Energie kostet." Als ich das las, dachte ich mir, dass vielleicht manche Politiker (und nicht nur die) weniger und langsamer reden sollten, um mehr Energie fürs Handeln zu haben. Sie müssen ja nicht gleich zum Islam konvertieren. Obschon ein altes Wortspiel belegen könnte, dass das Übertreten zum Islam schon einige Politiker öffentlich vollzogen haben könnten. Man hört doch mancherorts die Leute sagen: Der Politiker is lahm. Ein Hinweis noch. Wenn man wissen will, ob man in einem Land verweilt, in dem Ramadan gefeiert wird, muss man stillschweigend lauschen! Wenn man lautes Knurren tagsüber vernimmt, weiß man, es sind die Mägen der Gläubigen, die dieses Geräusch erzeugen.

Landgänge begannen in der Regel mit Busfahrten. Auch diesmal war es der Fall. „Abu Dhabi, die Hauptstadt der Vereinigten Arabischen Emirate (VAE), ist eine dynamische und ausufernde Metropole", habe ich irgendwo

gelesen. Ausufernd ist auf einer Insel, auf der diese Stadt steht, wahrscheinlich sinnbildlich gemeint. Wenn etwas ausufert, dann ist es der Drang, durch
Zwang in die Höhe gehen zu müssen. „Abu Dhabi erscheint als eine wilde
Mischung aus salzweißen Stränden und spiegelnden Wolkenkratzern", schrieb
das „Tablabla". Mir scheint es, als stünde diese Stadt im islamischen Wettbewerb darum, welche Stadt in den VAE die meisten Wolkenkratzer auf dem
geringsten Territorium erbauen könne. Alldieweil ich schon mal in Dubai
war, wo wir morgen anlanden werden, weiß ich, dass Dubai Abu Dhabi einige
Wolkenkratzerlängen voraus ist.

Das Ausufern von Abu Dhabi wird zusätzlich dadurch erschwert, dass
sich in dieser Stadt, etwas außerhalb natürlich, das weitläufige und herme-
tisch abgeriegelte Gelände oder Gebiet der obersten Scheich-Familie der
VAE befindet. Wenn man weiß, dass der Oberscheich sechs Frauen und, als
ungläubiger, aber getaufter Mensch bitte ich trotzdem, mich nicht darauf
festzunageln, vierzig Kinder sein Eigen nennt, kann man sich vorstellen, wie
riesengroß das Areal dieser höchstadligen Familie sein muss. Sechs Frauen,
obwohl, so sagte es unser aus Abu Dhabi stammender Reiseleiter, nur vier
erlaubt sind, sind also nur geschätzt. Mir rutschte, als ich das mit der „Viel-
weiberei" vernahm, der vorlaute Satz heraus: So ein Scheich ist ein armer
Hund. Dennoch kam bei mir auch Neid auf, und ich sang stumm vor mich
hin: Wenn ich einmal Scheich wär'.

Und wenn ich noch schreibe, dass jede von des Scheichs Frauen und jedes
einzelne seiner Kinder einen eigenen kleinen Palast bewohnt, wird es schwerer, sich die Größe des hochherrschaftlichen Anwesens vorzustellen. Gänzlich
unvorstellbar wird dies, wenn ich hinzufüge, dass die Bediensteten, von den
Ammen bis zu den Köchen und Gärtnern, auch auf dem Gelände, natürlich
in wesentlich kleineren, prunkloseren Gebäuden untergebracht wurden. Die
ganze Abmessung der kronprinzlichen Niederlassung wird vielleicht dadurch
deutlicher, dass unser Ausflugsbus mit etwa achtzig Kilometern in der Stunde
an nur einer der vier Seiten des Areals vorbeifuhr und für diese Strecke rund
zehn Minuten benötigte. Ich lege meine Hand, die Abmaße betreffend, nicht
ins Feuer, denn ich weiß nicht, ob das Gebiet quadratisch oder rechteckig eingezäunt oder vielmehr ummauert ist. Es könnte sein, dass der Bus bei einem
rechteckig angelegten Gebiet, an einer der kürzeren Seiten des Rechteckes

vorbeifuhr. Was mich verwunderte, war, dass die hoheitlichen Gebäude, wenn sie kurz durch kleine Lücken der gemauerten Befestigungen durchschienen, sehr niedrig gehalten waren. Ob es mit der durchschnittlichen Körpergröße der Ober-Scheich-Familie zu tun haben könnte oder mit dem Sichtschutz von außen her, vermag ich nicht zu schreiben. Ich denke mir, dass Letzteres der Fall sei. Es könnte aber auch sein, und da bitte ich meine Unkenntnis über den Islam erneut zu entschuldigen, dass das höchste Gebäude in dieser großen Weltreligion die Moschee beziehungsweise deren Minarette sein müssen. Im christlichen Dorf musste in früheren Zeiten auch die Kirche das höchste Gebäude sein. Aber im Christentum hatten wir bereits die Aufklärung, was bedeutet, dass der Profit unser einziger Gott ist und demzufolge die Bank das höchste Gebäude ist. Im Dorf natürlich die Sparkasse oder die Raiffeisenbank. Und ich widerlege mich mit meiner Vermutung hinsichtlich der Überhöhung der Minarette damit, wenn ich schreibe, dass es dann keine Wolkenkratzer in den islamischen Ländern geben dürfte. Diese Länder hatten zwar noch nicht die Aufklärung, also die nach christlicher Sichtweise gültige, aber die Abklärung, dass das Öl zumindest wie eine Gottheit verehrt wird.

Wie zum Beweis dessen besuchten wir die größte und die prunkvollste Moschee der Stadt. Für mich ist sie die Schönste der Welt, die ich je besuchen durfte. Was hier wie Gold glänzt, ist auch Gold in seiner höchsten Reinheit. Und was nach Fliesen an den Wänden aussieht, sind, was man nach dem Befühlen derselben weiß, mit höchster Handwerkskunst hergestellte Intarsien. Ob die in allen Farben glitzernden Kronleuchter aus tausend und einem Edelstein bestehen, konnte ich weder ersehen und schon gar ertasten. Die Kronleuchter waren so weit oben angebracht worden, dass es für die Greifhöhe eines durchschnittlich gewachsenen Europäers eine Herausforderung darstellt, sie zu erreichen. Ich vermute außerdem, dass diese Kronleuchter heute nicht mehr so aussehen würden, wenn sie in Greifhöhe angebracht worden wären, sondern nur noch an mit Kabeln einzeln aufgehängte Glühlampen oder LED-Leuchten erinnern würden. Ich spreche nicht von Dieben, sondern nur von Souvenirsammlern natürlich. Diebe können gemäß Scharia, der islamischen Gesetzgebung, die Hände abgehackt werden. Oder die Füße. So ein Diebstahl hätte im Islam sozusagen weder Hand noch Fuß. Aber das erwähnte ich an anderer Stelle meiner Erzählungen schon einmal.

Ich will noch berichten, dass das allgegenwärtige Sicherheitspersonal ein Garant dafür ist, dass sich das vermeintliche Angebot von abgehackten Händen und Füßen auf illegalen Souvenirmärkten wenig bis gar nicht erhöhen wird. Hinzu kommen noch die allgegenwärtigen Überwachungskameras, die ausreichen, um einen mehrtägigen Film mit tausenden Einstellungen produzieren zu können. Und als letztes einfaches Argument für die Unmöglichkeit, die Kronleuchter von den Edelsteinen zu erleichtern, möchte ich anführen, dass es sehr auffällig wäre, wenn jemand mit einer Leiter oder einer Hebebühne durch die Sicherheitskontrollen spazieren wollen würde. In diesem Moment muss ich allerdings an diesen alten Witz in der ehemaligen DDR denken, in dem ein und derselbe Arbeiter nach Feierabend jedes Mal mit einer Schubkarre voller weißem Sand am Pförtner vorbeikam. Der Pförtner durchwühlte jeden Abend den Sand, fand nichts und ließ den Arbeiter passieren. Als nach drei Wochen derselbe Arbeiter wieder am Pförtner, aber dieses Mal ohne Schubkarre voll hellem Sand vorbeikam, fragte der Pförtner den Arbeiter, was er denn jeden Tag aus dem Betrieb geschmuggelt hätte? Der Arbeiter antwortete dem Pförtner unter vier Augen: „Schubkarren. Aber seit gestern haben wir keine mehr im Betrieb." Wie hieß es doch in einem Beschluss der Staatsgewerkschaft in der ehemaligen DDR: „Aus unseren Betrieben ist noch viel rauszuholen!" Und an die Beschlüsse musste sich schließlich gehalten werden.

Wie könnte ich jetzt von der „Ehemaligen" wieder nach Abu Dhabi kommen? Der helle Sand macht es, denn den gab es in Abu Dhabi bis zur Entdeckung der zahllosen Öllagerstätten hier zur Genüge. Abu Dhabi hat seinen Namen von der arabischen Gazelle, die hier vor der Entdeckung des Erdöls herumstreifte. Im „Louvre", einem architektonisch wundervoll erdachten und futuristisch gebauten Museum, kann man sich über die jüngere Geschichte von Abu Dhabi informieren. Ebenso aber kann man in diesem Museum Fundstücke von Ausgrabungen in anderen Ländern der Welt bestaunen. Ich schätze allerdings, dass die Verkaufsfläche für Souvenirs größer ist als die Ausstellungsfläche für die Artefakte. Dies scheint mir typisch, ob gewollt oder ungewollt, für Abu Dhabi und seine städtebauliche Entwicklung zu sein. Denn es wird der Reichtum manchmal mit viel Kitsch präsentiert. Der Protz mit dem Prunk ist jedoch fast schon wieder Punk. Und das macht diese Stadt aus, die ständig im Werden, Wachsen und Kommen ist. Würde ich die Entwicklungsstufe dieser Stadt schulisch einordnen wollen, könnte ich sagen: Abu Dhabi macht gerade sein Abi Dhabu.

„Von einem Reiseziel", schrieb unser „Tablabla" weiter, „das früher als eine, die man im Auge behalten sollte, bezeichnet wurde, ist Abu Dhabi heute offiziell eine Stadt, die man erleben sollte!"

Der einheimische Reiseleiter schwärmte uns Abu Dhabi in zwanzig bis dreißig Jahren als eine Stadt vor, in der Menschen in Lufttaxis die Wolkenkratzer umkreisen, Elektroautos die Straßen ohne Fahrer durchqueren werden und die Menschen nur sauberer und körperlich leichter Arbeit nachgehen würden. Dafür allerdings, und das füge ich hinzu, müsste Dhabu sein Abi mit „Auszeichnung" bestehen. Aber, und das ist eine Frage, die ich mir angesichts solcher auf Ölreichtum gebauten Städten stelle: Was machen die Stadtverantwortlichen mit dieser Stadt, wenn das Erdöl versiegen würde. Oder noch gravierender, wenn die sogenannten klimaneutralen Staaten ihnen das Öl nicht mehr abkaufen würden? Mit Öl allein wird's schmierig.

Fünf- und sechsundachtzigster Tag: Dubai – Ab in die Wüste!

Zwei Tage lag die „Queen" festgezurrt an der Pier im Hafen von Dubai. Dubai ist eines der sieben Emirate der VAE. Die Stadt hat im Wettbewerb, welcher Ort auf dieser Welt die allermeisten wolkenkratzenden Türme auf engstem Raum hochziehen kann, eindeutig die architektonische Nase vorn. Stellen sie sich Abu Dhabi vor und multiplizieren die Anzahl der Türme mit einem Faktor X. Genauer kann und will ich das nicht beziffern. Zum einen, da ich es nicht weiß und auch der einheimische Reiseleiter keine ganz genaue Auskunft geben konnte. Und zum anderen deshalb, weil man buchstäblich zusehen kann, wie diese Gebäude wie Pilze aus dem Boden schießen. Oder an den Füßen. Denn dieser oder jener architektonische Meisterturm von Dubai ist wie Fußpilz. Man wird ihn später einmal ganz schwer wieder loswerden können. Und wie im Größenwahn taumelnd, so meine Vermutung, werden in das Meer hinein, welches hier der Persische Golf ist, künstliche Inseln für noch mehr Hotels, Resorts und andere Vergnügungsstätten angelegt. Aus der

Vogelperspektive haben diese beispielsweise die Gestalt einer riesigen Palme oder einer flachgewalzten Erdkugel. Eine Inselgruppe in Gestalt der Welt. Da bist du platt.

In Dubai steht der derzeit auf dieser Welt höchste Turm namens Burj Khalifa. Er misst achthundertachtundvierzig Meter und bildet das Kernstück im Herzen von Dubai. Wie uns der Fahrer unseres Jeeps beim nachmittäglichen bis in den Abend gehenden Ausflug erzählte, soll demnächst im anderen Herzen von Dubai der erste Turm, der über einen Kilometer Höhe erreichen soll, erbaut werden. Dubai hat also dann die Kraft der zwei Herzen durch die Höhe der zwei Türme. Somit wird Dubai vorerst der Konkurrenz der sich im Höhenfieber befindlichen Städte der Welt turmhoch überlegen sein.

Diese Stadt besuchte ich schon einmal im Jahre 2016. Das Tempo der Veränderung allein der Skyline dieser Stadt ist schon atemberaubend. Gewaltig ist diese Metropole, aber als besonders wohnlich empfinde ich sie nicht. In nur wenigen Jahren entstand auf engstem Raum zum Beispiel ein riesiger Komplex von Wohnhochhäusern, bei dem ich, so ich darin wohnen müsste, wahrlich Komplexe kriegen würde. Beim Errichten dieser Betonburgen, die die Ausmaße von DDR-Plattenbauten hoch eintausend haben, müssen die Bauarbeiter nicht nur körperliche, sondern auch psychische Schäden davongetragen haben. Ich weiß es nicht, aber der Verdacht liegt nahe. Die Bauarbeitergruppen in der „Ehemaligen" damals nannten sich deshalb bezeichnenderweise Komplexbrigaden. Die Bauarbeiter der Wohnsilos in Dubai stammen meist aus ärmeren arabischen und asiatischen Ländern und werden beim Bau eventuell als Multikomplexteams zusammengefasst. Ich würde jedenfalls, sollte ich bei diesem Turmbau zu Dubai mit Hand anlegen müssen, die andere Hand am Ende an mich anlegen. Wenn sie mich nicht vorher sicherheitshalber in eine Zwangsjacke stecken würden. Ich bewundere immer mehr die Erbauer und nicht die Architekten und Geldgeber von sogenannten epochalen Bauten und neuzeitlichen Weltwundern. Doch über manches, was man heute noch als Wunder anpreist, wird man später vielleicht in Abwandlung eines Schlagers von Katja Ebstein singen können: „Plunder gibt es immer wieder …"

Die Fahne der VAE trägt die Farben rot, grün, weiß und schwarz. Grün steht für die blühende Natur, die teilweise mit sehr hohem finanziellem Aufwand bei der Wasserentsalzung erhalten und vermehrt wird. Weiß steht für die Freude am Leben und Schwarz für die Trauer. Beides gehört in der islamischen Welt auf enge und besondere Weise im Leben nachhaltig zusammen. Verbunden werden diese drei Farben durch das blutrote Kopfteil der Fahne. Wieviel Blut, Schweiß und Tränen müssen fließen, um immer mehr fruchtbares Land den Wüsten der Welt abringen zu können. Allerdings wäre dieser Kraftakt ohne das in Deutschland inzwischen ideologisch so verpönte Erdöl, das schwarze Gold, nicht möglich. So fließt das Erdöl seit den 1960er Jahren durch die Lebensadern der Städte und Staaten am Persischen Golf.

Unser „Tablabla" berichtete, dass, welch Wunder, „Dubai eine einzigartige Mischung aus Glamour, Architektur und natürlicher Schönheit ist, die die Besucher aus aller Welt anzieht." Abgesehen davon, dass das Team der Redakteure des „Tablabla" auf der „Queen" fast jede Stadt mit diesen Worten umreißt, trifft diese Beschreibung nur zum Teil für Dubai zu. Beworben, um sie besonders hervorzuheben, werden stets die vergegenständlichen Dinge und Sachen von Städten, seltener die Menschen in diesen Städten. Menschen beleben doch erst diese, hier insbesondere von Gigantomanie und Prahlerei strotzenden Städte. In Dubai sind die Menschen besonders liebenswürdig. Das empfinde ich jedenfalls so. Aber vielleicht wird diese Liebenswürdigkeit durch eine gespielte Freundlichkeit erzeugt, um die zweite Haupteinnahmequelle neben dem Erdöl, nämlich den Tourismus, nicht versiegen zu lassen.

Für den Nachmittag und frühen Abend des ersten Landganges in dieser Stadt hatte ich mich für eine Wüstensafari mit anschließendem Barbecue und einer Lichtshow entschieden. Absichtlich hatte ich mich nicht über das Prozedere dieser bevorstehenden sechs Stunden informiert. Ich wollte mich überraschen lassen. Ich wusste nur aus einschlägigen Filmen, dass, wenn die Sonne in der Wüste untergeht, die Temperaturen in den Keller fallen und ich also mittels einer Jacke Vorsorge betreiben musste. Ich tat dies aber nur, was die Wahl der Jacke angeht, und auch nur halbherzig.

Nach dem Durchlaufen der üblichen Kontrollen und Sicherheitschecks erwartete uns ein junger, dynamischer, aber durch den Ramadan sichtlich geschwächter, wie er bekundete, junger Mann aus Pakistan. Wir, das waren eine US-amerikanische junge Frau, deren vermutlicher Partner und eine mondäne älter Madame aus Frankreich. Der junge Mann aus Pakistan war unser Fahrer und führte uns zu meiner Verblüffung zu einem allradgetriebenen SUV asiatischer Herkunft. Neben unserem Gefährt warteten noch weitere achtzehn Fahrzeuge derselben Marke auf uns Weltreisende. Nachdem alle Gäste in die Wagen eingestapelt worden waren, ging es im Konvoi, wie man es oft in Hollywoodfilmen sieht, im rasenden, aber erlaubten Tempo auf dem Highway hinaus aus Dubai. Mit anderen Worten: Wir wurden in die Wüste geschickt. Dort angekommen, wurde mir klar, warum es Wüste heißt. Denn es begann eine wüste Fahrt durch die Dünen, Halden und Täler dieser Wüstenlandschaft. Ich, der ich zu faul oder zu bequem war, mich um die Übersetzung der englischen Vokabel „desert" zu kümmern, bekam mit allen anderen Gästen gezeigt, was es heißt, dass sich das *desert*, also die Wüste, wenn man sich nicht gegen sie stemmt, alles zurückholt, was ihr der Mensch abgetrotzt hat. Die Wüste ist nicht des Menschen Freund. Dies wollten uns die Fahrer der neunzehn Geländewagen neben der Mordsgaudi, so spekuliere ich, lehren. Halsbrecherisch und waghalsig, aber gekonnt, steuerten sie in hohem Tempo die geländegängigen Fahrzeuge durch den aufstiebenden Wüstensand. Sie drifteten und schleuderten die Steilhänge hinauf und hinunter. Man könnte meinen, sie surften auf fast plattfüßigen Rädern über den Wüstensand, um im nächsten Augenblick steil emporzurasen und über die nächste Kuppe zu springen. Jede vermeintlich bevorstehende Gefahr wurde vom Fahrer angesagt und mit lauter Popmusik unterlegt, die den Rhythmus der Tempi-Wechsel klangvoll und mit Beats betonte.

Man glaubt nicht, wie scheinbare oder wahrhafte Gefahren Menschen, die sich vorher nie begegnet sind, plötzlich zusammenstehen lassen. Gegenseitiges Festhalten war noch eine der kleineren Hilfestellungen. Das gegenseitige Mutmachen in vier unterschiedlichen Sprachen wurde zum verbindenden Element der gemeinsamen „Leiden". Unser Fahrer hatte die Sache im Griff. Die Wüstensafari hatte uns überwältigt. Keiner schrie jedoch auf oder zeterte vor sich hin. Dazu blieb gar keine Möglichkeit. Ich zum Beispiel war dauerhaft bemüht, mich krampfhaft festhaltend, die Augen aufhaltend und ohne sich zu unterhalten, einigermaßen heil über Berg und Tal zu kommen. Der beliebte Tourismusbegriff für Busse „Hopp on – Hopp off" bekam bei diesem Geländeritt mit über hundert Pferdestärken eine gänzlich andere Bedeutung. Oder sagt man in der Wüste Kamelstärken? Jedenfalls kann man ohne Übertreibung sagen, dass bei der Höllenfahrt durch die Wüste sich vormals völlig unbekannte Menschen körperlich und gefühlsmäßig nähergekommen sind. Könnte es nicht überall auf der Welt so gehen, dass man näher zusammensteht, ohne sich gleich auf die Pelle rücken zu müssen? Man kann sagen, ein Japaner, also der Toyota, hat, von einem Pakistani gesteuert, aus einem zusammengewürfelten Haufen von zwei Amis, einer Französin und einem Deutschen eine Notgemeinschaft geschmiedet, die sich im Kampf mit den Umständen gegenseitig und uneigennützig zusammenschloss, um so vermeintliche Gefahren zu überstehen. Wie sehr wir uns, also diese „Notgemeinschaft", nach diesem Erlebnis, will nicht sagen Abenteuer, verstanden haben, kann man vielleicht ein wenig daran ermessen, dass wir uns beim anschließenden Barbecue gegenseitig halfen. Sei es beim Anstehen am Grill oder durch das Verleihen von wärmenden Jacken. Schnell wurden wir, wie man so sagt, warm miteinander. Nicht nur mit der anschließenden Feuerschlucker Show ging uns allen ein Licht auf. Es war ein kleines Licht für vier Menschen, aber es könnte eine Erleuchtung für die Menschheit sein. Denn wenn die Menschen zusammenstehen, sich zuhören und verstehen lernen, werden sie die derzeitigen Geiseln der Menschheit, nämlich Kriege, Krisen und Klima, aus dem Leben verbannen können. Das ist jetzt sicherlich für manchen sehr viel Pathos, aber diese meine Reise um die Welt sollte auch eine Art Pilgerfahrt für mich sein, um für mein Restleben mein Handeln zu überdenken.

Am Tag darauf unternahm ich vormittags noch einen Ausflug unter der Überschrift „Best of Dubai". Wir wurden per Bus durch die Stadt kutschiert. Die Führung war in Deutsch. Ich konnte beim Zuhören gleichzeitig entspannt fotografieren. Dabei lernte ich die Altstadt von Dubai als einen Ort kennen, an dem das Leben der Menschen dieser Stadt damals noch nicht wie geschmiert lief. 1862 lebten fünftausend Menschen hier, und heute meistern zwei Komma drei Millionen Menschen in Dubai ihr Leben.

Am Abend hatte uns unser Reiseveranstalter zu einer Gala auf die Palminsel ins Hotel Atlantis eingeladen. Hoffentlich wurde der Ort für unser Galadinner nicht vorsätzlich gewählt, um uns sagen zu wollen, dass wir auf das Ende der hundertsten Weltreise dieser Reederei zugehen. Der Name des Hotels „Atlantis" wäre dafür kein gutes Omen, denn Atlantis ist zwar eine sagenumwobene Stadt, aber auch ein untergegangene.

Nachdem die organisatorische Meisterleistung der Crew der „Queen",
die über tausend andächtig schweigenden Weltreisenden hungrig und nüchtern vom Schiff zum Hotel „Atlantis" mit Bussen hinzutransportieren und
selbige vollgefüttert und nicht mehr ganz nüchtern als sich lautstark artiku-
lierende Landratten zum Schiff zurückzukutschieren, gelungen war, begaben
sich viele trinkfreudige Nachtschwärmer zu einem feuchtfröhlichen Umtrunk auf das Oberdeck der „Queen". Trunken und irgendwie selig bestaun-
ten wir, wie Dubai scheinbar davonschwamm. Dabei war es nicht die Stadt,
die sich bewegte, sondern die „Queen" schipperte in Richtung Oman los.
Alkoholbeseelt wankten wir mit der „Queen" im gleichen Schwung. Weh-
mütig verabschiedeten sich die letzten Steher nach Mitternacht von dieser
ambivalenten Stadt fast chorisch mit den Worten: Dubai bye!

„Ich hatte mir Dubai ganz anders vorgestellt!"
„Na, dieser Habeck war doch hier, die müssen jetzt auch Heizkosten sparen."

Siebenundachtzigster Tag: Blauer sucht Frau

Ernüchterung durch Ausnüchterung war das Motto des ersten Seetages nach der feuchtfröhlichen Abreise aus Dubai. Nach verspätetem Frühstück, welches hauptsächlich aus Kaffee und Orangensaft bestand, verzichtete ich auf meinen fast täglichen schnellgehenden Rundlauf auf dem Deck Drei. Als Ausrede redete ich mir ein, dass mein Alkoholspiegel im Blut beträchtlich höher war als der Seegang des uns umgebenden Meeres entlang der Küste von Oman. Ich bettete meinen dicken Schädel auf eine Liege und versuchte, im Handy Nachrichten aus der Heimat zu lesen. Was für ein unglaubhafter Zufall, fuhr es mir durch den schmerzenden Kopf, dass mir ausgerechnet als erste Schlagzeile ins Auge sprang, dass die Tschechen uns Deutsche statistisch im Bierverbrauch von der Weltspitze verdrängt haben. Ich wusste den Grund dafür. In der Statistik wurde unser gestriger Verbrauch an diesem köstlichen Gerstensaft nicht miterfasst. Es könnte aber sein, dass das Trinken von Bier im Ausland nicht mitgezählt wird oder dass nur einheimisches Bier in die Erfassung einging. Egal, welchem Umstand wir die Verdrängung auf den zweiten Platz zu verdanken haben, sitzenlassen können wir diese Schmach auf uns keinesfalls. Über diesen Gedanken schlief ich auf der Liege an Deck Drei ein und hatte einen wunderbaren Traum, den ich in meine Erzählungen einfließen lassen möchte, zumal es an diesem ersten Seetag auf der Fahrt zu unserem nächsten Ziel in Salalah im Oman keine besonderen Vorkommnisse gab.

In meinem Traum stand ich am Pult auf einem Podium in einem mit Menschen vollbesetzten großen Saal und hielt folgende feuchtfröhlich launige Rede: Liebe An- und Abwesende, hochgeschätztes VW-torium, … äh Opeltorium … Auditorium. Auch wenn es schon langsam Nacht wird, begrüße ich Sie zum ersten Parteitag unserer neuen politischen Partei. Wieso noch eine Partei, werden einige jetzt lallend fragen. Weil, meine lieben Genießerinnen und Genossen, die etablierten Parteien doch nur noch im Suff zu ertragen sind. Außerdem gibt es immer noch viel zu wenige Parteien, um allen Funktionären eine Zukunft geben zu können, also eine per Wurst, … per Fleisch, … ich habe es gleich, … eine Perspektive. Das derzeitige Parteienspektrum ist zwar bunt, aber farblos. Deshalb sind wir nicht schwarz, nicht gelb, rot, grün, braun oder grau. Wir sind blau. Wir von „PPDB", der „Promille Partei – Die Blauen" versprechen nichts, aber das halten wir auch. Wir marschieren nicht blindlings hinter irgendeiner Flagge her, wir folgen unserer eigenen Fahne. Wir sind zwar nicht zuständig, dafür sind wir ständig zu. Mit uns wird Deutschland keine Faszi-Nation und auch keine Resig-Nation werden. Mit uns wird Deutschland zur Halluzi-Nation. Bei uns gibt's keine langen Reden, bei uns gibt's drei Kurze … drei kurze Programm-punkte. Erstens ist Alkohol am Arbeitsplatz auch eine Art Vollbeschäftigung. Zweitens schaffen wir die Steuern ab. Bei uns zahlen Sie nur Trinkgeld. Und drittens sind wir für Haltegriffe am Bartresen, denn Umfallschutz hat bei uns oberste Promille. Noch sind wir die APO, die außerparlamentarische Opposition des Tresens. Quasi die APO-Theke. Aber wenn Sie bei den Blauen Ihr Kreuz machen, kommen wir über die 5-Promille-Grenze. Anonym sind Sie schon, jetzt werden Sie auch Alkoholiker! Unser Wahlslogan lautet: Mit uns haben Sie im Bundestag immer einen zu sitzen. Stimmen Sie ein in unse-ren Ruf: Delirium first!

Ich bin voll… Zuversicht, dass unsere neue Partei keine Schnapsidee ist, sondern ein Erfolg wird. Mit hochprozentiger Sicherheit. Deshalb habe ich mich entschlossen, schon heute meinen Eid als Bundeskanzler zu leisten. Sozusagen als Gerste meines guten Willens. Ich verschwöre mich, dass ich

Reisetipps

Kuweit

Pedu

Landausflüge fördern die Allgemeinbildung mehr als ein Trampolin!

Meike Raft. Nein, dass ich meine Kraft zum Wohle des deutschen Volkes begieße, seinen Schaden mehren, Nutzen von ihm abwenden … da stimmt doch was nicht. Jetzt habe ich es wieder. Seinen Nutzen mehren, Schaden abwenden, das Grunzgesetz … Verzeihung, das Grundgesetz und die Gesetze und die Waren verteidigen … vielmehr die Gesetze wahren und verteidigen, meine Pflichten … Wie heißt das Wort? Gewissenhaft? Nie gehört. Dass ich meine Nichten … meine Pflichten gewissenhaft erfülle und Ge… wohin? Ach, bitte wenden! Also Ge… echtigkeit gegenüber jedermann und jedermännin üben werde. So wahr mir Wod…ka helfe.

Was ist? Das war nicht der richtige Eid. Na und. Ist das Ihr Eid? Nein, es ist mein Eid. So und jetzt ab in die Kneipe. Ich drehe dort einen Wahlwerbespott für unsere Partei. Da machen wir ein neues Fass… Format auf: Blauer sucht Frau. Und eins verspreche ich Ihnen schon jetzt: Das Freibier wird nicht teurer werden. Mit uns nicht!

Dann bin ich aufgewacht. Die „Queen" wankte. Ich nicht mehr. Nach diesem Alktraum wusste ich, dass die Losung richtig ist: Alkohol ist auch keine Lösung. Es ist ein Destillat.

Reisetipps

Nicht jede optische Täuschung resultiert aus der Passage des Äquators. Bei Zweifeln überdenken Sie den Ablauf Ihres Barbesuchs am vorherigen Abend.

Achtundachtzigster Tag: Frau über Bord

Unsere „Queen", hatte im Laufe der Nacht, laut „Tablabla" Al Hadd, Oman, passiert, und fuhr nun auf unterschiedlichen südwestlichen Kursen entlang der Küste von Oman.

Morgen werden wir unser Ziel erreichen. Salalah, ein Wort wie aus einem deutschen Schlager. Man möchte „hossa" und „Jappajappadu" dazu ausrufen.

Nicht nur, dass die Crew mit dem Entrosten und Reparieren der „Queen" genug zu tun hätte, werden meist noch Notfallübungen durchexerziert. Der Kapitän kündigt jede Übung zwar am Vortag an, jedoch kommt das Exerzieren durch die Nichtangabe der genauen Uhrzeit einigermaßen überraschend. Heute wurde geübt, was vorschriftsmäßig zu tun ist, wenn das Kommando „man overboard" ertönt. Als der Kapitän dieses Kommando über Lautsprecher erteilte, entlockte mir sein Befehl wieder einige Lacher. Der Kapitän hat eine Art und Weise, sich über Lautsprecher zu artikulieren, die sich anhört, als würde dort jemand ins Mikrofon sprechen, der bei Beginn seiner Befehle oder Ansprachen nicht direkt weiß, was er eigentlich mitteilen will. Zudem pflegt er einer Artikulation zu frönen, die mal dem Pinkeln eines großen Tieres auf Blech ähnelt oder aber auch dem Absondern von Worten eines nicht mehr ganz nüchternen Menschen gleichkommt. Ich weiß, dass dieser Kapitän einer der Besten seines Faches ist, denn dieser Ruf eilt ihm voraus. Und es hatten sich auch keine Weltreisenden, nachdem sich der Kapitän, ich glaube, in Sydney war es, an Bord gemeldet hatte, negativ geäußert und gestöhnt: Nicht der schon wieder. Leider kann man die Art des Sprechens des Kapitäns nicht schreibend wiedergeben, sonst würde man ahnen können, warum ich mich auf die täglichen Zwölfuhransprachen des Kapitäns freue. Man muss sie gehört haben, um die erheiternde Artikulation seiner Ansprachen nachvollziehen zu können. Vielleicht gelingt es mir ein wenig. Ich versuche es.

Nach einem Kling-Klong hörte es sich erst einmal so an, als wenn jemand in das Mikro lauthals schwer atmete. Nach einem tiefen Seufzer raunte der Kapitän ein langegedehntes „Äääääääähhhhhhhh" ins Mikrofon. Diesem Urlaut folgte in einem Wort „HereistheCaptenfromsthebridge." Im Anschluss erklang sein schweres, gelangweiltes Stöhnen unter dem Motto: Scheiße, worüber soll ich die Meute denn heute wieder unterrichten? Die obligatorischen Infos erfolgten in Sätzen ohne Trennung der Wörter. Und ohne Punkt und Komma spulte er monoton im gleichen schlampigen, aber lustig gemeint wollenden Stil, seine Mitteilungen über Längen- und Breitengrad ab. Er sagte uns, wieviel Knoten wir uns ins Taschentuch machen sollten und woher uns der Wind um die Ohren wehte. Oder so ähnlich. Zum Schluss wünschte er uns eine gute Weiterreise. Das sprach er so aus, als stünden wir kurz vor dem Untergang. Insgesamt hörte es sich an, als würde ein ungelernter Schauspieler bedeutende Shakespeare-Worte deklamieren wollen und heraus kam nur das nuschelnde Gestotter, bei dem man den Verdacht hatte, dass Englisch seine erste Fremdsprache war. Der Höhepunkt war dann, dass eine der beiden deutschen Hostessen an Bord das Ganze auf Deutsch wiederholte. Diese Nachansage in Deutsch konnte jedoch keiner mehr hören noch verstehen, weil nach der Rede des Kapitäns auf Englisch die lautstarken Unterhaltungen der englischen Weltreisenden über ihre Bräunungserfolge oder die wehleidigen Klagen über das Wetter, übers Essen und andere von dem Reiseveranstalten nicht ausreichend geplanten und ausgeführten Dinge einsetzte.

Bei dem um „nine o clock am" über Bordlautsprecher übermittelten Kommando „man overboard", setzte sofort die Hektik der Rettungstrupps ein. Geübt und routiniert wurde der über Bord gegangene Mann wieder an Bord geholt. Dieser war natürlich als Mensch nicht vorhanden, weil es nur eine Übung war oder sich keiner der Crew als Übungssubjekt zur Verfügung gestellt hatte.

Eins ist mir bei dieser *action* aufgefallen, nämlich dass es anscheinend kein Kommando „women overboard", also „Frau über Bord" gibt. Warum wohl? Entweder ist eine Frau es nicht wert, gerettet zu werden, oder man glaubte seit jeher in der christlichen Seefahrt an die Selbstrettungskräfte der Frau. Und warum denkt man bei dem Kommando nicht an die anderen zweiundvierzig Geschlechtsarten? Und auch nicht an die diversen. Gut, ehe man das Kommando auf „Mann, Frau und mit anschließender Aufzählung aller zweiundvierzig Geschlechtsarten overboard" ausgerufen hätte, wäre der, die, das Überbordgegangene bestimmt schon ertrunken gewesen. Und bei dem Kommando „divers overboard" würde sich keine helfende Hand regen, weil das englische Wort „divers" Taucher bedeutet und somit keinen Unfall beziehungsweise Abfall signalisiert, sondern ein Hinweis darauf ist, dass jemand dem Tauchsport frönt und zu einem Tauchgang abgesprungen sei. Was lehrt uns das? Es ist ein weiterer Beweis dafür, dass das Gendern, auf alle Fälle in der christlichen Seefahrt, unangebracht sein könnte. Die „Genderei" könnte sich bei Rettungskommandos sogar lebensgefährdend auswirken und den Tod des Von-Bord-Gefallenen fahrlässig verschulden. Zum anderen ist die „Genderei" auch nutzlos, denn ein Ertrinkender in Todesangst weiß eh nicht mehr, ob er Männchen, Weibchen oder Diverschen ist. Man könnte allerdings die Rettung mit Inklusionsmusik unterlegen. Wie wäre es mit „Love me gender"? Kurioserweise hörte ich einen Neuankömmling an Bord im schönsten Sächsisch fragen: „Gann das Schiff ooch gendern?" Was in Hochdeutsch heißt: Kann das Schiff auch kentern?

Übrigens macht im Zusammenhang mit der Mann-Über-Bord-Übung das Gerücht auf der „Queen" die Runde, dass diese moderierende und singende Metalllegierung, Florian Silbereisen, nur deshalb Kapitän auf dem „Traumschiff" geworden ist, weil er auf der Suche nach Daniel Küblböck sei.

Ich las gerade, dass in unserem „Tablabla" die Rettungsübung doch mit den Worten angekündigt worden ist: „Heute wird ein Teil der Besatzung eine routinemäßige Mann-über-Bord-Übung durchführen." Während dieser Übung wurden wir Weltreisenden gebeten, uns vom Außenbereich der Decks fernzuhalten, auf dem die Besatzung den Notfall trainieren würde. Und weiter hieß es im „Tablabla": „Von unseren Gästen wird kein Handeln verlangt." Mensch, da haben wir aber noch einmal Glück gehabt.

Reisetipps

Vorsicht bei Begegnungen mit Ihnen fremden Tieren.
So kannte Herr Dirk G. zwar aus seinem Garten den Löwenzahn,
unterlag aber der Bekanntschaft mit einem (kompletten) Löwengebiss.

Neunundachtzigster Tag: Salalih, Salalah. Salalih, Salalah.

In den frühen Morgenstunden näherte sich die „Queen" von Osten her, nahm den Lotsen an Bord und fuhr nach Westen in den Hafen von Salalah im Oman ein. Scherzhaft hatte ich noch am Abend zuvor, so wie wir es als Kinder im Brandenburgischen salopp dahinplapperten, herausgepoltert: „Morjen fahrn wa zu Oman." Übersetzt ins Hochdeutsche heißt das: „Morgen fahren wir zur Oma."

Salalah, Trallala und Hopp Sassa entfuhr es einem Reisenden bei der Einfahrt in den Hafen. Ich stimmte in den Singsang mit ein. Es sollte nicht despektierlich sein. Es war lediglich eine akustische Offenbarung der Seemüdigkeit, die sich allerborden breitmachte.

Salalah ist die größte Stadt im Sultanat Oman. Und diese Stadt ist der Geburtsort von Sultan Qabus bin Said Al Said, der in fast fünfzigjähriger Herrschaft die Entwicklung im Oman hin zu einem modernen und weltoffenen Staat geprägt hat. Sein Nachfolger, Sultan Haitham bin Tarik Al Said, führt die Politik seines Vorgängers weiter. Zumindest hat er das angekündigt. Der Hafen, in dem wir anlandeten, wurde erst vor kurzer Zeit, obschon noch nicht zur Gänze fertiggestellt, eröffnet. Wir gingen allerdings zu einer Jahreszeit im Oman von Bord der „Queen", in der das Land karg und steinig vor uns lag und uns gelblich vertrocknet ansichtig wurde. Vom Reiseleiter im Ausflugsbus wurden wir informiert, dass sich in der Monsunzeit, so von Juli bis September etwa, in jedem Jahr das Land mit seinen Bergen und Tälern in blühende und grünende Landschaften verwandelt. Solch eine Verheißung hatten wir in ostdeutschen Landen nach 1989 von einem vom Westen kommenden Sultan verheißen bekommen. Aber das war Kohl. Und das ist eine andere Geschichte, eine „Ost-West-Side-Story". Im Oman verheißt die blühende Landschaft nicht der jeweilige Sultan, sondern das bestimmt die Natur. Und die ist bekanntlich sehr eigensinnig. Sofern die Menschen ihr keinen Schaden zuführen, sich gegen sie stellen oder sie sogar vernichten, tut sie das jedes Jahr aufs Neue. Sie begrünt das Land.

Der Kampf Mensch versus Natur ist ein ungleicher, denn die „Gewinnerin" dieser immerwährenden Auseinandersetzung war Gott sei Dank stets und ständig die Natur. So wird es auch bleiben. Der Mensch braucht die Natur, die Natur braucht den Menschen nicht. Er ist im Umgang mit ihr unbelehrbar und unberechenbar. Wie hat sich die Menschheit seit Beginn ihrer Existenz auf dieser Erde verändert? Die Wissenschaftler behaupten, der Mensch sei seit Anbeginn im Durchschnitt einen Kopf größer geworden. Das waren die Dinosaurier auch. Und trotzdem hat die Natur die Dinosaurier am Ende einen Kopf kürzer gemacht. Oder war es ein Meteorit oder gar ein Ufo? Spekulationen öffnen Hirne, aber sie verkleben sie auch. Womit ich hier nicht auf die sich festklebende letzte Generation abheben will. Oder doch? Wie hatte meine Mutter, von der ich wahrscheinlich den Witz habe, immer gefordert, wie wahrscheinlich viele Mütter damals auch: Kinder, lernt einen anständigen Beruf, sonst landet ihr später auf der Straße. Sie hatte wieder recht behalten. Wie eigentlich immer.

Ich schweife ab. Das hat seinen Grund darin, dass nicht viel über unseren Ausflug unter dem Motto „Salalah – Kontraste", zu berichten war. Zum einen machte uns die Hitze im Oman an diesem Ausflugstag sehr zu schaffen, und zum anderen führte uns unser Guide zu Ausgrabungsstätten, die der Erforschung der fernen Vergangenheit Omans galten und sich unter freiem Himmel in der prallen Sonne befanden. Die Forschungen dokumentieren den Hafen sowie die Besiedlung der Region seit 2000 vor Christus. Im Kontrast dazu erzählte uns unser in Kairo Germanistik studiert habender Reiseführer, dass der letzte Sklave im Oman erst im Jahre 1978 vom Sultan des Oman persönlich freigekauft worden war. Ein nicht nur symbolischer Akt.

Auch für den manchmal noch in unserem Sinne mittelalterlich anmutenden Oman war der Fund des Erdöls segensreich. Im Übrigen auch für die einheimische Bevölkerung. Der Sultan erhob noch bis vor kurzem keinerlei Steuern auf irgendwas oder irgendwen. Gegen die kürzlich eingeführte Mehrwertsteuer von fünf Prozent regt sich beträchtlicher Widerstand im Land. Diese Steuer wird wohl, was zum Beispiel in Deutschland nie der Fall war und ist, wieder aufgehoben werden. In Deutschland wird immer noch eine Sektsteuer erhoben, die im Kaiserreich eingeführt wurde, um die deutsche Kriegsflotte finanzieren zu können. Die Sektsteuer gibt es heute noch, obwohl die kaiserliche Kriegsflotte längst gesunken ist. Allerdings steht zu vermuten, dass die Wracks der kaiserlichen Kriegsflotte gehoben werden müssen, damit die aufwendig und teuer restaurierte „Gorch Fock" nicht das einzige einsatzbereite Schiff der Deutschen Kriegsmarine bleiben wird.

Oman ist so groß und durch das Erdöl finanziell enorm gut aufgestellt, dass der Sultan allen seiner Untertanen zum einundzwanzigsten Geburtstag sechshundert Quadratmeter seines Landes unentgeltlich zur Verfügung stellen kann und sie zusätzlich mit sehr, sehr günstigen Krediten beim Bau ihrer Häuser unterstützt. In Oman soll jeder, bis auf die Gastarbeiter aus den ärmeren Ländern, ein eigenes Haus besitzen. So der Wille des Sultans. Allerdings birgt das die Gefahr in sich, dass diese Eigenheime, die wie wild in die Gegend hinein gebaut werden, eine städtebauliche Infrastruktur nach unseren Vorstellungen unmöglich macht. Es könnte jedoch auch sein, dass diese Wildheit der örtlichen Bebauung einem neuartigen Konzept moderner Städtebebauung folgt und die Quadratur des Kreises zum Ziel hat. Oder es ist der Tatsache geschuldet, dass sich die allgegenwärtig durch die Gegend grasenden Dromedare im Dschungel einer Großstadt verlaufen könnten. Obschon das nicht so schlimm wäre, denn ein Kamel kann zehn Stunden laufen, ohne zu trinken. Mein schwäbischer Freund meinte dazu: Er könne zehn Stunden saufen, ohne zu laufen.

Ich denke, dass sich Oman, nicht nur in der Monsunzeit, sondern geschichtlich gesehen in den nächsten zwanzig Jahren, zu einer wahrhaft aufblühenden Region entwickeln wird. Schon jetzt zeigt sich zum Beispiel die maritime Stärke Omans daran, dass sich Salalah und besonders sein Hafen und damit in Wechselwirkung wieder Salalah zu einem bedeutenden Handels- und Freizeitzentrum entwickeln wird. Vielleicht werden zukünftig Besucher Omans, sofern sie älteren Jahrgangs und aus Ostdeutschland sind, beim Eintreffen in der Hafenstadt gemäß einem alten DDR-Schlager singen: „Salalih, Salalah, Salalih, Salalah, wie bist du schön." Ich wünschte es den freundlichen Leuten hier und auch den Besuchern.

Übrigens ist ein großer Exportschlager des Omans der Weihrauch. Vom weißen bis zum schwarzen Weihrauch, sagt man, sei der Weihrauch aus Oman der beste und gesündeste der Welt. Das schreibe ich nicht, weil morgen Karfreitag ist, sondern weil ich den Joke schnell noch unterbringen will, in dem ein Kind, das zum ersten Mal in einer katholischen Kirche war und sah, wie der Priester das dampfende Weihrauchgefäß hin- und herschwenkte, ausrief: „Mutti, guck mal, die Handtasche von dem Onkel brennt."

Neunzigster Tag: **Nimm ein Ei mehr!**

Heute war einer von aufeinanderfolgenden Seetagen. Es ist der Karfreitag. Die Christen begehen diesen Tag als den Tag, an dem, wie meine bayerische Tischnachbarin mit ihrem ureigenen Charme und im urigen Dialekt sehr volkstümlich sagte, der „Balkensepp", sprich Jesus von Nazareth, ans Kreuz geschlagen wurde. Der Karfreitag leitet die Osterfeiertage ein. Zu Ostern hoffe ich immer, dass ich nach dieser Zeit nicht konstatieren müsse, mir selbst ein Ei gelegt zu haben.

Auf der „Queen" werden wohl am Ostersonntag keine Ostereier versteckt werden. Zu Hause schon. Noch. Denn überall muss gespart werden. Ich habe gelesen, weil der Strom so teuer werden wird, werden in Zukunft die Polizeibeamten keine Elektroschocker mehr benutzen können, sondern sich Zitteraale angeln müssen. Frauen werden immer seltener zum Vibrator greifen, sondern wieder auf ihren Mann zurück. Unsere Nachbarin will sich ein Huhn kaufen und es kurz vor dem Eierlegen in kochendes Wasser setzen. Da spart sie den Strom fürs Eierkochen. Auf die Frage, wo sie denn das kochende Wasser hernehme, antwortete sie, dass sie es eingefroren hätte, weil man heißes Wasser immer mal gebrauchen könne. Hahaha. Oder man verunglimpft das Färben oder Bemalen von Eiern zu Ostern gänzlich, indem man behauptet, dass die Grünen sagen: Bemalte Ostereier sind im Grunde geschminkte, ungeborene Kinder von nicht ordentlich freilaufenden Hühnern und gehören somit verboten. Ernsthaft: Der Preis für Eier hat sich verdoppelt, sodass man schlussfolgern müsse, wenn man für die Liebsten etwas zu Ostern verstecken wolle, solle man besser gleich eine Flasche Eierlikör nehmen. Da hätten alle was davon. Zur Not strecke man den Eierlikör mit Mineralwasser und besaufe sich mit Eierlikörschorle. Das verdoppele den Spareffekt.

Wir sind auf dem Weg nach Aqaba in Jordanien. Die „Queen" hatte sich dem empfohlenen Verkehrsschema des Golfs von Aden angeschlossen, dem sie in südwestlicher Richtung folgte. Auf der Steuerbordseite lag der Jemen und auf der Backbordseite Somalia. Passender zu Ostern, denke ich mir, wäre es gewesen, wenn wir einen Kurs zu den Osterinseln gewählt hätten. Aber wie es halt so ist, recht machen kann man es nicht jedem.

Karfreitag war auch als Heiliger Freitag, Großer Freitag und Osterfreitag bekannt. Für viele ist der Karfreitag ein sehr persönlicher Tag der Andacht. Ich will ausdrücklich betonen, was sich wie ein roter Faden durch mein Denken und Fühlen zieht, dass ich jeden gläubigen Menschen außerordentlich ehrlich respektiere, seine religiösen Handlungen akzeptiere und seine inniglichen Gebete niemals stören werde, weder ungewollt und schon gar nicht gewollt. Auf der anderen Seite lehne ich jede Missionierung meiner Person durch andere ab. Und, das habe ich an anderer Stelle meiner Reiseerzählungen schon ansatzweise erwähnt, ich werde stets satirisch, aber doch eindeutig anprangern, wenn im Namen einer Kirche, einer Sekte oder einer verordneten Staatsreligion Gewalt gepredigt und Kriege gesegnet werden. Ich werde im allumfassenden Sinne den Missbrauch Gottes dafür verurteilen. Auf Teufel komm raus! Und unterzeichnen werde ich dieses mein Statement, wie ich es auf meinen Autogrammkarten tue, mit „Spott zum Gruße"!

Einundneunzigster Tag: Kreuzweise

Auf unserer Fahrt nach Aqaba passierte die „Queen" die jemenitische Küste und auf der Backbordseite Dschibuti. Auf dem Schiff herrschten weiterhin die verschärften Sicherheitsbestimmungen. Modern ausgerüstete Piraten, nicht wie dieser Jack Sparrow, der gespielt wurde von dem US-amerikanischen Schauspieler … diesem … jedenfalls treiben in dieser Gegend modern ausgerüstete Piraten ihr Unwesen. Die Sicherheitsleute an Bord beobachteten rings um unser Schiff herum das Meer. An der Reling auf Deck Drei, dem einzigen Wanderweg, den man (wie erwähnt) rundherum auf dem Schiff beschreiten oder umlaufen kann, waren Feuerwehrschläuche ausgelegt worden, um damit, so vermute ich, angreifende Piraten von der Bordwand zu spritzen. Mir schien das kein wirksames Abwehrmittel zu sein. Ich vertraute natürlich auf die Erfahrung der Schiffsführung und die in der Zentrale der Reederei ausgetüftelten Sicherheitsmaßnahmen. Allerdings gestattete ich mir die Bemerkung, dass Feuerwehrschläuche auf die Piraten so abschreckend wirken müssten wie angekippte Fensterflügel auf Wohnungseinbrecher.

Langsam näherten wir uns meinem langerwarteten persönlichen Höhepunkt dieser Umrundung der Welt. Ich werde Petra sehen. Wer oder was Petra ist, darüber werde ich nach dem Besuch in der verlorenen Stadt ausführlich erzählen.

Heute, am Ostersamstag, dem Tag zwischen Karfreitag und Ostersonntag, war nichts Außergewöhnliches oder Außerordentliches auf der „Queen" vor sich gegangen, sodass ich meine Erzählungen nur mit den Gedanken füllen kann, die mir bei meiner inneren Einkehr an Bord diesmal gekommen waren.

Ostersamstag, auch als Osternacht, Osterabend, Schwarzer Samstag oder Samstag vor Ostern bekannt, ist laut Bibel, so ich es richtig als nichtbibelfester Atheist in Erinnerung habe, der Tag nach Karfreitag, an welchem Jesus von Nazareth am Kreuz, das man hinter ihm gemacht hatte, gestorben war und nun am Samstag in seinem Grab lag.

Der jetzt folgende Übergang scheint bemüht zu sein, aber er zeigt, dass manchmal die Gedanken eines Satirikers gar seltsame Wege gehen. Ich hätte schreiben können, dass ich die Kreuzigung als Aufhänger wähle, um nachfolgenden Gedankengang zu beschreiten, in dem ich mich vielleicht verirren könnte. Das tue ich nicht, und dennoch will ich diesen Gedankengang gehen.

Jesus von Nazareth, später Jesus Christus, wurde damals gemeinsam, also nebeneinander, mit zwei Kleinkriminellen ans Kreuz geschlagen. Die Vollstreckung der Todesstrafe dreifach geschah einzig und allein aus dem Grunde, um vor dem Volk die Taten und Worte des Gottessohnes als kriminelles Verbrechen darstellen zu können. Heute würde man das als Manipulation oder als Schaffung einer veröffentlichten Meinung bezeichnen. Jesus von Nazareth war ein Mann des Friedens und der Menschlichkeit und wurde nur aus dem einen Grunde ans Kreuz geschlagen, weil er an das Gute im Menschen glaubte. Aber dass das Böse auch zur menschlichen Natur gehört, musste er am eigenen Leibe grausam erfahren. Einer seiner Jünger, ein gewisser Judas, hatte ihn für dreißig Silberlinge verraten. Heute machen das manche schon für weniger.

Was ich, der in der Schule statt Religionsunterricht nur „Staatsbürgerkunde" hatte, so alles weiß über die christliche Lehre, ist doch erstaunlich, oder? Weil viele meiner Mitmenschen aus den gebrauchten Ländern unserer Heimat nicht wissen, was in „Staatsbürgerkunde" an den Schulen der „Ehemaligen" gelehrt wurde, will ich hier schreiben, dass in diesem Schulfach neben den ideologischen Doktrinen, wenn auch nur streifend, die Bibel abgehandelt wurde. Und damit man ungefähr weiß, welches Alter ich bis heute erreicht habe, will ich hier schreiben, dass ich der Generation angehöre, die noch als Kinder abends mitten auf der Straße Federball spielen konnte. Unser Federballspiel wurde in der Zeit von zwei Stunden nur manchmal durch den Ruf unterbrochen: Achtung, ein Auto! In dem Moment stellten wir damals unser Spiel kurzzeitig ein, ließen das Auto, welches im Schritttempo fuhr, passieren und spielten anschließend seelenruhig und gefahrlos weiter. Wenn es nach den radikalsten Umweltschutzfanatikern heutzutage ginge, könnten meine Enkelkinder demnächst wieder Straßenfederball spielen. In dieser Hinsicht würde ich diese Umweltschutz-Radikalinskis sogar aktiv unterstützen. Ich würde bei der nächsten Wahl vielleicht erwägen wollen, hinter diesen freien Umweltradikalen mein Kreuz zu machen. Früher, und deshalb kam ich zu Anfang meines Gedankenganges über Jesus von Nazareth drauf, hatte ich hinter manchem, der mir den Himmel auf Erden versprach, sinnloserweise ein Kreuz gemacht. Vor der Wahl schien der Himmel noch hell und klar zu sein. Nach der Wahl nicht mehr, denn das Blaue hatte man uns vom Himmel heruntergelogen. Und verraten und verkauft wurden wir erst, nachdem wir unser Kreuz gemacht hatten. Demokratie verkehrt herum. Hier weicht nämlich die allseits heiliggesprochene, aber nicht so behandelte Demokratie von der Bibel ab. Leider Gottes. Demokratie heißt unter anderem nämlich auch, dass sich nach der Wahl demokratisch gewählte Parteien zu Koalitionen zusammenschließen, um eine Regierung bilden zu können. Hinter der Koalition, aus der die Regierung im Jahre 2023 für die Bundesrepublik Deutschland gebildet wurde, können wir sogar drei Kreuze machen. Nur ist kein Jesus von Nazareth darunter. Ich sehe auch keinen dort oben, hinter dem ein Kreuz gemacht wurde, der für die hehren Ideale von Frieden und Menschlichkeit sein Leben geben würde. Auf gar keinen Fall würde sich jemand auf seine oder ihre Versprechungen festnageln lassen. Deswegen, so endet mein Gedankengang, sollte man Ostern nicht feiern, sondern dessen gedenken, der sein Kreuz für alle Menschen auf sich nahm. Und wir sollten nicht aufhören, jene zu kritisieren, für die wir ein Kreuz gemacht haben, die aber trotzdem keins haben. Stattdessen haben sie sich ein so dickes Fell zugelegt, das es ihnen erlaubt, sich ohne Rückgrat in der Vertikalen halten zu können.

Am sechsten Tag, so steht es in der Bibel geschrieben, hat Gott den Menschen erschaffen. Wie wir heute wissen, hat er sein Werk nicht vollenden können. Der Mensch ist vollkommen unvollkommen. Und als Gott sah, was er da quasi als Menschprovisorium erschaffen hatte, schrieb er vorsichtshalber gleich mal ein Neues Testament.

Morgen ist Ostersonntag. Tagt an dem Tag eigentlich der Bundestag?

Nein, die neuen und alten Politikhasen werden die Eier, die sie uns ins Nest gelegt haben, vor uns verstecken. Wir könnten sie ja sonst mit diesen Eiern bewerfen. Und beim Verstecken der Eier macht es der Kanzler dem Pinguin nach, der für seine Kinder weiße Eier im Schnee versteckt. Dieser Kanzler ist ja schließlich kein kleiner ... Depp, Johnny Depp, so heißt der Schauspieler, der den untoten Freibeuter spielte.

Zwei- und dreiundneunzigster Tag: Passt schon!

Mit viel Routineverrichtungen und einigen österlichen Aktivitäten haben wir die zwei Seetage am Ostersonntag und am Ostermontag vergehen lassen. Die „Queen" hatte währenddessen am Ostersonntag ihren nordwestlichen Kurs im Roten Meer in Richtung Aqaba fortgesetzt. Am Morgen vorbei an Eritrea auf der einen Seite des Schiffes (Backbord) und den Jemen an der anderen Seite (Steuerbord). Am Abend lag der Sudan links vom Schiff und die Küste Saudi-Arabiens rechts.

Am Ostersonntagabend sollten wir wieder einmal einen unserer mit Spannung erwarteten Galaabende feiern. „Die Gäste sind eingeladen", wie an anderer Stelle bereits erzählt, „ihre Gala-Abend-Kleidung passend zum Thema des Abends anzupassen", schrieb das „Tablabla". Also, passen musste die Kleidung und auch noch passend sein. Falls nicht, sollte sie passend, konnte dabei aber nicht passender gemacht werden. Aber passen musste sie, ob es nun jemand passte oder nicht. Meine bayerische Tischnachbarin reagierte darauf mit der Bemerkung: „Passt schon!"

Ich hatte mich entschlossen, bei diesem Gala-Abend nicht im Anzug, sondern durch Abwesenheit zu glänzen. Zumal am Ostersonntag. Was macht ein Ei zu Ostern? Es wirft sich in Schale. Und zwar so, dass es am Ende aussieht, wie aus dem Ei gepellt. Ich bin kein Ei und habe auch keins auf dem Kopf. Ergo ergab sich die Frage, was ich zur Ostergala tragen sollte. Ich habe in meinem Kleiderschrank in der Kabine einen, wie mir der Verkäufer beim Anprobieren hocherfreut mitteilte, eierschalenfarbenen Anzug hängen. Dieser erschien mir aber doch zu overdressd. Ich pellte mich also wieder aus und ging leger ins „Lido" zur Abendspeisung. Ich wählte im Selbstbedienungsmodus Eiersalat an Dotter aus. Viele dort Zuabendspeisende im „Lido" hatten anscheinend die gleiche Speisenauswahl getroffen, sodass ein Gedränge am Büfettteil für die Eierspeisen entstand. Einige Eier lagen bereits infolge des großen Gedränges am Büfett am Boden. Ein Witzbold faltete daraufhin eine Papierserviette zusammen, schrieb etwas darauf und steckte sie in das Häufchen der heruntergefallenden Eier. Auf der Serviette hatte der Witzbold vermerkt: Verlorene Eier. Der Witzbold war ich.

Das Hauptfourier der „Queen" war seit Ostersamstag von einer Ikebana-Sachverständigen und auf Osterdekoration spezialisierten Fachfrau sehr geschmacklos und englisch kitschig hergerichtet worden. Große und kleine Ostereier, gefärbt oder ähnlich einem Fußballspieler rundherum tätowiert, lagen drapiert auf Tischen herum. Gewitzt dreinschauende Osterhasen mit Eierkörben auf dem Rücken standen dazwischen. Hühner auch. Und Küken, die bekanntlich nur zu lange gekochte Eier sind, standen neben den Osterhasen scheinbar wahllos verteilt in der Gegend herum. „Ei der Daus", entfuhr es mir. Diese wahnsinnig einfallsreiche und künstlerisch nicht wertvolle Dekoration wurde zum meistfotografiertesten Teil des Schiffes gekürt. „Ei perplex", entfuhr es mir daraufhin. Und ob sie es mir nun glauben oder ja, während des Dekorierens dieser Variationen auf ein Osterei, bei der ich zufälligerweise das Hauptfourier durchschreiten musste, hörte ich doch tatsächlich einen Gehilfen des Dekorationsbeauftragten durch den Raum rufen: „Wir brauchen Eier!" Auf Englisch natürlich. Erst dachte ich, Oliver Kahn, der ehemalige Torhüter des FC Bayern München, durch den dieser Wir-brauchen-Eier-Spruch seinen ersten Eisprung erlebte, sei an Bord gekommen. Nein, fiel es mir ein, der kann ja kein richtiges Englisch. Zumindest nicht fließend. Kahn hätte dabei sicherlich etwas rumeiern müssen. Zumal im Englischen Ei nicht Ei heißt, sondern Egg und Eye ins Deutsche übersetzt Auge bedeutet. Nach diesem Ruf nach Eiern fehlte nur noch jemand, der behauptet hätte, die Dekorationsfachfrau hätte beim Aufbau dieses opulenten, ähnlich dem weihnachtlichen Krippenspiel gestalteten Osterszenarios, Eier in der Hose gehabt. Ich denke, dass die Dekorateurin am Ende, weil fast jeder der leitenden Mitglieder der Crew, die sogenannten Eileiter, ihr in die Deko reingequatscht hatte, eifrig vor sich hin schimpfte.

Ähnlich wie in der Karikatur, auf der sich ein Osterhase und ein Weihnachtsmann durch tiefen Schnee stapfend entgegenkommen und auf halbem Weg treffen. In die Sprechblase des Weihnachtsmannes hatte der Karikaturist hineingeschrieben: „Weihnachten geht mir auf den Sack." In der Sprechblase des Osterhasen stand: „Ostern geht mir auf die Eier." Frohe Ostern.

Am Ostermontag hatte die „Queen" ihre Fahrt durchs Rote Meer fortgesetzt. Nun lag Ägypten backbord und Saudi-Arabien steuerbord. Bei der Zwölfuhrdurchsage des Kapitäns fuhr es mir plötzlich durch den Kopf: Warum haben wir bei der Weltreise, als die Reederei den Kapitän auf der „Queen" wechselte, nicht eine Frau als Kapitänin bekommen? Im Grundgesetz steht: Männer und Frauen sind gleich. Früher hörte man von Männern, dass die Frauen eine Berechtigung bekommen, aber nicht gleich. Heute steht die Gleichberechtigung quasi auf dem Kopf. Männer sind berechtigt, aber später. Die Männer werden zunehmend unterdrückt. Sogar die gemeine Kröte hat es besser. Es gibt inzwischen Krötentunnel mit Innenbeleuchtung und Frauenparkplätzen. Man erwägt bereits, einen Männergleichstellungsbeauftragten im Deutschen Bundestag einzusetzen, denn seit es sogar eine feministische Außenpolitik in Deutschland gibt, wurde der Mann von der schier letzten Bastion der Männerdomäne verdrängt. Die emanzipierte Frau spottet inzwischen: Lieber eine Menge Sorgen als gar keinen Mann! Böse Männerzungen meinen, dass die feministische Frauenbewegung der permanente Versuch der Frauen ist, so blöd zu werden wie die Männer.

Und was hat die Verkehrung der Gleichberechtigung denn der Gesellschaft auch gebracht? Frauen und Männer gehen getrennte Wege. Die feministischen Frauen laufen so rum, und die Männer werden vor Schreck andersrum. Natürlich ist die allseitige nicht nur sexuelle Vergewaltigung der

Frau abscheulich, ja eine Straftat, und muss mit allen rechtlichen Mitteln verfolgt werden. Aber sonst. Manch eine Frau, behaupten Männer, freut sich doch insgeheim immer noch, wenn ein Mann ihr hinterherguckt. Und Männer von Frauen doch auch. Ich wurde gestern sogar von einer Frau sexuell belästigt. Ich fand es gar nicht so schlecht! Ich denke, es muss Schluss mit der zunehmenden Diskriminierung des Mannes sein! Meine Damen: Haben Sie die Männer wieder lieb! Sie haben doch keine anderen. Was haben die Männer für die Frauen nicht schon alles Segensreiches geschaffen: Frauenhäuser, Mikrowelle und Botox. Was hatten die Damen denn früher? Backofen, Kochtopf und Bofrost. Die Frauen gehen längst nicht mehr zum Schönheitschirurgen, sprich zum Änderungsfleischer. Denn die Frauen brauchen sich nicht mehr den Busen vergrößern zu lassen. Die Männer müssen sich die Hände verkleinern lassen. Dann kommen sie beim Putzen auch besser in die Ecken. Das fordern Feministinnen.

Inzwischen haben sich die Frauen viele gleiche Rechte erkämpft, unter anderem das Recht, sich genauso bekloppt zu benehmen wie die Männer. Aber müssen es die Frauen deshalb auch sein? Mal unter uns, ich gebe den Frauen einen kleinen Rat: Liebe Frauen, bleibt bitte Frauen und nehmt uns Männer! Wegen mir auch aus. Und wenn wir Männer weiterhin behaupten, dass wir immer rechthaben, dann stimmt uns zu! Denn schlussendlich wisst ihr doch, dass Frauen am Ende immer recht behalten! Seit es schick geworden ist, zunehmend Männer zu diskriminieren, behaupte ich von mir, dass ich lesbisch bin. Denn ich liebe nur Frauen. Ich liebe euch doch alle, alle Frauen.

Morgen besuche ich Petra.

Reisetipps

Der weiße oder der weise Hai? Letzteren erkennen Sie am Biss. Spuckt er abgebissene Gliedmaßen angewidert aus, ist es ein weiser Hai. Sie bevorzugen fettarme Ernährung.

Vierundneunzigster Tag: **Petra, die Große**

Ich war den ganzen Tag in Petra. Hin und her, rein und raus. Die Beschreibung meines Eindringens in Petra liest sich wie eine Zweideutigkeit, hat jedoch noch vielerlei Bedeutungen. Lange Zeit war ich in Petra verliebt, seit gestern liebe ich sie. Verliebt war ich von außen, die Liebe kam in ihr. Meine Geliebte Singa pur werde ich einmal wieder besuchen. Petra werde ich lebenslang im Sinn haben.

In der Nacht auf der Reise mit der „Queen" fuhr das Schiff in den Golf von Aqaba ein. Wer die Landkarte vor Augen hat und mit Phantasie draufschaut, wird wie ich denken, dass der Golf von Aqaba sozusagen das rechte Loch einer Nase ist, die die Sinaihalbinsel bildet. Er ist der einzige Zugang Jordaniens zum Meer. Diese Stadt befindet sich im Dreieck von Ägypten, Israel, Saudi-Arabien und ist durch ihre Lage zwischen Afrika und Asien seit Jahrtausenden ein wichtiger Handelsknotenpunkt. Zusammen mit den marsähnlichen Landschaften von Wadi Rum und der UNESCO-Stadt Petra bildet Aqaba das Goldene Dreieck des jordanischen Tourismus.

Von der Hafenstadt Aqaba aus fuhr unser Ausflugsbus in Richtung Petra. Die Landschaft, die sich nach dem Verlassen von Aqaba vor uns ausbreitete, glich einem riesengroßen Streuselkuchen, auf dem die Streusel ungleichmäßig und unsortiert nach Größe und Höhe verteilt worden sind. Will sagen, rechts und links der Autobahn von Aqaba nach Amman, die unser Bus befuhr, säumten, soweit das Auge reichte, verstreut einzelne Sandsteinbrocken oder bizarre Felsenformationen in gelbbrauner Farbe die Fahrstrecke. Auf der abendlichen Rückfahrt von Petra nach Aqaba schien die Sonne und breitete sich wie Zuckerguss auf diesem Streuselkuchen aus. Durch einige Felsen zogen sich dunkelbraune Streifen, sodass es den Anschein nahm, dass wie bei einem Marmorkuchen Kakaoteig die Streusel verfeinert hätte. Unser deutschsprechender Reiseleiter erklärte uns, dass diese Streifen Kupferflöze seien, deren Abbau aber nicht rentabel wäre. Leider. Für Jordanien, ein Land ohne Ölvorkommen, wäre jeder Rohstoff nötig, um die wirtschaftliche Entwicklung des Landes voranbringen zu können. Den Tourismus zu einer Einnahmequelle für das Land werden zu lassen, unternimmt das Land alle Anstrengungen. Und das gelingt immer umfangreicher. Auch und besonders dank Petra.

Die Fahrt hin zu ihr war eine nebulöse. In dem Maße, wie es bei der Hinreise zu Petra in höhere Regionen ging, verdichtete sich ein fast undurchsichtiger Nebel. Auf die Landschaft um uns herum traf der Spruch zu: Wie Sie sehen, sehen Sie nichts, rein gar nichts. Urplötzlich verringerte sich die Sichtweite weiter auf fünfzig bis dreißig Meter. Die Reisezeit streckte sich. Der Busfahrer fuhr blind, aber gekonnt durch diese Suppe. Dann setzte auch noch Nieselregen ein, und die Temperatur fiel auf unter zehn Grad. Ideales Wetter für den Ausflug hin zur „verlorenen" Stadt. Viele Petra-Jünger hatten den Unkenrufen und Prophezeiungen hinsichtlich der äußeren Umstände, was Streckenlänge des Marsches durch Petra, den dabei herrschenden Hitzegraden und Staub in der Luft anbelangt, geglaubt und sich auf eine äußerst beschwerliche Visite eingestellt. Den ihnen angedrohten langen Marsch haben viele Petra-Jünger wochenlang vorher beim Schiffsdauerrundlauf auf Deck Drei trainiert, haben Wasservorräte für den langen Marsch im Kabinenkühlschrank angelegt und ihre Marschkleidung nach dem Zwiebelprinzip ausgewählt. Bis auf die Länge des Hin- und Rückmarsches durch Petra traf keine dieser den Marsch beschwerlich machenden Umstände wirklich ein. Im Gegenteil. Es war kühl und nass. Schlammiger Lehm und glitschige Steine bildeten die Unterlagen des Weges.

Auf der Höhe des Ortes, der um Petra herum zunehmend vergrößert und touristisch erschlossen wird, lichtete sich der Nebel und gab die Sicht auf den Zugang in das Innere von Petra frei. Ein herrlicher Anblick. Die uralte, versteckt liegende und deshalb „verloren" genannte Beduinenstadt lag vor uns. Wie es sich für eine Dame wie Petra geziemt, gab sie ihre Reize und Geheimnisse nicht sofort preis, zumal die um sie herum errichteten neuzeitlichen Bauten ihr äußerliches Aussehen nachteilig veränderten. Die generell überbordende Kommerzialisierung und Vermarktung von Altertümern, antiken Bauten und kulturhistorischen Denkmäler hat auch hier ihre Spuren hinterlassen. Nicht zum Vorteil für Petra. Statt detaillierten Informationen über ihre Entstehung, das Werden und den Nutzen dieser Stadt für ihre Bewohner verschandelten Imbissbuden, Kaffeetheken und Souvenirstände die Einstimmung auf Petra und trübten ein wenig die Freude beim Sich-ihr-Nähern.

Nach mehreren hunderten durchstolperten Metern, vorbei an den in den Fels gehauenen „Djinn" Blocks, den sechs Obelisken, tut sich vor dem Besucher der eigentliche Eingang in die lange Zeit „Verlorene" und „Vergessene" auf und entschädigt den Besucher für die neuzeitliche grässliche Umbauung von Petra. Plötzlich erscheint sie dem Besucher wie eine strahlende Fata Morgana, die mit den kupferfarbigen Sandsteinhügeln der Wüste verschmilzt. Nach dem Eingang beginnt für den Besucher der Weg hin zu den einzelnen Stätten dieser Stadt. Der Weg, der nie breiter als geschätzte vier bis fünf Meter ist, sich mal verschmälert und wieder verbreitert, wird zu beiden Seiten von zwanzig und mehr Metern hohen Felswänden gesäumt. Man schreitet wie durch einen überdimensionalen Flur ohne Dach. Ich durchschritt diesen ehrwürdigen, mit uralter Geschichte verbundenen Weg, an dessen Seiten verwitterte Skulpturen, in den Fels gehauene Grabmäler und Schrifttafeln erschienen, andächtig und mit großer Vorfreude auf die aus Filmen und Reportagen bekannten Al-Khazneh. Durch einen sich verschmälernden Flur tat sich Al-Khazneh, für mich das Herz von Petra, Stück für Stück auf, um dann in voller Pracht und Schönheit plötzlich vor dem Besucher zu stehen. Diesen vor über 2.100 Jahren von Menschenhand aus dem Felsen herausgehauene und kunstvoll modellierte tempelartige „Kathedrale" überwältigt einen schier. Das Geschnatter und auch das Geplapper der Besucher verstummten, das wilde Gestikulieren und ständige Fotografieren setzte aus. Für einen kurzen Augenblick. „Ah" und „oh" waren die vorherrschenden Laute der Besucher beim Anblick dessen, was Menschen, die nicht über unser heutiges Wissen und unsere derzeitigen modernen Baugeräte und Kraftmaschinen verfügten, mit Blut, Schweiß und Tränen geschaffen hatten. Man hält inne, staunt und bewundert.

Diese Andacht wird leider Gottes getrübt und sogar verhindert durch die Anwesenheit von laut rufenden Markttreibern, zum Reiten auffordernden Pferde-, Esel- und Kamelverleihern und organisiert agierenden Elektrocarbetreibern. Kauernde verhärmte Kamele, wiehernde Esel und ausrufende Marktschreier holen den Besucher aus dem Schwärmen und Staunen in die Wirklichkeit brutal zurück. Ich hatte mir fest vorgenommen, mich im Gedenken und Gedanken an jene Menschen, die diese Meisterwerke der Baukunst geschaffen haben, für ein paar Minuten zu ergehen. Es war mir besonders aufgrund des Gebarens der besagten Händler und Tiertreiber nicht möglich.

Im Nachhinein musste ich Milde in meinem Urteil walten lassen, weil ich erfuhr, dass einige dieser Leute meist jene Menschen sind, die bis vor einiger Zeit noch wahrhafte Bewohner Petras waren. Der Staat hatte sie umgesiedelt in Häuser oberhalb von Petra. Verbote überschreitend, so wurde gemunkelt, schlafen einige dieser ehemaligen Bewohner manches Mal noch in ihrer Stadt, Es werden heimlich, still und leise Hochzeiten abgehalten und Gottesdienste zelebriert. Offiziell leben in Petra noch vierzehn Familien, die sich geweigert hatten, umgesiedelt zu werden.

Petra erstreckt sich nach Al-Khazneh noch sehr weitläufig über das Felsplateau hinaus, und zwar in den und auf den Felsmassiven. Es gibt ein großes Amphitheater zu bestaunen, auf dessen Bühne, wie es mir zum Beispiel im Amphitheater von Taormina auf Sizilien gelang, ich gern den Zauberlehrling oder den berühmten Monolog vom Hamlet „Sein oder Nichtsein …" deklamiert hätte. Nicht aus Gründen der Angabe, dass ich dies vermag, sondern selbstredend zum Testen der Akustik deklamiere ich diese Texte in Theatern, auf denen ich die Bühne bevölkern darf. Dieses Ritual pflege ich seit geraumer Zeit auch vor meinen Auftritten als Kabarettist auf den Brettern, die angeblich die Welt bedeuten. Und die Welt hat viele Bretter, auf denen Schauspieler und Sänger die Menschen mit ihrer Kunst mehr oder minder begeistern können. Ich konnte in Petras Amphitheater weder das eine noch das andere deklamieren, denn der Zugang zur Bühne war durch einen Bauzaun verstellt. Auf der Bühne tummelten sich Ziegen. Diese mähanderten auf den Brettern, die Sandsteine waren, wiederkäuend ihre Laute.

Um Petra in ihrer Gänze begreifen und bestaunen zu können, braucht man Tage und Nächte. Petra ist eben nicht nur Al-Khazneh, wie man sie aus der Filmreihe „Indiana Jones" kennt, sondern größer und auf andere Art an anderer Stelle spektakulär, als sie uns durch den Hauptdarsteller dieser Hollywood-Filmreihe, den … also … ich komme gleich auf seinen Namen … vor Augen geführt wird.

Ich weiß nicht, ob man es als mein überschwängliches Resümee des Besuches der „verlorenen Stadt" gelten lässt, wenn ich wiederholt schreibe: Ich war in Petra. Es war so schön, dass ich, wenn ich noch Raucher wäre, gern die Zigarette danach neben ihr sitzend hätte rauchen wollen. Aber sicherlich ist dort Rauchverbot. Doch hätte ich dort rauchen dürfen, was ich seit zwölf

Jahre nicht mehr tue, könnte es sich vielleicht so anhören, als würde ich Petra eins husten. Allah sei Dank blieb mir das verboten. Auch wegen Ramadan.

Fünf- bis achtundneunzigster Tag: Suez – Wir ham den Kanal noch lange nich voll

Am Zusammenfassen dieser Tage kann man unschwer erkennen, dass es sich ausschließlich um Seetage handelte, deren Anhäufung gegen Ende der Weltumrundung wirklich ermüdete. Einerseits möchte man, dass diese Reise nicht sobald enden würde, anderseits hatte man zunehmend Heimweh.

Am ersten dieser vier Tage tat ich, wie viele Reisende auf der „Queen", nichts. Nichts zu tun hat einen entscheidenden Nachteil. Man weiß nie genau, wann man damit angefangen hat und wann man damit fertig sein wird. Lediglich die durch nichts aufzuhaltende Zeit setzt die Begrenzung für das Nichtstun. Nichts ist eben nichts. Niemand tut etwas, keiner schaut zu. Und fragt man niemand, ob man nichts tut, antwortet keiner, weil der auch nichts tut. In diesen Zeiten (eine nichtssagende Floskel) ist es manchmal das Beste, wenn man nichts tut. Wer nichts tut, macht keine Fehler. Immer mehr Leute machen nichts. Es gibt Nichtstuer, die dürfen nichts machen, obwohl sie lieber nichts machen möchten. Andere müssen nichts machen, obwohl sie eigentlich nichts machen wollten. Und wieder andere dürfen nichts machen können, selbst wenn sie nichts machen wollten. Das sind jene, die Ge- und Verbote verachten, aber letztendlich doch beachten. Nach dem Motto: Wer nichts macht, macht nichts verkehrt. Und auch das Gegenteil von Nichts. Wenn sie das jetzt nicht gleich verstehen, dann ist es Politik. Die Regierenden nennen das die Politik der ruhigen Hand. Sie machen nichts weiter. So ändert sich nichts durch nichts, wenn man nichts tut. Und wenn man nicht weiß, wie man nichts tut, dann macht das nichts.

Niemand und keiner machen nichts. Wegen nichts machen kommt keiner vor Gericht. Und niemand?

Ich eröffne das Verfahren gegen niemand wegen nichts. Wer ist niemand? Das weiß keiner.

Niemand ist angeklagt wegen nichts.

Sogar wegen gar nichts.

Keiner ist wegen gar nichts angeklagt, niemand wegen nichts.

Wenn hier nichts und gar nichts verwechselt wird, dann möchte man mal wissen, was ist dann mit erst recht nichts?

Überhaupt nichts.

Wer hat denn nun nichts gemacht?

Keiner.

Niemand hat gar nichts gemacht.

Hier geht es um nichts.

Niemand hat nichts gemacht.

Und keiner gar nichts.

Niemand und keiner geben nichts zu. Niemand und keiner haben nichts und gar nichts gemacht.

Und erst recht überhaupt nichts.

Keiner und niemand haben nichts, gar nichts und erst recht überhaupt nichts gemacht.

Keiner und niemand sind mit nichts zu bestrafen.

Nichts ist unmöglich?

Unmöglich ist nichts!

Was haben sie verstanden?

Nichts.

Das ist der Sinn von Seetagen. Nichts zu machen, dann passiert wenigstens nichts. Aber man kann, wie man lesen konnte, über nichts nachdenken.

Diese Tage auf dem Meer spielten sich gar nicht auf dem Meer ab, sondern auf einem Kanal. Aber nicht irgendeinem. Es ist der Suezkanal. Seit dem späten Abend des gestrigen Tages reihte sich die „Queen" in die Schlange der auf ihre Fahrt durch den Suezkanal wartenden Schiffe in Port Suez ein. Der Anker war geworfen worden. Da lagen wir nun und harrten aus.

Auf der Nordseite des Suez-Kanals sollte eigentlich eine Freiheitsstatue aufgestellt werden, hörte ich in der Warteschleife. Sie sollte den Namen „Egypt carrying the light to Asia", übersetzt „Ägypten trägt das Licht nach Asien" tragen. Aus Kostengründen lehnte die ägyptische Regierung in den 1860er Jahren das Angebot für die Statue ab. Daraufhin verwendete der

Designer seinen Entwurf für die „As Liberty enlightening the world" oder „Freiheit, die die Welt erleuchtet", besser bekannt als Freiheitsstatue, die 1885 im Hafen von New York City aufgestellt worden ist. Ich glaube, wenn die Völker der Welt damals Geld gesammelt hätten, um diese Statue in Port Suez aufstellen zu können, würde sie ein wahrhaft leuchtendes Symbol für die Verbindung der Völker von Afrika, Asien und Europa sein. Und nicht nur für die Schifffahrt. Wieviel Freiheit von der Statue in den USA wirklich ausging und heute noch ausgeht, konnte man auf der einen Seite im Zweiten Weltkrieg sehen, wo viele US-Soldaten ihr Leben für die Befreiung Europas vom Faschismus gegeben haben. Andererseits wird die Freiheitsstatue in New York City immer wieder geschändet, indem sie ein Symbol dafür wurde, wie vielen Menschen auf der Welt die von den USA geführten Kriege den Tod gebracht haben. Komplizierter konnte ich es nicht formulieren, um die beide konträren Seiten des Symbolismus der Freiheitsstatue beleuchten zu können.

Um vier Uhr morgens bewegte sich die Schiffsschlange in den Kanal. Die „Queen" bildete, wie es sich gehört, den Kopf des maritimen Schlängeltieres. Sie führte majestätisch den Konvoi an. Im gebührenden Abstand zur „Queen" folgten Frachter, Tanker und sonstige Schiffe. Schaute man vom Heck der „Queen" auf den nachfolgenden Tross, so sah es aus, als trügen Lakaien Ihrer Majestät Schleppe hinterher. Niemand konnte mir sagen, wieviel Dollar eine Passage durch den Kanal die Reeder kostet. Ich erfuhr nur, dass der Suez-Kanal fünfzehn Millionen Dollar pro Tag einbringt. Einiges Geld wurde dabei wieder in den Wüstensand gesetzt. Zum Beispiel für die Al Salam-Brücke, über die bis heute nie ein Fahrzeug gefahren ist. Warum? Dazu verweise ich wieder auf meine Freundin Wiki Pedia. Viel Geld aus den Einnahmen fließt allerdings in den Erhalt und den Ausbau des Suez-Kanals. Der Erhalt kostet immer doller Dollar.

Die Mehrheit der Weltreisenden beobachtete die Einfahrt in den Kanal und die Ausfahrt aus dem Kanal. Die Durchfahrt wurde nur partiell wahrgenommen, denn diese dauerte fast zwölf Stunden. Diese ganze Zeit über von Steuerbord nach Backbord hin und her zu pendeln, war ob der ziemlichen Gleichförmigkeit dessen, was an beiden Uferseiten zu sehen war, den meisten Weltreisenden doch zu mühselig. Auffällig war, dass auf der Backbordseite noch einige Teile für den Bau von militärischen Pontonbrücken lagerten. Diese sind Relikte des sogenannten „Sechstage-Krieges" zwischen Ägypten und Israel. Die Frage lautet: Sind sie wirklich nur Überbleibsel oder eine Vorsichtsmaßnahme? Sieht man auf die Spannungen, die immer wieder in dieser Region aufkommen, würde ich zu Letzterem tendieren. Ein erneuter Krieg, zwischen wem auch immer, für den es glücklicherweise keine Anzeichen gibt, wäre verheerend, auch für das Symbol „Suez-Kanal", welches für den friedlichen Handel zwischen den Völkern der Welt steht. Welche Auswirkungen eine Verstopfung des Kanals für die sogenannten Lieferketten auf der Welt hat, konnte man verfolgen, als sich ein Frachter mitten im Suez-Kanal querstellte. Aus welchen Gründen dies passierte, kann man bei Onkel Google erfahren. Ich glaube, dass der Teufel Alkohol wohl seine Hand im Spiel hatte. Oder war es Sabotage? Oder nur der Kapitalismus im Delirium?

Um fünfzehn Uhr dreiundfünfzig verkündete der Kapitän die Ausfahrt aus dem Suez-Kanal. Noch einige lange Seemeilen, und die „Queen" wird sich wieder in Europa einschiffen. Mit dem zwölften April 2023 hatte die „Queen Victoria" laut Kapitän 30.230 Seemeilen auf ihrer Reise zurückgelegt. 3.800 Seemeilen lagen seitdem bis Hamburg noch vor uns.

Es ging langsam dem Ende der Reise entgegen. Am dritten Tag auf See nach Aqaba war es das Mittelmeer, welches die „Queen", anfangs heftig, doch nun ruhig, umspülte. Die Temperaturen nach den heißen Tagen fielen seit gestern europäisch frühlingshafter aus. Routine kehrte auf dem Schiff wieder ein. Einige wetterfestere Reisende räkelten sich weiterhin auf den Freidecks in der nicht mehr so sehr wärmenden Sonne. Andere Weltreisende berichteten, dass sie heute wieder ihre Koffer umpackten von Kleidung für Hitze auf Kleidung für Frische. Nicht zu verwechseln mit frischer Kleidung, denn diese fiel längst der wiederholten Benutzung anheim.

Die Grüppchen von Weltreisenden, die sich seit Beginn der Reise auf dem Schiff gebildet hatten, drängten wieder vermehrt zueinander. Nicht um sich gegenseitig wie die Vöglein im Nest wärmen zu können, sondern um sich wechselseitig zu bezeugen, wie schade es doch sei, bald wieder getrennte Wege gehen zu müssen. Also nicht von Deck Drei ins „Lido" auf Deck Neun und zurück, sondern von zu Hause zur Arbeit und zurück, oder, was bei dem Altersdurchschnitt auf dem Schiff eher der Fall sein sollte, von zu Hause zum

Supermarkt und zurück. Man taucht als ehemaliger Weltreisender nach der Heimfahrt aus der Vereinzelung auf dem Schiff wieder in der Masse Volk im Land unter.

In dem kleinen gemischten Grüppchen von Weltreisenden, bestehend sowohl aus ostdeutschen als auch aus westdeutschen Landen, dem ich mich auf der Reise angeschlossen hatte, wurde gestern eine Aussage des Vorstandschefs eines Verlages, welcher auch eine große deutsche Tageszeitung, die ihrem Namen nach behauptet, immer im Bild sein zu wollen, herausbringt, diskutiert. In dieser über das Netz verbreiteten Aussage besagten Chefs, dass die Ostdeutschen „entweder Kommunisten oder Faschisten sind", dass das „eklig" ist und man „vielleicht aus der ehemaligen DDR eine Agrar- und Produktionszone mit Einheitslohn" hätte machen sollen, wurde sich untereinander ausgetauscht. Die Empörung darüber war nicht laut und nicht langanhaltend, weil man als Oss' (das ist das dreigeschlechtliche Wort für Ossi) solcherlei diskriminierende und beleidigende Äußerungen immer mal wieder vernehmen muss. Und dass Wess' (analog Oss') im Grüppchen, zumindest was die anwesenden Oss' im Grüppchen gegenüber anbelangt, seine Vorurteile im Laufe des Kennenlernens abgelegt hatten. So bezeugten sie es jedenfalls. Und in meinem Grüppchen verfiel man auch nicht in Resignation darüber, dass die innere Einheit gescheitert wäre, weil wir Oss' zumindest an Bord erfahren konnten, dass es auch viele Leute aus den gebrauchten Ländern gibt, die einfach nur Menschen sind wie du und … na soweit will ich jetzt nicht gehen. Gemeinsam hat man vergleichbare Sorgen, gleiche Freuden und ähnliche Schicksale. Vielleicht ist das einzige, wenn auch nicht vordergründig erscheinende Unterscheidungsmerkmal zwischen Oss' und Wess' hier an Bord des Luxusschiffes nur die Größe des Geldbeutels. In Summe aber gibt es hier wie dort sone und solche. An Bord sind nur sone und nicht solche. Oder nur solche und nicht sone. Jedenfalls nicht sone solche und nicht solche sone. Die Diskussion über die unsägliche Äußerung dieses von Eitelkeit und Arroganz zerfressenen Chefs des von mir hier so verballhornten Hopp-Sassa-Verlages wurde nur kurz geführt und rasch beendet. Wir wendeten uns wieder schöneren und bedeutsameren Dingen und Gesprächsthemen zu, zum Beispiel dem Essen, dem Shoppen, den Vergnügungen und den zunehmenden Beschwerden über die Mängel an Bord. Diese gaben Ge-

sprächsstoff zu Hauf. Im Grundtenor lautete das Urteil über die Mangel-
wirtschaft an Bord von „Unart": Früher war alles besser. Aber auch nicht
immer gut. Ich hielt mich bei dieser Einschätzung zurück, denn als Erstwelt-
umreisender mit „Unart" hatte ich keinerlei Vergleichsmöglichkeiten. Und
als Oss' konnte ich auf nachhaltige Mangelerscheinungen zurückblicken, die
mir eine gewisse Gelassenheit verleihen. Nur beim immer wieder ausset-
zenden W-Lan (WiFi) könnte ich fuchsteufelswild werden. So was gab es in
der „Ehemaligen" nicht, weil es das nicht gegeben hätte, wenn es das schon
gegeben haben würde.

Der letzte Tag auf offener See, bevor ich, wie es heißt: Neapel sehe und
sterbe, begann beim Frühstück mit der Fortsetzung der Diskussion über das
gestern gelesene Zitattraktat mit der Provokation aus dem Hopp-Sassa-Verlag
gegenüber den Ostdeutschen. Sie endete vorläufig mit Unverständnis und
auch Abscheu allerseits im Grüppchen darüber. Ob beides ehrlich oder
geheuchelt war, kann ich bei einigen Weltreisenden aus Westelbien nicht mit
Bestimmtheit sagen. Vorurteile sind halt wie Kacke am Schuh. Man kriegt
sie schwer wieder ab. Als Resümee stellten alle in unserem gemischten Ost-
West-Grüppchen fest, dass diese Dreckschleuderei aus dem Hause Hopp-
Sassa eine verdammte Missachtung und Verleugnung des Mutes und des Willens der „ehemaligen DDR-Bürger" ist, die durch ihre friedliche Revolution
überhaupt ermöglichten, dass dieser Chef des Hopp-Sassa-Verlages seinen
Schundjournalismus auch unter den Leuten, die für Demokratie auf die Straßen gegangen sind, manipulativ und zugleich profitabel verbreiten kann.
Während dieser Vorstandchef des Hopp-Sassa-Verlages vermutlich 1989 bei
der friedlichen Revolution in der DDR selbst in Westberlin aus Angst vor
Schüssen hinter der Gardine gestanden hatte, hatten ostdeutsche Revolutio-
näre Leib und Leben für ihren Traum von der Demokratie riskiert. Statt
Demokratie haben sie jetzt schlussendlich eine Diktatie der Meinungsmacher
und eine Demokratur einer einseitigen „grünen" Denkweise bekommen.
Ende des Leitartikels.

Mir fiel eben ein, dass es im DDR-Fernsehen eine spannende „Straßen-
feger-Serie" gab, in der es darum ging, wie durch direkte finanzielle und
militärische Einflussnahme eines US-amerikanischen Großkonzerns politische Veränderungen in einem südamerikanischen Entwicklungsland herbei-

geführt wurden. Durch diesen US-Konzern wurde eine Marionettenregierung in dem südamerikanischen Land mit Gewalt installiert, die die beginnende progressive antiamerikanische Bewegung in diesem Land niederschlug. Der Titel besagter Serie lautete: „Das grüne Ungeheuer". Ein Schelm, der Böses dabei denkt. Ich bin kein Schelm, aber manchmal könnte ich zu einem werden.

Wenn man auf der „Queen" an Deck Drei Richtung Theater lief, durchquerte man unwillkürlich eine kleine Galerie mit Gemälden und Skulpturen, die zum steuerfreien Verkauf angeboten wurden. Gewissermaßen im Vorübergehen und beim Ansehen der die Wände dekorierenden Gemälde und im Nachnachdenken über die gestrige gelesene und mit den Freunden diskutierte Äußerung des leitenden Herrn vom Hopp-Sassa-Verlag kam mir die Idee für die Verfeinerung eines kurzes Gedichts, dass ich, Goethe optimierend, zu der Zeit verfasste, als die Diskussionen über Wut- und Hassbürger in Deutschland aufkam. Ich bin seit jeher der Meinung, dass Wut eine im Grund progressive Verhaltensweise sei. Wut zu entwickeln auf Geschehnisse, die schieflaufen und vermeidbar sein könnten, ist produktiv. Wut ernährt die Seele des Menschen. Hass hingegen, der auf Rache zur Vernichtung abzielt, zerfrisst die Seele. Ich schrieb also Goethes Gedicht „Der Erlkönig" anmaßend noch einmal um. An manchen Seetagen reimte man sich halt Vieles zusammen. Diesmal nicht aus Langeweile, sondern vielmehr aus Zorn. Der Zorn ist der kleine Bruder der Wut. Deshalb mein Ratschlag als Kabarettist: Nur nicht die Wut verlieren!

Der Zaumkönig
(ganz frei nach Johann Wolfgang von Goethes „Der Erlkönig")
Wer schreitet so spät mit Stock und Hut?
Es ist der Bürger mit seiner Wut
Die Lügen sind ihm im Auge ein Dorn
Doch will er nicht raus, der heilige Zorn

„Mein Zorn, was birgst du so bang dein Gesicht?"
„Siehst, Bürger, du den Zaumkönig nicht?
Er hält uns im Zaum mit Lug und Trug?"

„Mein Zorn, es ist nur Geisterspuk."
„Du kleiner Zorn, komm her zu mir!
Gar schöne Spiele spiel ich mit dir
Beim Fußball brüllst du zum Sieg den Champ
Und holst dir ein' runter beim Dschungelcamp"
„Mein Bürger, mein Bürger, und hörest du nicht,
was der Zaumkönig dort mir leise verspricht?"
„Sei wütend, bleibe wütend, mein Zorn!
Er bläst nur in sein Nebelhorn."
„Willst, kleiner Zorn, du mit mir geh'n?
Meine Töchter werden dir schmeicheln schön;
Sie bringen Musik mit und Volkstümelei'n
Sie wiegen und schunkeln und schläfern dich ein."
„Mein Bürger, mein Bürger, und siehst du nicht dort
Zaumkönigs Töchter am düstern Ort?"
„Mein Zorn, mein Zorn, ich seh' es genau
Es glänzen die Silbereisen so grau."
„Ich zähme dich und locke dich in den Medienwald
Der Inhalt ist billig, nicht hoch der Gehalt."
„Mein Bürger, mein Bürger, jetzt fasst er mich an!
Der Zaumkönig treibt mich noch in den Wahn!"
Dem Bürger grauset's, beendet den Marsch,
Er beißt sich noch einmal vor Wut in den Arsch,
Erreicht sein Heim mit Müh' und Not;
Der Bürger lebt, sein Zorn ist tot.

Neunundneunzigster Tag: Neapel sehen und Capri besuchen

Neapel! Als die „Queen" im Hafen am Pier anlegte und festmachte, lag ich noch in Morpheus Armen. Ich hatte nämlich keine Absicht, den bekannten Ausspruch „Neapel sehen und sterben" auf seine Richtigkeit hin an mir zu überprüfen. Ich weiß auch nicht, von wem dieser lebensbejahende und zugleich todessehnsüchtige Ausspruch stammt, ob er sich tatsächlich auf Neapel bezieht und in welchem Zusammenhang er gefallen ist. Aber um meine Nerven, die durch den täglichen Missbrauch des Bord-WiFis an mir schon mehr als etwas aufgerieben worden sind, zu schonen, ließ ich das „Googeln" nach dem Verfasser dieses Spruches aus. Ich vermied den Besuch von Neapel gänzlich und begab mich auf einen zehnstündigen Ausflug nach Capri, einer Insel, in deren Nähe nach einem alten Schlager unser Fixstern untergeht. In diesem Oldie heißt es bekanntlich: „Wenn bei Capri die rote Sonne im Meer versinkt …" Warum, weshalb und ob überhaupt sich „Klärchen" dabei rot verfärbt, wird in dem Lied leider nicht weiterverfolgt. Nach meinem gestrigen Besuch auf Capri konnte ich den Grund für die Röte nicht ermitteln, denn es regnete den ganzen Tag über in Strömen. Abends ebenso. Ich vermute heute, dass es nicht die Schamesröte ist, die der Sonne ins Gesicht steigt, weil sie prinzipiell untergeht, sondern es die Wut sein könnte, dass sie an dieser Insel untergehen muss und ausgerechnet durch die „goldene Sichel des Mondes", welche auch noch unverschämterWeise blinkt, ersetzt wird. Bevor ich noch weiter den Inhalt dieses Ohrwurmes von der sinkenden roten Sonne analysiere, erfreue ich mich wenigstens an meiner Phantasie darüber, wie schön es aussehen könnte, wenn die rote Sonne bei Capri im Meer versinkt. Sichtbar wahrnehmen konnte ich es leider nicht, denn erstens ging der Ausflug nicht bis zum Sonnenuntergang, und zweitens schüttete es wie gesagt. Und Capri ohne Sonne ist wie Regen ohneTonne. Durch die steil aufragenden Hügel und Berge über dem Hafen läuft einem bei einem Wolkenbruch das Regenwasser auf den Straßen immerzu entgegen und in die Schuhe hinein. Regentonnen habe ich auf Capri nicht ausmachen können. Stattdessen haben findige Straßenbauer diese durch Rinnen ersetzt und zum Ablaufen des Regenwassers direkt in die Gehwege und Straßen hineinintegriert. Wo die Rinnen enden, habe ich nicht erkundet. Ich denke aber, dass das Regenwasser aufgefangen und gesammelt wird. Trink-, Wasch- und Duschwasser ist häufig auf Inseln für das Leben so notwendig wie die sinkende rote Sonne vor Capri für denTourismus.

Mit einem Katamaran fuhr unsere Reisegruppe von Neapel zur Insel Capri hinüber. Zuvor, während wir auf das Boot zur Abfahrt warteten, erzählte uns am Kai der Reiseleiter in Englisch mit italienischem Akzent, was im Übrigen sehr komisch klingt, kurz und bündig einige bemerkenswerte Details über Neapel. Seine wichtigste Aussage über die Stadt betraf den Vulkan Vesuv, an dessen Hängen die faszinierenden Ruinen von Pompeji zu besichtigen sind. Er streifte in seinen Erläuterungen kurz noch das Herculaneum, um danach das Aussehen von Neapel durch das Ansehen Neapels in der ganzen Welt aufzuwerten, indem er bedeutungsvoll hervorhob, welche Prominenten hier lebten, wohnten und arbeiteten. Und wenn sie nicht gestorben sind, es noch heute in Neapel tun. Die Aufzählung der Namen nahm schier kein Ende, und das Hinhören beim Verkünden derselben verkürzte das Warten auf den Katamaran beträchtlich. Unter den vielen Namen, die ich hier, um niemanden dieser Promis zu vernachlässigen, nicht aufzählen will, fehlte allerdings die berühmte „Hand Gottes", Diego Armando Maradona. Dieser argentinische Götterbote in Gestalt eines überragenden Fußballspielers, aber eines ebenso in sich multigeteilten Menschen, der einige Jahre beim neapolitanischen Fußballclub SSC für Begeisterung durch sein Spiel und besonders ob seiner zahlreichen und auch spektakulären Tore sorgte, hat sich in dieser Stadt selbst ein Denkmal gesetzt. Für mich war Maradona ein Tor, der wunderbare Tore schoss.

Die Überfahrt nach Capri war durch den erhöhten Wellengang für einige Mitreisende magenunfreundlich, um nicht zu sagen zum Kotzen. Der wundervolle Anblick Capris, selbst bei Regen, entschädigte viele für ihre spontane Mageninventur.

In kleine, wendige Busse verfrachtet, führte uns eine abenteuerliche Fahrt die schmalen Serpentinen hinauf bis in den obersten Teil der Insel. Dort angekommen, besuchten wir unter ständiger Begleitung des Guides und des Regens ein Museum, welches früher das Wohnhaus eines alten Schweden namens Axel Munthe war, der als Humanist, Arzt und Poet hier wirkte und wohnte. Ich habe einige Fotos von Schautafeln in diesem Museum gemacht und nahm mir vor, diese, da sie nur in Italienisch und natürlich in Englisch verfasst waren, zu Hause später einmal zu übersetzen, besser noch übersetzen zu lassen. Den Grund, warum uns das Leben des besagten Axel Munthe in diesem Museum nahegebracht werden sollte, werde ich dann wohl aus den Schautafeln ergründen können. Ich spekuliere mal, dass dieser Herr Munthe, mit Vornamen Axel, nicht auch der Erfinder des nach seinem Vornamen benannten Sprunges beim Eiskunstlaufen war, den die Eiskunstläufer der Neuzeit ja nicht nur doppelt und dreifach springen, sondern bei dem die Eiskunstläufer sogar nach vierfacher Ausführung des Axel-Sprunges auf dem Po landen. Für mich der eigentliche Reiz dieser Sportart. Ich würde Eiskunstlaufen wirklich in die Kunst einordnen, denn eine hundert Prozent faire Bewertung ist beim Eiskunstlauf durch das Einfließen des Geschmacks der Kampfrichter nicht gegeben. Sportarten, die sich nicht in Meter, Sekunden, Toren und Punkten bewerten lassen, haftet immer der Verdacht der geschmäcklerischen Bewertung an. Die Vergangenheit hat gezeigt, dass es da durchaus Fehlentscheidungen gab. Meine Lieblingsportunart ist nebenbei bemerkt Solosynchronschwimmen. Ein Widerspruch in sich.

Nach einem Mittagessen beim besten „Italiener" auf Capri, so wurde uns versichert, setzten wir die Inseldurchfahrt mit den kleinen Bussen fort. Ford, Harrison Ford, schießt es mir eben durch den Kopf, ist derjenige Schauspieler, der mir bei der Reiseerzählung über den Besuch von Petra nicht eingefallen war. (Nur aus Chronistenpflicht füge ich das rasch ein.)

Die Busse hielten auf halber Höhe von Capri. Hier befindet sich die prächtige, weil teure Einkaufsmeile der Insel. Vor der uns vom Guide angekündigten Freizeit fürs Shoppen in den schicken Läden und Bummeln durch den Regen führte er uns noch über Seitengassen zu den Reichen und Schönen, die hier Datschen, will sagen Villen, ihr Eigen nennen. Die mehr oder minder bekannten Promis nutzen ihre Prunk- und Prachtbauten nur bei Sonne und Wärme selbstverständlich. Ansonsten stehen die Gebäude mal sichtbar und mal versteckt hoch umzäunt und gut bewacht leer und unbenutzt in der schönen Gegend herum. Interessant war die Erläuterung des geschichtlichen Zusammenhanges dreier, nicht weit voneinander entfernter Gebäude, die der Guide in seinem italienischen Englisch von sich und uns zu wissen gab. Eines dieser Häuser war ein altes Hotel, in dem im Zweiten Weltkrieg eine Konferenz stattfand. Hier wohnten während dieser Konferenz, deren Bedeutung ich mir später erlesen werde, die Vertreter der Siegermächte des Krieges mit Italien. In einem anderen unscheinbareren Gebäude ist der damalige faschistische Diktator Italiens Mussolini festgesetzt worden. Warum beschreibe ich das hier, wird man fragen? Das könne man doch einschlägig nachlesen, übrigens auch in Lexika und Almanachen. Was diese beiden Wörter für eine Bedeutung haben und bald gehabt haben werden, kann man natürlich auch bei Wiki Pedia oder

Onkel Google in bewährter Weise nachschauen. Das Bemerkenswerte an der örtlichen Anordnung dieser beiden Gebäude ist die Tatsache, dass hoch über diesen auf einem Berge eine opulente weiße Villa steht. Darin thronen die Nachkommen des Kanonenkönigs Krupp. Mit Bergen hat es diese Familie offensichtlich, denn ihr ehemaliger Stammsitz in Essen in Deutschland nennt sich Villa Hügel. Und steht auch auf einem. Dieser Protzbau auf Capri ist die bescheidene Sommerlaube jener Familie Krupp, die mit ihrem Rüstungskonzern einer der allergrößten Kriegsgewinnler des Zweiten Weltkrieges war. Deren Villa auf Capri wurde mit Stein und Marmor erbaut, aber sicherlich auch mit Blut und Eisen geschmiedet. Ich verweise deshalb darauf, weil man bei derzeitigen Konflikten und Kriegen am rasanten Steigen der Aktienkurse ersehen kann, in wessen Interesse die Kriege hauptsächlich geführt werden und in wessen Auftrag Regierungen, die vom Volk gewählt wurden, in Wahrheit handeln. Jene Regierungen, die nicht gewillt sind, mit politischem Geschick und hochgradiger Diplomatie dazu beizutragen, Kriege beenden zu wollen, stattdessen aber diese Kriege mit immer mehr Waffenlieferungen, kriegspropagandistisch unterlegt, weiter befeuern. Und noch einmal, und das kann ich nicht oft genug schreiben, verweise ich in dieser Reiseerzählung auf deren Titel: Es geht um die Welt! Immer und jetzt.

Wie schön diese Welt ist, sah ich, als sich gegen Abend kurz einmal die Sonne blicken ließ und uns beschien. Beim Untergehen zwar, aber nicht beim Untergang. Es regnete wieder, aber da waren wir auch nicht mehr auf Capri. Ein Trost bleibt mir, nämlich der, dass die Fischer vor Capri ihre Netze in weitem Bogen auch bei Regen auswerfen können. Allerdings werden sie dann nass werden. Die Fischer und die Netze sowieso. Es sei denn, die Fischer haben ihr Ölzeug an. In diesem können sie die gefangenen Fische gleich einlegen. Aber das machen wohl nur die Fischer vor Sardinien.

Reisetipps

Nutzen Sie die Chance des ungestörten Verzehrs auf dem Schiff.
In Deutschland wird das Unwort *Öl* durch Sonne und Wind ersetzt.
Die Tage der Ölsardine sind daher gezählt.

Hundertster bis Einhundertzweiter Tag: Was für ein Theater!

„Seit unserer Abfahrt von Neapel war die 'Queen' in südwestlicher Richtung durch das Tyrrhenische Meer gefahren", schrieb unser „Tablabla" am ersten von insgesamt drei weiteren Tagen auf See. „Am Nachmittag hatte sie Sardinien passiert und fuhr in südwestlicher Richtung weiter." Ich dachte an die Ölsardinen und daran, dass es langsam, aber sicher dem nahenden Ende unserer Weltreise entgegenging.

Für den Abend war wieder einer dieser Galaabende angekündigt worden. Dieses Mal wurde es ein Maskenball, bei dem uns zuvor der Kapitän zu einem Sektempfang geladen hatte. Ich beteiligte mich weder am Kampf mit den Engländern um die vom Kapitän kostenlos verabreichten alkoholischen Getränke, bei dem wir Deutschen der zahlenmäßigen Überlegenheit der Engländer hoffnungslos ausgeliefert waren, noch hatte ich mich für das Dinner kostümiert und maskiert. Ich verweigerte mich. Eigentlich wollte ich in eine gebrauchte FFP-2-Maske zwei Löcher für die Augen ausschneiden und mich in Ermangelung einer Gesichtslarve damit für das Essen maskieren. Diese Provokation untersagte ich mir letztendlich doch. Umso erstaunter war ich, als ich meinen Freund aus Stuttgart im Aufzug mit einer Maske in Blau antraf. Sein Gesicht verschwand förmlich hinter dieser OP-Maske. Wie er mir sagte, empfanden es die meisten Weltreisenden als wohltuenden Scherz nach den langen zwei Jahren der Drangsalierung des Gemüts und der Lungen mit selbigen Masken. Statt diesem Maskenmummenschanz beizuwohnen, hatte ich mich am Abend auf meine breite Fensterbank gesetzt und abwechselnd auf das Meer hinaus- und in den Himmel hineingeschaut. So ließ ich mich von der wunderbaren Eintönigkeit dieses Anblickes verführen und einlullen. Nach einer langen Weile dieses In-die-Ferne-Starrens sieht man Geräusche und hört Gesehenes. *Habt ihr nicht das Meer geseh'n, es rauscht so schön, es rauscht so schön.* Ich bemerkte erst, als es dunkel um mich wurde, dass die Sonne untergegangen sein musste.

Ich schaltete das Fernsehgerät ein und die Gedanken aus. Am liebsten zappte ich mich im Bordfernsehen in die Kanäle mit der am oberen linken Bildrand befindlichen Benennung „No signal" oder „Poor signal" rein. Manchmal auch in den inzwischen neu hinzugekommenen Kanal „Unstable signal".

Es waren jene terrestrischen Kanäle, deren Sendungen anstatt durch Werbung ständig durch Schwarzbilder unterbrochen wurden. Lag es wiederum am Sparzwang des Reiseveranstalters „Unart"? Nein. Sparen kann man nur, was man hat. Leistungen kann man sich sparen. Leistungen, für die die Weltreisenden bezahlt und zuvor das Geld dafür gespart hatten. Das Sparen könnte man sich sparen, würde man beizeiten für das Sparen sparen. Sicherlich handelte es sich bei den Schwarzbildeinspielungen besagter Kanäle nicht ums Sparen, sondern um die sich vom Gerät auferlegte Selbstzensur, immer bei den spannendsten Torraumszenen während der Übertragung von Fußballspielen oder bei den dramatischen Zuspitzungen im Verlauf von Spielfilmen zu unterbrechen, um bei den Weltreisenden eine unnötige Nervenbelastung zu vermeiden. Beides gut gemeint, aber schlecht gemacht, möchte man sagen. Denn es war gerade diese Schwärze des Bildschirms, die den Seher beziehungsweise Nichts-mehr-Seher vor Ärger rot wie die Capri-Sonne anlaufen ließ. Der erhoffte und bisher erzielte Erholungseffekt der Reise um die Welt wurde geschmälert, und es entstand zusätzlich eine Verdunkelungsgefahr. Vielleicht lud aus diesem kühlen Grunde, so dachte ich mir, der Kapitän in regelmäßigen Abständen zu Umtrünken ein, damit wir uns den Ärger auf Kosten des Hauses auf dem Schiff schön saufen konnten. Dieser Versuch einer Besänftigung der bereiteten Ärgernisse durch „Unart" mittels Verabreichung von Alkohol wurde jedoch durch den Frust der Unterlegenheit der Deutschen gegenüber den Engländern im Kampf um diesen kostenfreien Alkohol konterkariert, sodass der Ärger, zumindest der der Deutschen, sich wieder potenzierte. Doch offensichtlich war genügend von dieser sektähnlichen Hausmarke vorhanden, um damit den ganzen Ärger aller Weltreisenden ertränken zu können. Die Betäubung mittels dieses Getränkes schien zu gelingen, denn bisher war noch kein Fall bekannt geworden, dass einer der Flachbildschirme aus dem Kabinenfenster über Bord gegangen wäre. Und seitens der Schiffsleitung wird das anscheinend auch zukünftig nicht befürchtet. Ich hatte jedenfalls noch nicht vernommen, dass der Kapitän bei den Katastrophenschutzübungen das Kommando „Flachbildschirm over- board" ausgerufen hätte.

Am zweiten der drei Tage auf der Fahrt nach Lissabon fragte mich ein deutscher Weltreisender, wo denn das Theater sei? Ich wusste es nicht mehr, weil ich es schon lange nicht mehr besucht hatte und zuckte mit den Schultern. Daraufhin erklärte mir dieser Weltreisende den Weg zum Theater. Ich müsse erst links lang, dann wieder rechts gehen und dann ab durch die Mitte. Ich wollte doch gar nicht dahin, sondern dieser Weltreisende. Deshalb bemerkte ich scherzhaft, dass er zum Theater über die Schauspielschule käme. Unerwartet und überraschend kam von diesem Weltreisenden, der sich später als Jürgen outete, die Antwort, die mich sehr erheiterte, indem er sagte, dass man über die Schauspielschule neuerdings in die Politik käme. Nein entgegnete ich ihm darauf, denn heute braucht man, um Politiker zu werden, keinerlei Abschluss mehr. Und die Chancen, Karriere in der Politik machen zu können, würden sich enorm erhöhen, wenn man zuvor nie richtig gearbeitet hat. Um das weiter zu diskutieren, setzten wir uns in eine gemütliche Ecke auf Deck Drei. Es entspann sich folgender Dialog, den ich, da ich sonst nichts wüsste, was noch Erwähnenswertes an diesem zweiten Seetag zu erzählen wäre, hier sinngemäß wiedergeben will.

Jürgen: In die Politik kommt man von unten oder man steigt von der Seite ein.

Ich: Von welcher Seite denn?

Jürgen: Das ist egal. Ob von links oder rechts ist egal.

Ich: Und von halblinks oder halbrechts?

Jürgen: Das gibt's nicht.

Ich: Doch. Höre ich jeden Samstag im Radio. Der Stürmer kommt über halbrechts. Wo liegt denn Halbrechts?

Jürgen: Was weiß ich nicht. Wahrscheinlich auf der Hälfte zwischen Rechts und der Mitte.

Ich: Und halblinks liegt dann auf der anderen Seite?

Jürgen: Ja. Zwischen links und der Mitte.

Ich: Und wo ist die Mitte?

Jürgen: Zwischen links und rechts.

Ich: Aha. Enger kann man die Mitte nicht eingrenzen?

Jürgen: Doch. Die Mitte liegt auch zwischen halblinks und halbrechts?

Ich: Ach. Jetzt kommen wir der Mitte schon näher. Und was ist mit dreiviertellinks …

Jürgen: Warum willst du denn das alles wissen?

Ich:	Weil so ein Sozi im Bundestag mal was von der linken Mitte faselte. Wo ist eigentlich die linke Mitte?
Jürgen:	Die linke Mitte ist rechts von der Mitte. Wenn du von vorne kommst.
Ich:	Und wenn man von hinten kommt?
Jürgen:	Dann ist die linke Mitte links von der Mitte. Bei den Sozis.
Ich:	Aber wenn man bei den Sozis von der Seite als Seiteneinsteiger einsteigt, muss man von rechts in die linke Mitte kommen?
Jürgen:	Ob von rechts oder links ist bei den Sozis egal. Hauptsache in die linke Mitte.
Ich:	Aber bei den Sozis weiß man doch gar nicht, wie weit die linke Mitte von der mittleren Mitte entfernt ist. Wenn man zu dicht an die mittlere Mitte herantritt, steckt man vielleicht schon mittendrin in der mittleren Mitte. Oder wenn man die mittlere Mitte überschreitet, steht man plötzlich in der rechten Ecke.
Jürgen:	Mitte.
Ich:	Ecke. Von rechter Mitte habe ich noch nichts gehört.
Jürgen:	Weil sich keiner gern in die rechte Ecke stellen lassen will.
Ich:	Mitte.
Jürgen:	Nein. Jetzt heißt es Ecke. Auch die Sozis wollen das nicht. Deshalb wollen sie ja in die linke Mitte.
Ich:	Ich fasse mal zusammen. Es gibt eine linke Mitte, aber keine rechte.
Jürgen:	Ja.
Ich:	Dann gibt es auch eine linke Linke und keine rechte Linke.
Jürgen:	Die rechte Linke ist doch die linke Mitte.
Ich:	Dann gibt es in jedem Fall eine rechte Linke.
Jürgen:	Von der linken Mitte.
Ich:	Aber was ist die denn nun, die linke Mitte?
Jürgen:	Die Sozis.

An dieser Stelle des Gesprächs gestand mir Jürgen mit zitternder Stimme, dass er ein alter Sozi aus dem Ruhrpott und sehr verwirrt sei. Er fing fast an zu weinen. Ich wollte ihn trösten und setzte das Gespräch zaghaft fort.

Ich:	Jürgen, wenn aber die linke Mitte die Sozis sind, warum müssen die sich dann nicht wieder in die linke Ecke stellen?
Jürgen:	Mitte.
Ich:	In die linke Mitte stellen? Heißt das, dass die Sozis gar keine Sozis mehr sind?
Jürgen:	Du bist ein Logiker. Schade. Damit bist für die Sozis überqualifiziert.
Ich:	Aber womit wollen sich die Sozis wieder in die linke Mitte bringen?
Jürgen:	Das weiß ich nicht. Mit Zauberei.

Jürgen fing daraufhin bitterlich an zu weinen. Das Weinen ging abrupt in ein irres Lachen über. Unter ständigem Gekicher erzählte mir Jürgen unvermittelt einen Witz. Soll ich diesen hier niederschreiben? Ich mache es trotzdem.

Jürgen:	Neulich traf ein alter Sozi eine Fee. Die sagte zu ihm: Du hast einen Wunsch frei.
Ich:	Drei. Eine Fee bietet immer drei Wünsche an.
Jürgen:	Es war eine arme Fee. Der alte Sozi bat sie also, den Hunger auf der Welt auszuhungern. Darauf sagte sie: Das ist schier unmöglich. So etwas schafft keine kleine Fee. Denke dir einen anderen Wunsch aus! Der alte Sozi überlegte kurz und sagte: Mach aus den Sozis wieder richtige Sozis! Die Fee grübelte und fragte ihn: Wie war noch mal der erste Wunsch?

Jürgen lachte laut auf und ging traurig von dannen.

Plötzlich gab es einen lauten Knall, und ich fiel wieder einmal von meiner Fensterbank. Seetage gehen mir auf die Nerven. Ich raffte mich vom Teppichboden meiner Kabine auf und ging zu Bett.

Den ganzen dritten dieser drei Seetage suchte ich nach Jürgen. Ich fand ihn nicht. Es musste gestern ein Tagtraum gewesen sein. Für meinen Traumsozi Jürgen, wenn es ihn denn gäbe, wäre es wohl eher ein Albtraum.

Nur als Randnotiz sei vermerkt, dass ich heute Morgen in der bordeigenen „Tagesrundschau" folgende Schlagzeile las: „Ehemalige deutsche Bundeskanzlerin bekommt Großkreuz." Oh Gott, dachte ich mir, in ihrem Alter, so um die Siebzig rum, bekommt sie noch ein Kind? Nein, revidierte ich mich und sagte mir, dass sie den ehemaligen deutschen Fußballnationalspieler Kevin Großkreutz wohl nur adoptiert haben kann, weil der schon ein gestandener Mann von Mitte bis Ende dreißig sei. Auf jeden Fall könne sie sich zukünftig nicht nur gewesene Mutti der Nation, sondern auch Adoptivmutti eines Fußballweltmeisters nennen. Aber, befragte ich mich, wäre dann nicht ihr Mann, der Professor Sauer, sauer, wenn seine Frau nur noch mit ihrem Adoptivsohn unterwegs wäre und er, ihr Ehemann, anstatt Kevin allein zu Haus bliebe? Die Tage und Nächte im *water prison* treiben einen langsam in den Wahnsinn.

Ich las doch schnell noch den Artikel darunter und musste erleichtert, aber verblüfft feststellen, dass diese ehemalige deutsche Bundeskanzlerin den höchsten deutschen Orden, das Großkreuz, verliehen bekommen hat. Wofür, fragte ich mich. Dafür, dass sie ihre Pflicht dem hohen Amt gemäß erfüllt hatte? Oder dafür, dass, wie die „Tagesrundschau" schreibt, sich „ihre Gegner – aus den eigenen wie aus den fremden Reihen – an ihrer Integrität und ihrem feinen Humor die Zähne ausgebissen haben"? Und so steht weiterhin in dem besagten Blättchen, dass „sie als erste Frau die Geschicke des Landes mitbestimmt und dabei die ganze Härte des Politikbetriebes erfahren hat." Wenn das Begründungen zum Erhalt von höchsten Auszeichnungen und Orden sind, hätte die Kassiererin im Supermarkt ihn ebenso verdient. Denn wenn sie im Supermarkt nicht integer wäre, wenn sich genervte und dreiste Kunden nicht an ihrem Humor die Zähne ausbissen und ihr Geschick beim schnellen und genauen Kassieren nicht die ganze Härte ihrer Arbeit aushielte, würde sie aus dem Betrieb fliegen und ins Bürgergeld fallen.

Zum Glück werden Orden ja nur verliehen. Das heißt, man kann sie auch wieder zurückfordern. Mit ordentlichen Zinsen drauf. Ich habe sie nicht gezählt, aber besagte ehemalige deutsche Bundeskanzlerin hat für ihr Wirken in der Politik schon sehr, sehr viele Orden und Medaillen verliehen bekommen. Wenn sie all diese metallenen Ehrenzeichen zu besonderen Anlässen an ihren Hosenanzug heften würde, könnte sie sich bei Gewitter damit nicht auf die Straße trauen. Aber wie sagt der Volksmund? Orden und Tomaten treffen immer die Falschen.

Gegen zehn Uhr dreißig hatten wir heute Vormittag Gibraltar passiert. Der berühmte Felsen war zum Greifen nahe. Die legendären Affen auf ihm konnte ich nicht ausmachen. Entweder fuhren wir nicht nah genug dran vorbei, um sie sehen zu können, oder wir waren zu nahe am Felsen dran, dass die Affen den Sprung auf die „Queen" gewagt haben könnten. Gibraltar hat eine Höhe von 426 Metern und ist britisches Überseegebiet. Vielleicht wollten die Berberaffen ihre britischen Landsleute persönlich begrüßen. Ich habe heute auf der „Queen" keinen Affen hocken sehen, aber nach dem kostenfreien Alkoholausschank beim Kapitänsempfang und dem feuchtfröhlichen anschließenden Maskenball am Vorvorabend hatten einige Weltreisende einen ganz schönen Affen dran und machten ein Affentheater. Bei diesem Theater würde sich Shakespeare im Grabe herumdrehen. Mehr als tausend Umdrehungen in der Minute. Würde man einen Dynamo dort installieren, könnte man locker die „Queen" mit Strom versorgen. Nachhaltig und klimaneutral.

Einhundertdritter Tag: Lissabon – über sieben Hügel musst du gehen!

Lisboa, Lisbon, Lissabon, Christiano Ronaldo und Vasco da Gama. Die ersten drei Worte bilden den Namen der portugiesischen Hauptstadt in der Landessprache, auf Englisch und in Deutsch. Ronaldo ist wahrscheinlich die größte lebende und noch spielende Fußballlegende Portugals und eventuell der ganzen Welt. Ob er der Größte ist, entscheiden allerdings jährlich die Weltfußballorganisation und die Form von Lionel Messi, der lebenden Fußballlegende von Argentinien. Beide wechseln sich regelmäßig bei der Wahl zum „Fußballspieler des Jahres" ab. Zurzeit sammelt der Lionel aus Argentinien, der lange Zeit beim FC Barcelona Fußball gespielt hatte und aus Geldnot zum französischen Scheich-Club nach Paris in Frankreich gewechselt ist, mehr Titel als Weltfußballspieler des Jahres. Was auch logisch erscheint, denn schließlich ist er ein Messi.

Was Vasco da Gama für eine Persönlichkeit war und welche Bedeutung er heute noch für Portugal hat, wissen wahrscheinlich die wenigsten Menschen außerhalb des Landes, es sei denn, sie haben im Geschichtsunterricht in der Schule aufgepasst. Denn besagter Vasco da Gama hat sich international als Entdecker und Staatsmann vor über fünfhundert Jahren unsterblich gemacht. Ihn muss ich unbedingt zuvor erwähnen. Dass ich eine Weltreise unternehmen konnte, habe ich neben einigen anderen Entdeckern auch ihm zu verdanken. Bevor ich ein letztes Mal in diesem Buch für weitere Recherchen auf meine Freundin Wiki Pedia oder Onkel Google verweise, schreibe ich hier auf, dass Vasco da Gama, Graf von Vidigueira, ein großer Seefahrer war und als solcher den Seeweg um das Kap der Guten Hoffnung nach Indien fand. Zudem war er in seinem Leben, welches von 1469–1524 währte, der zweite Vizekönig Portugiesisch-Indiens. Ob Christiano Ronaldo oder Vasco da Gama der größere Volksheld in Portugal ist, wage ich nicht festzustellen. Für mich sind es die beiden wunderbaren Fußballspieler Eusebio und Luis Figo. Letzterer ist dazu noch, so schwärmen verzückte Frauen weltweit, einer der schönsten Männer der Welt.

Das war eine lange Einstimmung auf den Landgang in die portugiesische Hauptstadt, über deren Namen der Schweizer Komiker Emil Steinberger vor vielen Jahren in einem legendären Sketch rätselte, ob „Lissabon" die Hauptstadt von „Bonn" sei. Ist sie natürlich nicht, zumal sie nicht am Rhein liegt, sondern an der Tejo-Mündung. Der Tejo ist der längste Fluss auf der iberischen Halbinsel und schlängelt sich wie eine Hauptschlagader durch Spanien und Portugal.

Lissabon, zu der wir gestern Morgen mit dem Bus zu einer Rundreise durch die Stadt, welcher unser letzter Ausflug an Land auf dieser Weltreise war, aufbrachen, empfing uns mit strahlendem Sonnenschein und einer Temperatur von vierundzwanzig Grad, welche durch den Wind von See her sich etwas kühler anfühlte. Lissabon breitet sich mit ihrer einladenden Stadtatmosphäre und vielen antiken Stätten über ihre sieben steilen Hügel aus. Sie ist eine der ältesten Städte der Welt, beschrieb uns die einheimische Reiseleiterin mit stolzer Miene. Ihre Ursprünge lassen sich bis 1200 v. Chr. zurückverfolgen. Herausragend im wahrsten Sinne des Wortes sind ihre gotischen Türme und Kuppeln, die mit ihren roten Ziegeln scheinbar aus dem Meer gewachsen sind. In meiner Art, Städte mit Frauen zu vergleichen, wofür mir viele Chauvinismus vorwerfen werden, aber es heißt nun mal „die" Stadt, habe ich auf den ersten Blick Lissabon zu meiner Gespielin auserkoren. Nicht im erotischen Sinne, sondern ihrem Anblick nach, verspielt zu sein in der Architektur, der Begrünung und der Infrastruktur. Mitten durch sie hindurch knattern Züge, rattern Cable Cars die Anhöhen hinauf und hinunter. Die

Einwohnenden hasten nicht durch die Straßen ihrer Stadt, nein, sie schreiten, wandeln oder tänzeln. Lissabon schminkt sich nicht bunt, könnte aber dennoch hier und da etwas Farbe auflegen, dann würde man ihr das vorbiblische Alter gar nicht mehr ansehen.

Nach einer kurzweiligen Stadtrundfahrt brachte uns der Bus nach Estoril, genauer an die „Coast of Estoril", einen Meeresstrand wie gemalt. Zum Baden noch etwas zu kalt und zum Surfen etwas zu flachwindig, lag uns dieser Strand zu Füßen. Ringsherum und entlang der Promenade eilten Touristinnen und Touristen hin und her. Aber es spazierten und stolzierten auch die Einwohnenden. Es wechseln sich Marktstände mit Pastelarias, das sind portugiesische Bäckereien und Konditoreien, ab, wie auch elegante Geschäfte mit kleinen Krims-Kramläden. Verspielt ist sie halt, meine Gespielin. Nach einigen Fotostopps fuhr der Bus entlang der Küstenstraßen wieder in den Hafen zur „Queen" zurück. Diese Küstenstraße ist, wie jede andere auf der Welt, bebaut mit prachtvollen alten, aber frisch lackierten Prachtvillen, aber auch mit Häusern, die schlechte Kopien des Bauhausstils sind, zugestellt. Ihre Besonderheit erwirbt sie sich durch die unterschiedlichen Höhen der Häuser, die wie die Waggons einer Achterbahn verbunden zu sein scheinen, sich am Meer entlangschlängeln. Im gestrigen „Tablabla" wurde zu Lissabon unter anderem vermerkt: „… obwohl sich die Stadt im Laufe der Jahrhunderte stark verändert hat, ist es leicht zu erkennen, warum sie sich so lange gehalten hat." Was soll das heißen? Wurde sie oft belagert? Sicherlich, aber das ist wohl nicht gemeint. Vielleicht will uns das „Tablabla" missverständlich mitteilen, dass meine „Gespielin" für ihr Alter noch sehr munter ist. Man hört oft, dass über einen betagten Menschen gesagt wird, dass er für sein Alter noch sehr gut beieinander sei. Aber erstens schickt es sich nicht, das Alter einer Dame anzusprechen, und zweitens ist das auch bei einer Stadt recht diskriminierend. Alter ist kein Makel. Alter ist ein Verdienst! Das erwähnte ich, mit anderen Worten zwar, aber schon öfter.

Zum opulenten und protzig aufragenden Monument, an dessen beiden Seiten man, einem Triumphzug gleichend, die wichtigsten geschichtlichen Helden, Entdecker, Wissenschaftler und Könige von Portugal, auf einer Schräge empormarschierend, in Stein gemeißelt hatte, wurden wir aus dem Bus zum Fotografieren geschickt. Ich fand, obschon ich den Stolz der Portugiesen, der den stolzen Spaniern in nichts nachstehen will, verstehen kann, dieses Monument martialisch wie ein Kriegerdenkmal. Kriegerdenkmale verabscheue ich grundsätzlich. Wenn sie schon irgendwo hingestellt werden müssen, sollte man als eine Aufforderung darunterschreiben: Krieger denk mal! Mit mehreren Ausrufezeichen versehen. Übrigens: Meines Wissens nach ist unter den Helden auf diesem Monument kein einziger Fußballspieler. Entweder hat das die allmächtige FIFA verhindern können oder aber es wollte keiner der genannten Fußballspieler darauf verewigt werden. Ich tippe, dass die erstere Begründung zutrifft, denn wie man die Eitelkeit von Christiano Ronaldo kennt, hätte er sich dort mit Waschbrettbauch und gegeltem Haar in Stein hauen lassen.

Übrigens hat Vasco da Gama den Seeweg nach Indien gefunden, den Columbus vergeblich suchte und dabei durch Zufall Amerika entdeckte. Hätte Columbus Las Vegas entdeckt, hießen die Ureinwohner von Amerika nicht Indianer, sondern Veganer. Und man könnte sie noch und besonders heute Veganer nennen, ohne in den Verruf der kulturellen Aneignung zu kommen. Leider gab es aber Las Vegas damals noch nicht. Deshalb heißen die Ureinwohner von Amerika heute wahrscheinlich Indigenianer. Oder?

Reisetipps

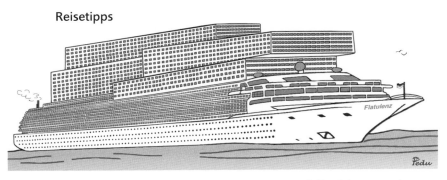

Vom Biogas seiner 55.002 Passagiere angetrieben, ist das Schiff auf Ihre Mitwirkung angewiesen. Guten Appetit bei Bohnen und Weißbrot mit Kohlgemüse.

Zwei der letzten drei Seetage lagen hinter uns. Diese Seetage waren Abschiedstage. Morgen werden in Southampton die allermeisten englischen und Weltreisenden aus anderen Nationen von Bord gehen. Auf der „Queen" werden hauptsächlich die Deutschen verbleiben und weiter nach Hamburg verschifft werden.

An diesen zwei Tagen und Nächten auf See trafen in mehr oder weniger größeren Grüppchen jene Weltreisenden zu gesitteten und feuchtfröhlichen Abschiedsfeten zusammen, die sich an Bord gefunden hatten.

Der Kapitän der „Queen" hatte vorgestern ausschließlich die deutschen Weltreisenden per Einladung zu einem Empfang geladen. Dies teilte er uns in einer seiner berühmt-berüchtigten, weil launig vorgetragenen Mittagsansprachen über Bordlautsprecher mit. Die Reisenden machten sich inzwischen einen Spaß daraus, den Kapitän nachzuäffen. Er lockte uns, die deutschen Weltreisenden, wie bei allen anderen Empfängen üblich, mit diesem sektartigen Sprudelwasser und anderen kostenfreien Alkoholika in den „Queens Room" auf Deck Zwei. Angesagt war Galakleidung im Stile der Zwanzigerjahre des vorigen Jahrhunderts. Wir wurden am Eingang von ihm empfangen. Jedem deutschen Weltreisenden gab er freundlich die Hand. Rund zweihundertdreißig Hände musste er wohl geschüttelt haben. Es wurde nicht bekannt, ob der Kapitän die kurzweilige Party mit einem Tremolo an der rechten Hand verlassen hat.

Jedes sich während der Weltreise zusammengefundene Grüppchen schickte einen Auserwählten zwecks Reservierung der besten Plätze im Saal als Vorhut in den Kampf. Auch um die kostenfreien Getränke hatte der- oder diejenige sich zu bemühen. Aus Erfahrung wissend, dass die verabreichten alkoholischen Getränke nur in begrenztem Kontingent zur Verfügung standen, sicherte die „Vorhut" den Weg zu den Bediensteten mit ihren Tabletts ab. Der Chefkoch an Bord, ein echter kölschen Jung, sorgte mit einem kleinen, aber feinen kalten Büfett, auf dem er typisch deutsche Speisen von Mettbrötchen bis hin zum Frankfurter Kranz kredenzte, dafür, dass sich die deutschen Mägen allmählich wieder an die solide deutsche Hausmannskost schon einmal vorab auf dem Schiff gewöhnen konnten.

Ich hatte mir einen Sessel in der hintersten Reihe in einer Ecke im Saal erobert. Von dort aus beobachtete ich das Treiben schlemmender und trinkender Deutscher. Ein herrliches Schauspiel. Ich bekam Leute zu sehen, die mir während der Weltreise, so glaube ich, weder an Bord über den Weg gelaufen waren noch mit mir bei Ausflügen gemeinsam im Bus gesessen hatten. Einige deutsche Reisende waren mir irgendwie in Erinnerung, denn ich kannte sie, wenn auch nur flüchtig. Unser Grüppchen bestand stabil aus acht bis zehn Weltreisenden von beiden Seiten der Elbe. Besonders möchte ich die aus Indien stammende, jetzt in Stuttgart ansässige attraktive Dame erwähnen, die mit ihrem Ehemann, einem international geschätzten Brückenbauer (nicht in der Zahntechnik), der obendrein auch noch wie ich ein Fan des Fußballvereins Borussia Dortmund ist, an Bord war. Nebenbei bemerkt bin ich ein Fan von RB Leipzig, Union Berlin und Dynamo Dresden. Als wir uns zu Beginn der Weltreise gegenseitig vorstellten, erwähnte die Dame, aus Indien zu stammen. Daraufhin konnte ich mir die flapsige Frage nicht verkneifen, ob sie denn an Bord am Ende des Ganges wohne und ob ihr Gatte Fan von Inder Mailand wäre? Zum Glück hatte sie schallend darüber lachen können. In diesen Zeiten der politisch korrekten Hysterie und der Kontrolle durch selbsternannte Sprachpolizisten sind solcherlei Wortspiele tatverdächtig und werden mit Anschwärzen nicht unter vierzigtausend Einträgen bei Twitter, Facebook und Instagram bestraft. Diese Art der Verurteilung ist als die digitale Form des mittelalterlichen Prangers bekannt. Im Mittelalter durften die Leute die Delinquenten am Pranger mit faulen Eiern und Tomaten bewerfen. Im Internet geschieht dies mit Ausdrücken, Beleidigungen bis hin zu Morddrohungen. Was war das Mittelalter doch für eine humane Veranstaltung.

Links und rechts neben mir thronten die von uns so getauften „Königinnen aus Bautzen" mit ihrem ostdeutschen Hofstaat. Eine Audienz wurde nur denen gewährt, die etwas Helfendes für ihr Königreich besteuern konnten und wollten. Ratgeber und Klugscheißer waren erwünscht. Bereits Erwähnung fand das Ehepaar aus Cottbus. Er, ein Selbstständiger in allerlei Folien, Tüten und Verpackungen, ist wohl der einzige Zeitgenosse, den ich kenne, der den Eindruck erwecken konnte, einem nie richtig zuzuhören. Das täuschte jedoch, denn er konnte anschließend das scheinbar nicht Gehörte wort- und sinnreich nacherzählen. Seine Gattin, eine ruhige und besonnene

Frau, musste ihren Gatten öfters ob des Überschwanges seiner Begeisterung und der daraus sich ergebenen Freizügigkeit beim Umgang mit seiner Beinbekleidung, den Kopf waschen. Will sagen, er hatte oft die Spendierhosen an. Nach der Kopfwäsche waren es Knickerbocker. Bis zu Pumphosen ist es nicht gekommen. Er widerlegt die Annahme, Männer wären nicht multitaskingfähig. Erwähnen möchte ich noch einen Musiker aus Schleswig-Holstein nebst Gattin. Mit ihm ließ es sich trefflich über den Kulturbetrieb in Deutschland streiten. Meine Tischnachbarin aus Bayern beschrieb ich bereits hier des öfteren. Mit ihr dinierte ich an die hundert Mal im Restaurant Britannia. Wir erzählten uns gegenseitig unser Leben. Sie hatte etwas mehr zu berichten, denn sie war mir im Alter einige Jahre voraus. Da war da noch ein älterer, sehr kultivierter und feiner Herr, der mit seiner Homosexualität derart kokettierte, dass es eine helle Freude war, ihm zuzuhören. Seine Selbstironie ging so weit, dass er meinte, die Damentoilette pachten zu wollen. Diese war seiner Meinung nach ausschließlich für ihn reserviert. Mit einer Dame aus Unna teilte ich meist den Frühstückstisch, da wir die Angewohnheit hatten, zur gleichen Zeit unser Mal zum frühen Morgen einzunehmen. Zu uns gesellte sich besagte indische Lady. Beide bildeten die lebendige Tageszeitung an Bord. Leitartikelweise wurde ich so über das, was in der Welt und an Bord geschah oder sich ereignet hatte, informiert. Die Dame aus Unna hatte eine sehr verfestigte und indoktrinierte Meinung über unser Leben in der „ehemaligen DDR". Dem verlieh sie anfangs öfter, später aber weniger werdend deutlich Ausdruck. Manchmal geriet ihr aus Unkenntnis des Wahren ihre Einschätzung, wie wir in der „ehemaligen DDR" leben hätten sollen wollen, zur Anklage und zum Urteilsspruch, wie wir hätten leben müssen. Auf meine Bemerkung, dass wir unsere Revolution schon gemacht hätten und sie im Westen nun mal dran wären, schüttelte sie verständnislos den Kopf. Ich glaube allerdings, dass ihr der Umgang mit uns Ostdeutschen zu mehr Einsicht verholfen hat, wenn auch in begrenztem Maße. Das Beste an ihr waren ihre Freundlichkeit und ihre unablässige Hilfsbereitschaft. Ein bisschen erinnerte mich die Dame an diese große Volksschauspielerin aus dem Hamburger Ohnsorg-Theater, diese Heidi …, ach herrje schon wieder diese Namenslücke. Jene war es, die mit ihrer Paraderolle der Quatschtante in dem Stück „Tratsch im Treppenhaus" legendär wurde.

Der Empfang und meine Vergesslichkeit wurden abrupt durch den verhängten Ausschankschluss beendet. Unser Grüppchen plauderte beim Leeren der Gläser noch etwas weiter. Am Ende dessen beschlossen wir, unsere Abschiedsfeier in Southampton zu starten. Dabei wollten wir uns auf selbstgekaufte Alkoholika verlassen.

Am nächsten Abend traf ich mich aber ein letztes Mal mit den Reisenden, die ich auf unserem gemeinsamen Wüstentrip kennenlernen durfte. Wir verbrachten insgesamt zwei trinkfeste Abende, die für mich, dessen Englischspreche von grammatikalischem Missbrauch und Vokabellücken durchsetzt ist, eine enorme Anspannung bei der Kommunikation bedeutete. Die beiden US-amerikanischen Bürger, sie eine einstmals berühmte Broadway-Darstellerin und heutige Regisseurin von Spielfilmen, meist unabhängiger Couleur, und er, ein Schreiber, Poet und Buchautor, die vorgaben, wie Schwester und Bruder an Bord sein zu wollen, enttarnten sich zu meinem Glücke als sehr liebenswürdige, emphatische, aber durchaus streitbare Künstlerpersönlichkeiten. Die vierte im Bunde war eine reizende französische Madame, die ihren unerhört üppigen Lebensschatz vor uns ausbreitete. Und das in Englisch mit französischem Akzent. Superb. Eine fein- und weingeistige freie Künstlerin, die abstrakte großflächige Bilder malt und mit einem Lama zusammenlebt, dass ihr zu seinen Lebzeiten ihr Ehemann schenkte. Ihre unbeschwerte Künstlerpersönlichkeit regte uns immer wieder zum Staunen und Lachen an. Ich hätte allerdings nie gedacht, dass ich, der mit dem Vorurteil behaftet war, dass US-Amerikaner grundsätzlich laut, oberflächlich und einseitig auf den Kapitalismus fixiert sind, diese beiden an einem Abend mögen lernte. Vorurteile abbauen zu können, ist erlernbar. In unseren Gesprächen über Gott und die USA, deren Hegemonieansprüche auf der Welt und meiner Kritik fanden wir einen gemeinsamen Nenner, nämlich dass die humanen Rechte der Menschen unteilbar sind. Das war doch ein Anfang der Völkerverständigung. Schwester und Bruder entschuldigten sich stets, nachdem ich betonte, dass mein Englisch sehr armselig ist, für ihre völlige Unkenntnis der deutschen Sprache. Ich nahm die Entschuldigung nicht an. Der „Bruder" beharrte jedoch darauf, dass Englisch eine Weltsprache sei und Deutschland seinen Anspruch darauf aufgrund seiner Verbrechen im Zweiten Weltkrieg verwirkt hatte. Als ich auf die Kriege der USA in aller Welt abhob,

Einhundertvierter und einhundertfünfter Tag: Abschied auf Raten

geritten wir uns in die Haare. Er, mit noch vollem Haar, unterlag mir dabei, weil bei mir wegen der Halbglatze nicht viel zu fassen war. Die ernsthaften Gespräche zwischen uns, an denen Schwester und Bruder aus USA sehr interessiert waren, wurden durch die Leichtigkeit der französischen Madame und unter Mitwirkung des Alkohols muntere Plaudereien, wobei ich kaum noch darauf achtete, wie ich mich in Englisch artikulierte. Kurz vor Ende unseres Umtrunk-Palavers gestand mir der Bruder, und die Schwester schaute ihn dabei sehr komisch an, dass er in den achtziger Jahren des vorigen Jahrhunderts ein wenig in Katarina Witt aus, wie er sagte „Karl-Marx-Stadt", verliebt war. Er musste nach diesem Geständnis zur Kenntnis nehmen, dass Karl-Marx-Stadt inzwischen umbenannt worden war in Chemnitz. Worauf er mich fragte, wer dieser „Chemnitz" gewesen war. Von Marx hatte er zumindest schon gehört. Ich erzählte ihm daraufhin, dass die DDR-Propaganda Kati Witt zum schönsten Antlitz des Sozialismus gekürt hatte. Der Bruder und ich einigten uns darauf, dass das mit der Schönheit seine Richtigkeit hatte. Wir ließen aber gemeinsam den Sozialismus weg. Die Schwester schaute dabei etwas finster drein. Ich spottete unterschwellig, dass es ein Märchen von den Gebrüdern Grimm gäbe, dass „Brüderchen und Schwesterchen" heißt und wie alle Märchen gut ausgeht. Und wenn sie nicht gestorben sind …

Tränenreich verabschiedeten wir uns auf Nimmerwiedersehen. Wer weiß, sagte in mir der Fatalist, was das Schicksal sich für uns ausgedacht hat.

Ich vergaß zu erwähnen, dass ich beim Empfang den Kapitän unseres Schiffes auf das quasi nichtexistierende, aber von mir teuer bezahlte W-Lan (WiFi) aufmerksam gemacht hatte. Er wusste davon und berichtete mir, dass er schon mehrere Male die Zentrale in Southampton informiert hatte, aber ohne Erfolg geblieben wäre. Auf meine Frage, wie er denn die Beschwerde vom Schiff aus versendet hätte, antwortete er, über Kabel … Heidi Kabel, richtig, so hieß die Hamburger Volksschauspielerin, die gemeinsam mit dem wunderbaren, weil kauzigen Schauspieler Henri … man suche sich einen aus. Ganz nach Wahl. Henri Vahl, so hieß der Schauspieler. Mein Namensgedächtnis kehrt zurück.

Einhundertsechster Tag: Das Salz der Tränen

Heute hatten wir in Southampton angelandet. Neben der „Queen Victoria" lag die „Queen Mary" im Hafen. Wie man uns informierte, hatte sie einen schweren Schaden an einem der Schornsteine. Einige bis viele Reisende von der „Queen Mary stiegen auf unsere „Queen" gezwungenermaßen um. Vor Kurzen sind unsere „Queen" und die „Queen Mary" ein Stück des Weges parallel gefahren, wobei die „Queen Mary" mächtig Dampf machte, um unsere „Queen" abhängen zu können. „Zickenkrieg" unter Königinnen. Vermutlich hatte bei dieser Wettfahrt der Schornstein der „Queen Mary" seinen Geist aufgegeben. Übermut tut selten gut. Während unsere „Queen" einen Hofknicks machte, knickte die „Queen Mary" ein.

Es war der Tag in Southampton, an dem die meisten Engländer ihre Weltumrundung beendeten. Ab jetzt sind meine Eintragungen keine Reiseerzählungen mehr, sondern die hoffentlich dem Abschiednehmen gerecht werdenden Schilderungen der sich dabei abspielenden Szenen. Ich saß den ganzen Vormittag an Deck Drei mittschiffs. Hier kreuzten sich während dieser Reise die Wege der Weltreisenden. Hier trafen sich die Gänge der Aussteiger und Weiterfahrer. Später kamen die Aufsteiger hinzu. Die Luft an Bord war vom Abschiednehmen erfüllt. Heulen und Zähneklappern war hörbar zu vernehmen. Hände griffen klatschend ineinander. Bei den Umarmungen knisterten die Jacken wie elektrisiert. Übertönt wurde die Szenerie von Wortkaskaden des Auf-Wiedersehen-Sagens. Meist im Singsang der Englischen Tonalität. Anrührende Abschiedsrituale, flüchtige Zurufe von Abschiedsworten beim Verlassen des Schiffes und das Winken beim letzten Zurückblicken waren zu sehen und zu hören. Vielen, die über hundert Tage gemeinsam auf der „Queen Victoria" wachten und schliefen, war bewusst, dass es ein Abschied für immer in diesem ihrem Leben sein könnte. Doch es schwang die Hoffnung mit, so man sich nicht das Wiedersehen fest versprochen oder bereits verabredet und terminiert hatte, dass man sich noch einmal oder öfter über den Weg laufen würde.

Ich weiß zumindest von einem Fall, bei dem eine innige Liebe zwischen einer deutschen und einem englischen Weltreisenden entstanden war. Zufällig und unfreiwillig beobachtete ich ihre anrührende Abschiedsszene, von der ich aber mit höflicher Rücksichtnahme sofort meinen Blick abwandte.

Ich gebe zu, dass ich mich noch ein einziges Mal nach den beiden umsah. Zu meiner Entschuldigung für das Beobachten der Abschiedsszenerie muss ich vermerken, geschah das nur aus Neugier, um wissen zu wollen, was mich in Hamburg für mein Abschiednehmen von Freunden und Bekanntgewordenen erwarten würde. Ich hoffte, es werden nicht so viele Tränen wie bei diesen beiden Liebenden fließen. Mein Abschied wird ein freundlicher und herzlicher sein, versprach ich mir. Welche Gefühlsregungen mich übermannen werden, lasse ich auf mich zukommen. Der Abschied wird einerseits von Vorfreude auf die Menschen zu Hause, auf die Heimat und auf das Vertraute erfüllt sein, aber andererseits von Wehmut und Traurigkeit über die, wenn auch hoffentlich nur vorläufige Trennung begleitet sein. Das vermutete ich, wusste es aber nicht, aber glaubte, es erfahren zu werden.

Ich schrieb hier meine heilvollen Ahnungen auf, weil ich von meinem Abschiednehmen an Bord und nach der anschließenden Zugreise nach Hause nicht berichten werde. Die Intimität dieser Augenblicke werde ich zudem nicht verbal erfassen können und erst recht nicht wollen, so ich es könnte. Man würde es sicherlich als Kitsch im Pilcher Stile empfinden. Dann wäre meine Beschreibung dessen missraten. Auf jeden Fall würde ich mich der Gefahr aussetzen, aus Mangel an literarischem Geschick oder Können ins Triviale abzurutschen. Bei Ereignissen mit innigen Gefühlen fehlen einem für das Beschreiben dieser Stimmung, befürchtete ich, einfache, sinnliche und echte Worte.

Die „Queen Victoria" hatte schon viele solcher Abschiedsszenen gesehen. Wenn ein Schiff reden könnte und man würde dies in einer dieser Hollywood-Fließbandfabriken verfilmen, käme höchstwahrscheinlich derselbe Schmacht- und Schmalzstreifen wie bei „Titanic" heraus. Dennoch glaube ich – und sind wir doch mal ehrlich –, dass sich viele Leute diesen Film über den Untergang der „Titanic" immer wieder ansehen in der Hoffnung, dass die Titanic am Ende diesmal nicht untergehen würde. Und dass Leonardo DiCaprio und Kate Winslet, deren Filmnamen ich wirklich noch nie wusste, aber deren Klarnamen ich mir endlich gemerkt habe, ein Happy End haben werden.

Auf dem Deck Drei traf ich zufällig die indische Lady aus unserem Grüppchen. Wie immer mit einem Buch in der Hand. Auf meine Frage, warum sie auf den Plätzen und Gängen an den Decks ständig, ja immer ein Buch in der Hand hielt, manchmal sogar die Bibel, antwortete sie nicht sofort. Ich dachte, dass sie dies als einen Eingriff in ihre Privatsphäre empfand und wollte mich eben um Verzeihung bittend zurückziehen, da nahm sie mich in ihr Vertrauen. Es sei ein Trick, verriet sie mir. Erstens könnte sie sich hinter dem Buch quasi verstecken, und zweitens, und das wäre der Hauptgrund, würden sie zumindest höfliche Menschen nicht ansprechen und in ein sinnloses Gespräch verwickeln. Wenn sie jedoch dennoch jemand von ihr ungewollt ansprechen würde, schlage sie das Buch mit einem lauten Knall zu, verriet sie mir. Im Falle, sie würde das Gespräch mit demjenigen suchen, würde das Zuklappen des Buches lautlos erfolgen. Einmal, und das war sehr fatal, sagte sie, hätte sie das Buch verkehrtherum in den Händen gehalten.

Ich fragte sie, ob dieser Trick auch mit einem Handy funktioniere? Nein, meinte sie, weil alle an jedem Ort und zu jeder Zeit in und auf das Handy starren würden. Gegenüber einem Buchlesenden ist man, wenn man es denn ist, höflicher, schloss sie ihre Erläuterung ab.

Nicht nur Lesen bildet, sondern auch das Wissen darum, weshalb jemand an öffentlichen Plätzen liest.

Mich hatte die Preisgabe ihres Geheimnisses gelehrt, dass nicht nur Kunst eine Waffe ist, sondern auch ein Buch, auch wenn dessen Inhalt keine Kunst ist. Übrigens, um keine Missverständnisse aufkommen zu lassen, die Bibel trug die indische Dame aus rein religiösen Gründen in der Hand. Angesichts dieser schlauen und gewitzten Methode, sich unliebsame Menschen vom Leib halten zu können, wandelte ich einen Song von Herbert Grönemeyer, und ich glaube, er wird mir das verzeihen, wortspielerisch ab: „Inder an die Macht!" Natürlich besonders Inderinnen.

Über den feuchtfröhlichen Verlauf der abendlichen Abschiedsfeier unseres Grüppchens deutscher Weltreisender schweigt des Schreibers Höflichkeit. Jeder kann sich die Abschiedsfete praktisch, optisch und akustisch ausmalen. Nur so viel, Tränen flossen noch nicht, denn diese werden erst in Hamburg rollen. Allerdings, und das will ich voller Traurigkeit anmerken, zerbrach unter Mithilfe des Teufels Alkohol eine Freundschaft. Das heißt, dass ich sie aufgrund einer unerhörten Unterstellung beendete. Ich wollte, es wäre anders gekommen. Aber man sagt ja: Kinder und Betrunkene würden ohne zu denken, alles sagen, was aus ihnen heraus will. Und wenn es zehnmal nicht stimmt. Worte tun manchmal weh. Ich habe den Schmerz verkraftet.

Ich hatte, wie bereit beschrieben, eine Kabine mit Fenster auf dem untersten Deck, das ich Leonardo DiCaprio-Deck getauft hatte. Von dort aus kann man, je nachdem, wie hoch die Pier oder der Kai gebaut wurde, den Wasserstand unseres Schiffes ermessen. Nach dem Absteigen der englischen und der anderen Reisenden lag die „Queen" ob der geflossenen Abschiedstränen an Bord wesentlich tiefer. Noch eine Träne, dachte ich, hätte das Schiff zum Überlaufen bringen können.

Viele der Absteiger kannte ich vom Sehen und bei den Engländern aufgrund ihrer Lautstärke sogar vom Hören. Und dennoch ging mir der Abschied von allen irgendwie nahe.

Ahoi, liebe Mit-um-die-Weltreisende, Goodbye, AuRevoir, Doswidania, Arrividerci und Auf Wiedersehen. Man möge Abschiedsworte in allen weiteren Sprachen nachlesen. Sie wissen schon wo.

Einhundertsiebenter Tag: Mit den Dritten fährt man besser

Der letzte Tag auf See. Es ging in Richtung Hamburg. Nach unserer Abschiedsfeier gestern Abend herrschte Katerstimmung. Mit Restalkohol im Blut bereitete das Packen der Koffer besonderes Vergnügen. Am Abend wurden das Gepäck zwecks Abholung durch das emsige Hintergrundpersonal vor die Kabinentür gestellt und verschwand hernach irgendwo im Bauch der „Queen". Mein Wal, der Pott, das Schiff, der Kahn, die „Queen" würde uns eine letzte Nacht beherbergen, melancholierte ich. Man sagt, was man in der ersten Nacht in einem anderen Bett träumt, ginge in der Erfüllung. Die Erfüllung dessen, was man demnach in der letzten Nacht träumte, bliebe einem ergo versagt und das Gegenteil dessen geschähe. Somit wünschte ich mir, dass mich heute träumte, ich würde das Schiff verlassen müssen. Denn das Gegenteil davon wäre, ich müsste an Bord bleiben. Ich glaube heute, die „Queen" würde mir den weiteren Aufenthalt verweigern. Wie oft habe ich sie beschimpft, verflucht und verdammt. Ich habe sie mein „water prison", meine „Galeere" und meinen „schwimmenden Schrottplatz" (das nur insgeheim) genannt. Ich hatte auf meinen kleinen Kabinenschreibtisch eingeschlagen, weil das WIFI an Bord ununterbrochen unterbrach. Hatte das

Galagehabe zum Dinner und das damit verbundene Overdressing gehasst und doch anschaulich geliebt. Hatte auf die Damen und Herren hinter der Rezeption geschimpft, die immer, wenn ich eine Beschwerde vorzubringen hatte, erst nickten, um mir dann wahnsinnig schnell in Englisch eine Antwort zu geben, die ich nicht verstand. Überhaupt hatte ich mich darüber aufgeregt, dass wir Deutschen, und das erregt mich immer noch, an Bord wie jene Untertanen behandelt worden waren, die unter den Engländern kolonialisiert und diskriminiert wurden. Das Gehabe vieler Engländer, etwas Besseres sein zu wollen, ging mir über die Zündschnur. Es heißt wohl Hutschnur, aber erstens hatte ich keinen Hut und zweitens hätte ich bei dem majestätischen Überheblichkeitsanspruch der Briten schier explodieren können. Da ich aber eines von ihnen an Bord gelernt hatte, nämlich Steifheit und Contenance in jeder Situation zu bewahren, untersagte ich mir die Detonation. Obschon das wenigstens einmal eine Bombenstimmung an Bord verursacht hätte. Stimmungskanonen sind die Briten nur bei Volltrunkenheit. Diesen Zustand jedoch versagen sie sich strengstens. So was tun großbritische Majestäten in der Öffentlichkeit nicht. Wenn zum Beispiel doch mal etwas aus dem königlichen Palast in die Schlagzeilen gerät, beweist der Brite seinen schwarzen Humor und nennt das „Wohnhaus" seines Königs „Fuckinghampalast. Doch am meisten hatte ich mich vor Wut über mich selbst erregt, nämlich, dass mich das alles aufgeregt hatte. Der Deutsche zittert nicht vor Kälte, sondern vor Wut, dass die Klimaanlage an Bord oft zu kalt eingestellt war. Im Grunde hatte uns das Schiff, unsere alte ehrwürdige „Queen Victoria", sicher über die Meere gebracht, uns an Land ausgesetzt, wieder eingeladen und uns von Hafen zu Hafen geschleppt. Der Seelenbewahrer knarrte und ächzte an allen Ecken und Enden, aber hielt sich tapfer. Die einzige Schraube, die locker war, war die Schiffsschraube, denn diese drehte sich, dem Klabautermann sei Dank, munter um die eigene Achse. Und nur weil, so scherzte ein Brite, sich die Schiffsschraube korrumpieren lassen hatte, lief sie wie geschmiert. Außerdem hatte die „Queen" nicht nur eine Schraube locker, sondern gleich zwei. Dazu auch noch Seitenstrahler als Hilfsmittel beim An- und Ablegen. Das Knacken und Knirschen der alten Schiffsdame wurde allerdings durch das Klappern der Gebisse der Weltreisenden übertönt. Zudem waren die Gebisse hier äußerst willkommen, konnte man sich damit vor Wut über all die Unbilden an Bord und bei den Ausflügen in den Hintern beißen, sofern man sich nicht vegan ernährt. Wie heißt es so schön: Mit den Dritten fährt man besser.

Auch wenn ausgerechnet ich, ein siebzigjähriger alter Knabe, des öfteren über unseren „Mumienschlepper" lästerte, muss ich doch Dank sagen, dass ich auf dieser schwimmenden Seniorenresidenz fahren durfte. Meine nahende Zukunft als alter Knacker wurde mir hier erbarmungslos vor Augen geführt. Das Ganz-alt-sein täglich sehen zu müssen, war Angst auslösend. Zugleich aber bewunderte ich den Mut der hochbetagten Menschen, die sich mit größter Kraftanstrengung immer wieder aufrafften, sich diese Welt am Stock gehend, mit dem Rollator tippelnd und im Rollstuhl fahrend noch einmal ansehen zu wollen, bevor man von dieser Welt gehen muss. Für mich war es zuvörderst eine Ermunterung, es diesen tapferen, allen Mühen und Beschwernissen des Alters trotzenden Menschen nachzumachen und sich des Restlebens zu freuen.

Im Alter von fünfundfünfzig Jahren hatte ich eine satirische Parodie auf den Schlager von Udo Jürgens „Mit sechsundsechzig Jahren" geschrieben, den ich hier gern für alle Betroffenen, denen das Alter Mühen abverlangt und Leiden beschert, sozusagen als Ermunterung zum Weiter-leben-wollen, aber auch als Aufforderung zum Widerspruch gegen die Diskriminierung des Alters allerorten, an dieser Stelle in aktualisierten Form abdrucken lassen möchte. Man gestatte mir das!

Mit fünfundsiebzig Jahren (nach: „Mit 66 Jahren …" Udo Jürgens)

Wir werden uns noch wundern, sind wir erst Veteran,
im Krankheitsfalle gibt es dann nur noch Baldrian,
oho, oho, oh weh!
Und wenn die Niere wandert und sich der Darm verschließt,
dann wär' es kostengünstiger, wenn man sich gleich erschießt.
Oho, oho, oh yeah
Denn Ethikprofessoren, die haben jetzt gelehrt,
ein Mensch im hohen Alter ist nicht behandlungswert
Mit 75 Jahren, da hört das Leben auf

Mit 75 Jahren ist Schluss mit dem „wohlauf"
Mit 75 Jahren, da reicht ein Aderlass
Mit 75 kriegst du den Bye-Bye-Pass

Das Leben ist zu teuer, drum lautet das Gebot:
Ab 'nem bestimmten Alter ist billiger der Tod!
Oho, oho, oho
Nix mehr mit Dialysen und Chemotherapien,
der Krebs läuft schneller rückwärts mit einem Aspirin
Oho, oho, oho!
Und das Edikt soll gelten ohn' Anseh'n der Person,
und deshalb bangt der Biden, und der Papst, der zittert schon
Mit 75 Jahren, da hört das Leben uff
Mit 75 Jahren geht's ab ins Erdkabuff
Mit 75 Jahren ist Schluss mit Therapie
Mit 75 greift die Euthanasie

Senioren aller Länder vereinigt euch zum Bund
und macht die Professoren und die Regierung rund.
Oh, oho, oh yeah!
Und nehmt hier als die Mehrheit in diesem unsren Land
allein das Heft des Handelns in eure Zitterhand.
Oho, oho, okay
Mit Wut und „Kölnisch Wasser" haut jedem auf die Zwölf
Besprüht die Altenfeinde mit 4711
Mit 75 Jahren, da fängt das Leben an
Mit 75 Jahren geht's ans Ersparte ran
Mit 75 Jahren und eurem Geld zu Hauf
Mit 75, da kauft ihr den Staat auf

Mit 75 Jahren, da fängt das Leben an
Mit 75 Jahren, da macht euch alle ran
Mit 75 Jahren, da ist der Spuk vorbei
Mit 75 ist das Land jugendfrei

Der Day after – ein Nachwort

Das Nachwort fällt aus. Und zwar etwas länger. Zwischen Vorwort und Nachwort stehen Zwischenworte. Vielerlei, allerlei, mancherlei, doch sind sie nicht einerlei. Der Worte sind genug gewechselt, lasst uns endlich Daten sehen!

Während einhundertsechs Tagen hatte die „Queen Victoria" auf der hundertsten Weltreise des Reiseveranstalters 63.014 Kilometer und 300 Meter auf vielen Meeren und Seen zurückgelegt, dabei zwei große Kanäle, mehrere Wasserstraßen und Meerengen durchquert und massenhaft Inseln, Atolle und Landzungen gestreift. Symbolisch, nicht praktisch. Das sind 23.000 Kilometer und 300 Meter mehr als einmal um die Welt herum. Genaugenommen war diese Fahrt insgesamt eine Mehr-als-einundeinhalbmal-um-die-Weltreise gewesen. Eine aus Datenschutzgründen nicht genauer genannte Anzahl von Reisenden aus vieler Herren, Damen und diverser Länder war mitgefahren. Darunter die ungefähre Zahl von über zweihundertdreißig deutschen Weltreisenden, die von Hamburg nach Hamburg gefahren worden waren. Für den Reiseveranstalter ging diese Weltreise offiziell, und das wurde, aus welchen Gründen auch immer, oft ausdrücklich betont, von Southampton nach Southampton. Die Hinfahrt von Hamburg nach Southampton und die Rückfahrt von Southampton nach Hamburg galten als eine vom Reiseveranstalter aus Mitleid großzügig erteilte Zugabe für die armen, es immer bequem haben wollenden deutschen Weltreisenden. Eine weitere, auch nicht genannt werden sollende Anzahl von Reisenden ist irgendwo auf der Weltreise entweder später an oder eher von Bord gegangen. Das waren die sogenannten „Hopp-on-Hopp-of-Reisenden". Wie viele Offiziere, Mannschafts- und Crewmitglieder an Bord waren, wurde aus Gründen des Betriebsgeheimnisses nicht vermeldet. Ein Nach- oder Durchzählen wäre nicht von Erfolg beschieden gewesen, denn auch dort war der Wechsel die Beständigkeit.

Mit Trauer und Anteilnahme, das gehört der vollständigkeitshalber auch abschließend niedergeschrieben, möchte ich tiefen Herzens bedauern, dass einige Reisende das Ende dieser Reise nicht mehr erlebten. Im stillen Gedenken verharre ich.

Die „Queen Victoria" hatte auf Geheiß des Reiseveranstalters, welchen ich aus bekannten Gründen in „Unart" widerrechtlich und widersinnig umbenannte, in dieser Zeit eine Zeitzone überquert und zweimal den Äquator. Die Menge der angefahrenen Länder war echt abgefahren. Es waren nicht genau so und so viele. Einige Häfen wurden aus nicht genannten und wieder andere aus fadenscheinigen Gründen von der „Queen Victoria" auf dieser Um-die-Welt-Reise nicht angelaufen. So man das Buch aufmerksam und bis zu Ende gelesen haben wird, kann man die genaue Anzahl der Länder, an denen wir an Land gehen konnten, selbst ermitteln und bestimmen. In einer Demokratie ist die Selbstbestimmung eine der wichtigsten Grundpfeiler. Mit diesem Argument lässt sich Vieles verbergen, auch die Bequemlichkeit oder ihre gröbere Form die Faulheit. Und so nehme ich mir denn aber die Freiheit heraus, die auch ein wichtiger, wenn nicht der wichtigste Teil der Demokratie zu sein hat, nicht nachzählen zu wollen, sondern es zu lassen. Es kommt wie bei Vielem im Leben nicht auf die Quantität an, vielmehr auf die Qualität.

Bei einer solchen Reise ging es um die Ausblicke, die das Gemüt nährten und die Einblicke, die den Verstand mehrten. Und es ging um Augenblicke, um unvergessliche und unwiederbringliche.

Reisen bildet! Der gemeine Mensch reist nicht, er/sie/es verreist. Wie lautet das Präteritum von verreisen? Verrissen? Nein. Oder doch? Präteritum steht lateinisch für das Vorbeigegangene oder österreichisch für das Mitvergangene. Ich persönlich würde mich gern, bei der Übersetzung des Präteritums, reziprok zur Geschichte, Österreich anschließen. Die Weltreise ist vergangen, und eine wunderbare Zeit meines Lebens ist mitvergangen. Präteritum steht im Gegensatz zum Perfekt, welcher Anwendung findet, um sich auf ein abgeschlossenes Ereignis zu beziehen, welches sich auf die Gegenwart auswirkt. Daher ist das Perfekt der Name für vergangene Gegenwart. Man möge es mir nachsehen, wenn ich bei meinen Erzählungen durch die Zeiten manchmal stolperte und zudem auch noch mit dem Wort spielte. Bei Erzählungen, sonderlich bei denen über das Reisen, geht tatsächlich der Überblick über Vergangenheit und Zukunft, ganz zu schweigen von der Gegenwart, öfter verloren. Erschwerend hinzu kommt noch, dass ich die Existenz der Gegenwart im Grunde grundsätzlich verneine. Meine These lautet: Es gibt weder die Gegenwart noch den Gegenwart, der die Gegenwart überwacht. Es existieren für mein Verständnis nur Vergangenheit und Zukunft, denn in dem Moment, in dem man etwas beginnt, ist es bereits vergangen und wird zukünftig. Selbst der Beginn des Gedankens daran setzt die Gegenwart sekündlich in die Vergangenheit. Jede noch kleinere Maßeinheit für die Zeit kann meine Erkenntnis darüber nicht erschüttern. Wenn es eine Hartleibigkeit gibt, leide ich hierbei gedanklich an Verstopfung. Falls jemand ein philosophisches Abführmittel weiß, bitte ich um Zusendung.

Die Zeit, nach dem, was bisher bekannt ist, verläuft eindeutig zweidimensional. Der Vergangenheit folgt die Zukunft. Gegenwärtig ist nichts, gar nichts, überhaupt nichts. Schon aus diesem Grunde lässt der bekannteste deutschsprachige Dichter, Johann Wolfgang von Goethe, listigerweise auch seinen Mephisto sagen: „Augenblick verweile doch, du bist so schön!" Denn selbst der Teufel vermag es nicht, die Gegenwart zu fassen zu bekommen. Dem Doktor Faust zu verheißen, ihm diesen Wunsch erfüllen zu können, ist in göttlicher Wahrheit eine teuflische Lüge. Und dafür soll ihm dieser Faust also seine Seele verkaufen? Für die Aussicht, den Augenblick festhalten zu können, reist er mit dem Teufel um die ganze Welt. Mich hat demnach der Teufel geritten, um diese unsere Welt zu reisen? Ja, es war die Sucht nach Augenblicken, sie erleben und ausleben zu können. Mit allen Sinnen.

Ich kann im Nachhinein schreiben: Ich habe auf dieser Reise mein Leben erlebt. Und habe das Leben vieler Menschen auf dieser Erde miterlebt und zwar als Augenblicke, mehr oder minder in Länge und Intensität. Und ich habe sie genossen. Sehr sogar und ausführlich. Und mit mir viele Weltreisende auch. Ich war so frei. Übrigens lautete so der Titel meines vorletzten Kabarettprogramms in der „ehemaligen DDR" im Jahre 1988. Das Programm stand, auch und schon wegen des Titels kurz vor dem Verbot. Damals behandelten wir den Begriff Freiheit, mein Kollege und Freund Hans-Günther und ich. Eine Kernaussage in diesem Kabarettstück war, dass die Freiheit allen gehören sollte. Aber nicht jene Freiheit, die andere meinen, sich gegenüber anderen herausnehmen zu dürfen. Freiheit ist ein Menschenrecht. Dieses einfache, kurze Wort Freiheit wurde, ist und wird von denen missbraucht, die die Freiheit des Anderen auf der Welt negieren.

„Die Welt ist nicht genug" lautet der Titel eines der James-Bond-Filme. Den Hauptdarsteller kann ich jetzt nicht mit Namen nennen, nicht aus bekannter Vergesslichkeit, sondern es ist der Tatsache geschuldet, dass ich nicht weiß, welchem von den mehreren James-Bond-Darstellern dieser Titel zuzuordnen sei. Sie wissen ja, und das schreibe ich hier wirklich zum allerletzten Male, dass ich wieder meine Freundin, die Wiki… ebenda.

„Die Welt ist nicht genug." Dieser Titel ist zu wahr, um schön zu sein. Ergo sollte die Überschrift meines Nachwortes demgemäß voller Nachdenklichkeit lauten: Die Welt hat genug! Von Allem, aber auch von Vielem. Sie hat genug Luft zum Atmen, genug Wasser zum Trinken und genug Erde zum Pflanzen und Bebauen, wobei Letzteres naturgemäß limitiert ist.

Die Welt hat nur eine begrenzte Anzahl von Quadratkilometern Festland. Die horizontale Ausbreitung ist begrenzt, jedoch, wie man weiß, die vertikale noch längst nicht. Mit Fragezeichen!

Dennoch haben sehr viele Menschen auf dieser Welt die Nase gestrichen voll. Und ganz besonders von den wenigen Menschen, die die Erhaltung, Verbesserung und Erneuerung der Erde verhindern wollen. Diese Welt sollte allen gehören, wird aber von wenigen besessen. Seit Beginn der Menschheit auf diesem Planeten ist es festgemauert in der Erden, dass sich Wenige den bestehenden und geschaffenen Reichtum dieser Welt aneignen können und ihn an Viele mit Gewinn verkaufen, vermieten, verpachten und sogar von denen rubbeln lassen. Viele empören sich, doch wenige unterdrücken die vielen. Das Trinkwasser wird verkauft. Wann wird die Atemluft zur Ware? Wann wird das Atmen besteuert werden?

Die Erde ist eine Kugel. Die Menschheit macht sie platt. Die Erde ist rund, die Menschheit hat eine Scheibe.

Kriege werden geführt, um die verteilte Welt neu aufteilen zu können. Dafür rasen Geld und die Daten so schnell um die Welt, dass die Erde dabei schier aus dem Gleichgewicht zu geraten droht.

Die Welt dreht sich. Mein dringender Appell lautet: Überdreht sie nicht!

Ich, ein siebzigjähriger, älterer Herr, habe noch eine Uhr mit Handaufzug. Wenn ich diese Uhr beim Ausziehen überdrehe, bricht die Unruhe aus, dann bewegt sie sich noch kurz und bleibt stehen. Die Uhr lässt sich reparieren. Die Zeit vergeht mit der Zeit.

Die Welt ist uns genug. Die Welt hat genug. Von uns?

Ich bin wieder in meiner Heimat. Seit ich die große weite Welt sah, erscheint mir meine Heimat kleiner. Aber es ist meine Heimat. Und meine kleine Welt auf dieser großen. Das Kleine ist viel größer, als man denkt. Hüten wir die Heimat!

Die Welt ist nicht die Welt, aber die einzige, die wir haben.

Schauen wir bei der Suche nach intelligentem Leben nicht mehr nur mit unseren Fernrohren ins All, sondern richten wir all unsere Blicke wieder öfter mal auf uns.

Es geht um die Welt und nicht nur um sie herum, denn zwischen „es geht um die Welt" und dem „es geht um die Welt" liegen Welten.

Nochmals: Die Welt ist rund und hat doch schöne Ecken.

Was kostet eine Weltreise? Nerven.

Was uns die Welt kostet, ist nicht die Welt. Sie ist uns teuer.

„Das Schöne an einer solchen Weltreise:
Man wird doch immer wieder mal an das Zuhause erinnert.

Lothar Bölck

Satirischer Schriftsteller, Textschreiber, Buchautor, Kolumnist, Fernsehkabarettist, Regisseur ...

Jahrgang 1953, geboren in Fürstenwalde/Spree, Brandenburg

Lebensstationen: Kinderkrippe – Kindergarten – Oberschule – Abitur –
Wehrersatzdienst – Ökonomiestudium – Außenhandelskaufmann

Kabarettist von Berufung und Beruf seit 1983

Künstlerische Stationen: Frankfurt(Oder), letzter lebender Kabarettist
der Gründergeneration der „Oderhähne" – Magdeburg „Kugelblitze" – „Leipziger Pfeffermühle" – Berlin „Distel" – Halle/Saale „Kiebitzensteiner" –
„Magdeburger Zwickmühle"

Seit 2005 Solokabarettist – dreizehn Soloprogramme ...

Fernsehkabarettist und Autor im Mitteldeutschen Rundfunk (Fernsehen)
„Die Drei von der Zankstelle" und „Kanzleramt Pforte D"

Autor und Gastauftritte im „Schleichfernsehen" Bayerischer Rundfunk
(Fernsehen), „Mitternachtsspitzen" Westdeutscher Rundfunk ...

Kabarettpreise: „Ostdeutscher Kabarettpreis", „Stern des Jahres der Mün-
chener Abendzeitung", „Reinheimer Satirelöwe" - (zweifach), „Scharfe Barte"
Melsungen, „Koggenzieher" Rostock, „Leipziger Löwenzahn", „Schwarzes
Schaf vom Niederrhein", Schweizer Kabarettpreis „Cornochon"

Peter Dunsch (Pedu)

Jahrgang 1947, Geboren in Leuna, aufgewachsen in der früheren Stadt
der Kinderwagen Zeitz

Diplomlehrer für ML und Kriminalhauptkommissar im Ruhestand,
Gelernter BMSR-Mechaniker und Feuerwehrmann, im Anschluss rund 20
Jahre Feuerwehr- und 20 Jahre Polizeidienst

Von Kindesbeinen an der Zeichnerei verfallen, das half z. B. bei meiner
Lehrtätigkeit in Mosambik (1978–1981) bei Sprachproblemen.

Ab 1981 Karikaturen für Zeitschriften, 1991 erstes eigenes Buch Feuer-
wehrkarikaturen, ab 1995 Malheftserie im LKA Sachsen-Anhalt zur Krimi-
nalprävention für Kinder (über zwei Millionen Hefte)

Eine Reihe Bücher anderer Autoren illustriert sowie mehrere eigene
Bücher gefertigt.

Inhalt